国家社科基金
GUOJIA SHEKE JIJIN HOUQI ZIZHU XIANGMU
后期资助项目

政府科技投入对企业技术创新的政策效应研究

Policy Effect of Government's Investment in S&T on Enterprises' Technology Innovation

孔凡萍　贾永飞　尹　翀　著

山东人民出版社 · 济南
国家一级出版社　全国百佳图书出版单位

图书在版编目（CIP）数据

政府科技投入对企业技术创新的政策效应研究/孔凡萍，贾永飞，尹翀著.—济南：山东人民出版社，2019.12
ISBN 978-7-209-12445-4

Ⅰ.①政… Ⅱ.①孔… ②贾… ③尹… Ⅲ.①科学技术－政府投资－影响－企业管理－技术革新－经济政策－政策效应－中国 Ⅳ.①F279.23

中国版本图书馆CIP数据核字(2019)第253411号

政府科技投入对企业技术创新的政策效应研究

ZHENGFU KEJI TOURU DUI QIYE JISHU CHUANGXIN DE ZHENGCE XIAOYING YANJIU

孔凡萍　贾永飞　尹　翀　著

主管单位　山东出版传媒股份有限公司
出版发行　山东人民出版社
出 版 人　胡长青
社　　址　济南市英雄山路165号
邮　　编　250002
电　　话　总编室（0531）82098914
　　　　　市场部（0531）82098027
网　　址　http://www.sd-book.com.cn
印　　装　山东新华印务有限责任公司
经　　销　新华书店

规　　格　16开（165mm×238mm）
印　　张　18.75
字　　数　320千字
版　　次　2019年12月第1版
印　　次　2019年12月第1次
ISBN 978-7-209-12445-4
定　　价　45.00元
　　　　　如有印装质量问题，请与出版社总编室联系调换。

国家社科基金后期资助项目
出版说明

后期资助项目是国家社科基金设立的一类重要项目，旨在鼓励广大社科研究者潜心治学，支持基础研究多出优秀成果。它是经过严格评审，从接近完成的科研成果中遴选立项的。为扩大后期资助项目的影响，更好地推动学术发展，促进成果转化，全国哲学社会科学工作办公室按照“统一设计、统一标识、统一版式、形成系列”的总体要求，组织出版国家社科基金后期资助项目成果。

全国哲学社会科学工作办公室

前 言

当前，全球新一轮科技革命和产业革命正孕育兴起，依靠创新驱动发展已经成为国际上主要国家发展战略的重心。国家之间的竞争越来越体现为经济和科技的综合竞争，科技创新能力已经成为支撑国家实力竞争的决定性因素，也是引导经济社会未来发展的主导因素、根本动力和有力支撑。企业是市场经济的主体，也是技术创新的主体。但从本质上来说，企业技术创新是一个充满风险、困难重重的过程，面临着外部性、溢出性和创新高风险性。从一般意义上说，政府科技投入是政府对创新活动的直接或者间接经费支持，已经成为区域内创新投入的重要来源，是引导全社会多元化投入的重要手段，也是当前国家针对企业技术创新的不确定性、溢出效应、外部性和高风险性而采取的一种主要而普遍的干预方式。

在科技创新生态系统中，不同的创新主体根据不同的创新需求和所处的不同创新阶段发挥着各自的作用。科技创新生态系统受到按照市场规则采取自利行为的盈利部门，以及为了实现公共目标而实施调控行为的政策部门的共同驱动。在日趋激烈的创新竞争中，精准识别政府科技投入支持企业技术创新的方式和手段，分析政府科技投入对企业技术创新的影响，研究政府科技投入要素同企业技术创新要素的作用关系，剖析政府科技投入对企业技术创新影响的综合效应，探索政府科技投入的有效策略，能够提高政府科技投入效能和优化创新资源的配置，在国家推动创新驱动发展和经济高质量发展的背景下具有重要的研究意义。

本书主要包含以下六部分：

一是理论基础与文献综述。对本书的研究所涉及的企业创新、区域创新体系、公共管理、经济增长、系统科学等理论进行全面回顾，为后续研究奠定理论基础。从基本理论出发，分析政府科技投入的必要性与合理性。对国内外有关研究成果进行梳理，为后续研究提供重要借鉴。

二是国外政府科技投入经验、模式与方式的比较研究。对国外政府科技投入情况进行比较分析，包括政府科技创新体制机制比较分析、政府科技资金支持企业创新政策比较分析等，为建立理论模型提供支撑，也为后续的政府科技投入对策研究提供依据。

三是政府科技投入影响企业技术创新的原理与机制研究。研究政府科技投入在创新链中、技术创新网络中和企业技术创新决策中的影响作用原理，描述研发及成果转化两个环节中，政府科技投入基于多主体交互、共同参与、相互制约等关系对企业技术创新的影响机制、基本模式和多层次效应。

四是政府科技投入影响企业技术创新效应的实证研究。分析政府科技投入要素对企业技术创新要素的具体作用关系，提炼基本研究假设，从产业宏观层面构建政府科技投入影响企业技术创新效应模型。利用中国经济科技统计数据，从政府科技投入对企业内部R&D（research and development，研究与开发）投入量与结构、对企业外部R&D投入量、对企业技术创新产出三个方面的影响效应进行实证研究。

五是政府科技投入影响企业技术创新机制的实证研究。基于企业管理者认知视角，从微观层面进一步剖析政府科技投入影响企业技术创新的作用机制。设计包含企业技术创新要素和政府科技投入要素的量表，设计调查问卷，以山东省企业的管理者为调查对象，利用结构方程模型方法进行实证分析。

六是中国政府科技投入政策及对策研究。对国家及山东省科技投入情况进行宏观层面的统计分析和政策案例方面的综合分析，考察政府科技投入政策现状和存在的问题，为对策研究和政策设计提供现实依据。基于理论分析和实证分析结论，提出优化我国政府科技投入效能的基本路径和可行对策。

本书是国家社科基金后期资助项目“政府科技投入对企业技术创新的政策效应研究”（15FGL004）的主要研究成果。

“政府科技投入对企业技术创新的政策效应研究”课题组

2019年10月8日

目 录

1 绪论

1.1 研究背景与研究意义

1.1.1 研究背景

当今全球的竞争越来越体现为经济的竞争和科技的竞争，一个国家的创新能力已经成为支撑国家实力竞争的决定性因素，也是引导经济社会未来发展的主导因素、根本动力和有力支撑。从创新主体间关系的视角来看，科技知识的创新是包含一系列创新活动、创新要素以及创新资源的网络集合，包括知识的创新与积累、创新成果的转移与应用等。其中，知识创新与成果转化是科技创新的核心环节。企业是市场经济的主体，也是创新的主体。企业最了解市场现实和潜在需求，是创新网络中对市场最敏感和盈利动机最强的创新主体，企业的产品创新、过程创新以及模式创新等创新活动是实现知识到产品转化的主要方式。在国家层面的创新系统中，企业不仅扮演着核心主体的角色，更是促进创新成果市场化的主导力量，决定着整体创新链价值的有效实现。提升企业自主创新能力，是提升国家科技水平和核心竞争力的根本途径。在整个国家技术创新体系中，作为主体的企业技术创新管理具有核心地位。[①]

科学技术是第一生产力，也是增强企业综合实力和竞争力、形成企业竞争优势的主要途径。企业只有坚持不懈地适应市场需求，积极利用知识、技术等要素开发新产品或提供新服务，才能立于不败之地。从本质上来说，企业技术创新是一个充满风险、困难重重的过程，面临着外部性、溢出性和创新高风险等问题。由于技术创新具有正的外部性，因此其所带来的社会收益并非由生产者独占，一些技术创新产品与成果具有较突出的非竞争性和非排他性，如重大产业共性技术的发现等。企业创新活动产生的新知识由于存在溢出效应，其他相关企业会在利润的驱使下积极获取创新成果的溢出，对创新活动产生的新知识进行研究和模仿甚至再创新，从而分享创新者利益。这种外部性所导致的非自愿扩散使得企业创新的社会报酬率

① 国家自然科学基金委员会，中国科学院. 未来10年中国学科发展战略：管理科学［M］. 北京：科学出版社，2014：102.

大于私人报酬率。追求价值或利润最大化的企业是基于私人投资报酬进行创新决策的，如果存在溢出效应，创新活动的原始投资者将无法独占创新成果的全部收益，企业创新投入动力将严重弱化，企业创新活动的积极性也将会降低。另一方面，技术创新活动的投入与产出并不是一种可以预期的、投入产出比可以确定的生产活动，由于创新活动的不可预期性和不确定性，创新活动具有较高的风险性，这种风险性有可能会使技术创新活动投入超出企业预期。由于市场需求的动态性和替代产品的存在，技术创新成果在向经济价值的转化中也存在着不确定性风险因素。这种技术创新的高风险性往往阻碍企业参与创新活动，降低企业的创新活动动力。

为应对技术创新本身的高成本、高风险、外部性、复杂性和不确定性，以及技术的迅猛发展和激烈的全球化市场竞争，切萨布鲁夫（Chesbrough）教授提出了开放式创新理念。该理念强调企业外部创新资源的内部化利用，是一种提高创新资源利用效率和企业创新效率的创新管理模式。[①]在开放式创新理念下，企业的技术创新活动不仅可以充分利用企业本身的创新能力，也可以借用外部创新能力为自身所用。企业外部环境中的主体同企业构成一个复杂的创新网络，创新网络结点由企业及其创新伙伴占据。其中，政府作为特殊资源供给者发挥着独特作用[②]。而在区域创新系统[③]（regional innovation system，RIS）中，政府对以企业为中心的创新关联系统的支持作用更加突出。[④]

政府科技投入是政府利用自身优势影响创新过程的主要手段。该手段并非依赖政府的强制力，而是尊重和借助市场机制发挥作用。从一般意义上说，政府科技投入是政府对区域内其他创新主体创新活动的直接或者间接的资金或者非资金方面的支持，如政府的科技计划、政府基金项目以及政府对创新企业的税收优惠等。政府科技投入已经成为区域内创新投入的重要来源，成为推动科技创新的重要作用力，同时，也成为企业进行创新决策需要考虑的重要外部性因素。而从各国的科技创新管理实践来看，政府科技投入已经是当前国家针对企业技术创新的不确定性、溢出效应以及外部性等特性和创新高风险的一种主要而普遍的干预方式。美国、英国、日本

---

① 陈钰芬. 企业开放式创新的动态模式研究［J］. 科研管理, 2009(5)：1-11.

② Freeman C. Networks of Innovators: A Synthesis of Research Issues［J］. Research Policy, 1991, 20: 499-514.

③ Cooke P. Regions in a Global Market: The Experiences of Wales and Baden-Württemberg［J］. Review of International Political Economy, 1997, 4(2)：349-381.

④ 吴晓松. 国家创新体系对企业创新能力及创新绩效影响研究［D］. 昆明: 昆明理工大学, 2012.

等发达国家很早就设置了专项资金，用于对中小企业创新和重点领域的企业研发活动进行支持。根据经济合作与发展组织（Orgnization for Economic Cooperation and Development，OECD）秘书处的统计，企业研发经费中，政府研究与开发（research and development，R&D）支出占到了8%—10%。从全国R&D支出的总量口径来看，政府科技支出占到了30%。[①]而中国科技投入总量、中央和地方财政科技投入近10年也在持续大幅度增长（图1-1）。虽受到国际金融危机外部影响和国内经济结构调整内部影响的双重作用，中央财政科技拨款支出增幅呈现一定波动性，但总体增长趋势较为稳定。

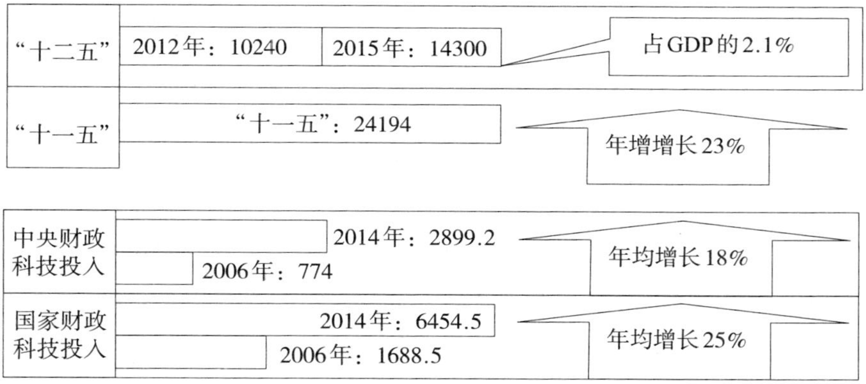

图1-1 中国科技投入的快速增长（单位：亿元）

政府科技投入的渠道和形式较为复杂，包括人才、知识、资金、公共基础设施等多种形式。就中国来说，政府科技投入主要是指国家财政用于科技活动所支出的经费部分，也就是财政科技经费投入，主要包括：科技三项费，包括新产品试制费、中间试验费以及重大科研项目补充费等，主要用于支持中国科技事业发展；科学事业费，包括国家自然科学、社会科学、科学普及等方面的支出及与其相关的人员经费、业务费用、设备购置修缮费用和公务费等；科技活动基本建设费，用于支撑科技创新活动、购置科技基础设施建设支出等。除此之外，政府科技投入还包括税收优惠、政府采购、贷款担保等间接投入方式。其中，政府R&D经费支出直接对创新活动进行支持，是政府科技投入中的核心部分。近年来，中国政府R&D支出的特征呈现规模涨幅较大的态势（图1-2）。

① 程华，等. 政府科技投入与企业R&D——实证研究与政策选择［M］. 北京：科学出版社，2009.

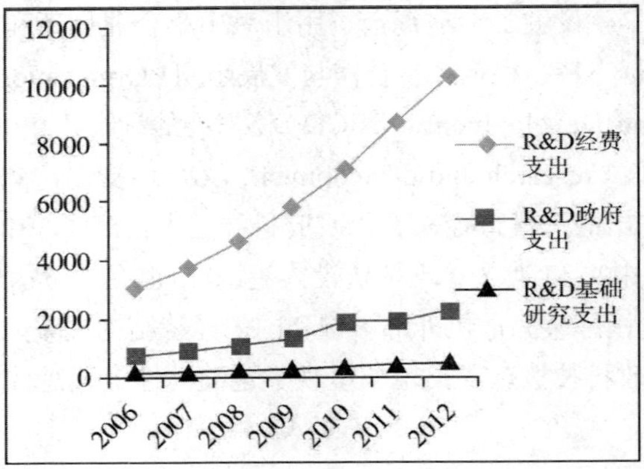

图1-2 中国R&D支出总量（单位：亿元）[①]

目前，中国企业每年从政府获得大量的科技投入，执行的R&D经费内部支出逐年上升，2011年达到75.73%，接近甚至超过了发达国家水平（约70%，如图1-3所示），R&D人员的增量占全部增量的87.16%。企业无疑已成为中国R&D活动的数量主体。但与之对照，中国企业的创新层次和水平仍然处于弱势地位，企业技术创新的主体功能发挥存在缺陷。2009～2012年，企业一般占有75%左右的创新资源，但在国家科技进步奖[②]中，企业承担的科技

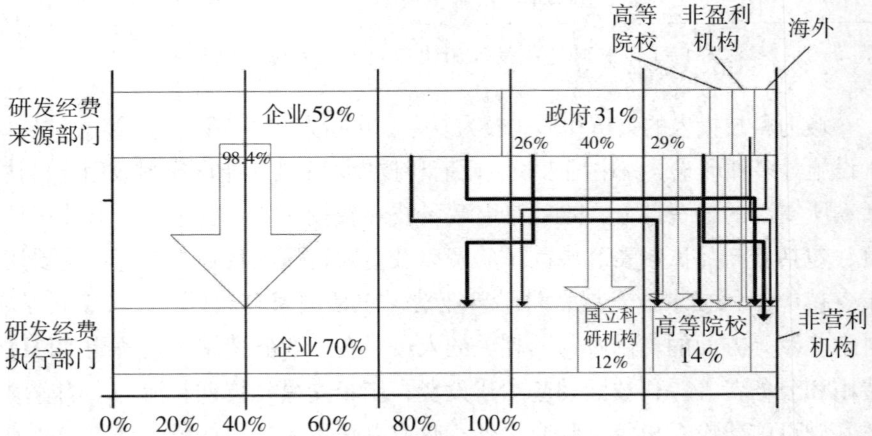

图1-3 美国研发经费来源与执行结构

① 来自历年《中国科技统计年鉴》。

② 国家科学技术进步奖授予在技术研究、技术开发、技术创新、推广应用先进科学技术成果、促进高新技术产业化，以及完成重大科学技术工程、计划等过程中做出创造性贡献的中国公民和组织，代表了在国民经济和社会发展主战场上的技术创新最高水平。数据来自于中国科学技术发展战略研究院调研报告《我国企业技术创新主体地位的结构性分析》。

项目获奖比例仅为30%，2012年这一比例虽然达到33.3%（图1-4），但与其科技资源的投入相比，这一比例仍然偏低。除此之外，2011年、2012年，在国家技术发明奖中，企业专家作为第一获奖发明人，所占比重仅分别为11.11%和9.76%。

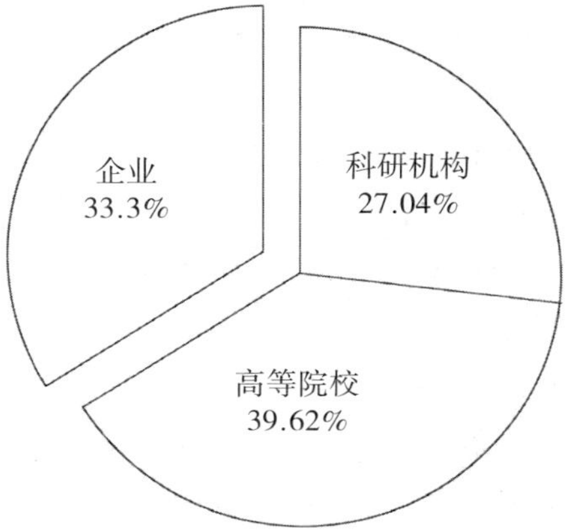

图1-4 国家科技进步奖第一承担单位分布情况（2012年）

从现实情况看，中国企业占有大量的R&D资金，但创新能力依旧不强。企业中的政府R&D投入资金占企业R&D投入的比例（2012年，4.6%）也都低于发达国家水平（美国为8%）。政府科技投入力度不断在加大，对改善企业创新的外部环境具有重要作用，但是对于不同企业创新的影响差异较大。有研究表明，国家的创新政策必须通过企业创新管理因素，如组织激励等，才能真正对创新产生作用[①]。中国企业由于创新的主动性不高和自身创新管理能力较弱等原因，对政府科技投入的整体利用效率不高，借助政府科技投入提升自身技术创新绩效的水平不高，甚至存在企业在创新战略制定与实施中完全忽视外部政府科技投入的影响，或者以政府科技投入替代企业自身正常的科技投入等情况，在某些创新领域和环节制约了企业创新资源的合理有效利用。因此，在政府大力推进国家创新体系建设的背景下，如何科学认识政府科技投入对企业技术创新过程的作用机制，以及如何合理利用政府科技资源促进企业技术创新水平的提高，是中国企业当前面临的现实问题。

从熊彼特提出"技术创新"的概念起，技术创新理论已经经过了100

---

① 李伟铭，崔毅，陈泽鹏，等．技术创新政策对中小企业创新绩效影响的实证研究——以企业资源投入和组织激励为中介变量［J］．科学学与科学技术管理，2008(9)：61-65.

多年的发展。从现有的企业技术创新相关理论研究来看，深入认识创新如何发生以及识别成功创新的促进因素等，在当今依旧是一个具有挑战性的论题。一般来说，主要的研究成果大多集中在个体和组织两个层面上。个体层面上，西方研究者基本上是从组织成员个人的心理认知、非正式组织的角色定位与正式组织的职位特征等方面进行分析的，如Sexton[①]（2003）认为组织个体认知能力对于新创意的提出具有特殊重要性，Schumpeter（1910，1912）认为具有敬业精神的企业家在企业克服内外部各种创新阻力中发挥着独特而不可替代性的作用，Schon等[②]（1963）则认为非正式组织的创新带头人在创新关键阶段，特别是对于激进式创新具有举足轻重的地位，其作为积极而活跃的动员者，具有优化创新管理过程和推动创新执行（Gambatese等[③]，2011）的关键性作用，而且对于新创意的形成、扩散等都能够发挥不可替代的作用（Markham等[④]，1998）。组织层面上的研究基本上是在假定企业创新受到组织内部或者外部因素的影响作用上进行的，分为市场主导（market-based）和资源主导（resource-based）两种基本观点，相关组织研究视角也多从企业结构与组织学习、企业文化、企业能力、知识管理等方面的组织内部因素和企业外部资源或者市场关系方面的因素，如外部性的知识资源、消费者、集群（cluser）等方面，考察影响企业创新能力与创新绩效的有利或者阻碍性因素。

在这些研究中，政府一般被认为是各种公共部门的代理人，被作为一种环境因素来处理[⑤]，或者虽然也有观点认为政府科技投入的创新干预政策会对企业技术或者流程的重大变革带来重要促进作用，或者会发生干扰企业间公平竞争的负面效应，但其多从宏观和产业层面进行一般性描述分析，较少能够深入到政府科技投入具体政策因素对企业创新战略

① Sexton M, Barrett P. A Literature Synthesis of Innovation in Small Construction Forms: Insights, Ambiguities and Questions［J］. Construction Management and Economics, 2003, 21: 613-622.

② Schön D A. Champions for radical new inventions［J］. Harvard Business Review, 1963, 41(March-April): 11-86.

③ Gambatese J A, Hallowell M.Factors that Influence the Development and Diffusion of Technical Innovations in the Construction Industry［J］. Construction Management and Economics, 2011, 29: 507-517.

④ Markham S K, Griffin A. The Breakfast of Champions.Association between Champions and Product Development Environments, Practices and Performance［J］. Journal of Product Innovation Management, 1998, 15: 436-454.

⑤ Link A N, Scott J T. Government as Entrepreneur: Evaluating the Commercialization Success of SBIR Projects［J］. Research Policy, 2010, 39: 589-601.

决策和创新管理组织的影响机制方面。而且由于西方国家反对政府干预经济的自由主义传统，以及在提高政府公共管理效益和效率的外界压力等方面的影响下，国外企业技术创新的政府科技投入影响研究也进一步转入公共管理领域，并集中在政府决策或者行为方面。从20世纪五十年代开始，发达国家公共管理领域的研究学者对政府资助企业R&D活动进行了广泛的讨论，并形成了截然相反的两种对立观点，即企业创新的外部政府投入有利于企业R&D投入水平和生产率（或利润率）提高或者不利于提高，两种观点的拥护者都利用大量现实数据的数学或统计模型分析来进行佐证。中国学者也在20世纪八九十年代开始关注这一问题，随后积极跟进国外学者的研究，并参与到这一理论争论之中，出现了一大批有代表性的成果[①②]。企业技术创新中的政府科技投入倒U形效应曲线或者企业利用政府科技投入存在最优性均衡临界点的论题，逐步成为这一领域内的热点。综合来看，当前企业技术创新的政府科技投入影响研究多从政府公共管理角度出发，而非立足于企业创新管理决策的视角。这种将企业作为政府科技政策被动接受方的研究模式，一般局限在宏观公共政策决策框架内，缺乏对企业创新行为和过程的深入分析，忽视了企业作为活跃创新主体在既定政府科技投入条件下的主动适应性、有机选择性和灵活反应性，不能从企业微观层面上认识企业创新过程中政府科技投入的影响作用，难以深入描述政府科技投入要素同企业技术创新要素的具体内在作用关系，进而无法全面认知政府科技投入因素在企业创新核心能力构筑上的合理模式及有效路径。而从最近的研究来看，有学者也注意到这个问题，尝试从企业创新层面开始进行较为细致并具有较强探索性的理论及实证性的研究分析。Ashford[③]（2002）和Patanakul[④]（2014）从企业的创新意愿、创新能力和创新机会上考察了政府科技投入因素的具体影响作用，也有学者认为在企业非线性创新模型下，创新发生在同复杂性网络主体的交互中，企业应更加关注外部政府科技投入影响下的合作研发、知识交互、学习能力提升等。

---

① 吴延兵. R&D与生产率——基于中国制造业的实证研究［J］. 经济研究，2006(11): 60-71.

② 朱平芳，徐伟民. 政府的科技激励政策对大中型工业企业R&D投入及其专利产出的影响——上海市的实证研究［J］. 经济研究，2003 (6) : 45-53.

③ Ashford N A. Government and Environmental Innovation in Europe and North America［J］. The American Behavioral Scientist, 2000, 45(9) : 1417-1434.

④ Patanakul P. Examining the Roles of Government Policy on Innovation［J］. Journal of High Technology Management Research, 2014, (5) : 97-107.

全部创新主体构成一个创新网络，创新网络受到盈利部门基于市场规则的自利行为和区域政策制定者基于公共目标的调控行为的共同驱动。在日趋激烈的创新竞争中，从区域创新网络系统中政府的独特地位和稀缺的创新资源上看，企业需要深刻认识政府科技投入对自身创新的影响机制，并通过对该机制的合理反应策略提升自身的创新管理绩效。在这样的现实与理论背景下，如何在当前创新网络环境下分析外部政府科技投入对企业创新的影响，准确把握企业在技术创新过程中如何有效地获取政府科技投入的方式方法，以及认识外部政府科技投入对企业技术创新影响的综合效应，研究政府科技投入要素同企业技术创新要素的具体内在作用关系，进而探索出可行的利用政府科技投入提高企业技术创新水平的基本策略，这些都是对企业创新具有重要意义的研究问题。

1.1.2 研究意义

（1）理论意义。本书有助于丰富企业技术创新理论的基本分析视角和方法，有助于更加深入地理解企业技术创新过程、影响因素和基本规律。针对企业创新中的资源稀缺性，以及所面临的“创新溢出”和“创新风险”等问题，都充分论证了企业技术创新中政府科技投入因素作用的合理性和必要性。但由于企业规模、类型、性质、所处行业及外部环境状况的不同，企业的创新决策等会因企业内部或外部因素的差异而不同。同时，由于政府科技投入方式具有多元性，因此政府科技投入对企业技术创新的影响作用必然具有复杂性、条件性和具体性等特征。对这种影响关系的深入研究，有助于把握企业利用政府投入资源优化企业内部与外部创新要素关系的规律，丰富和发展提升持久性、系统性创新能力的对策路径。传统上，由于技术创新的内在属性，企业技术创新更加强调市场机制的作用而不太关注政府的作用，关注内部创新条件而不够重视外部创新环境。在当前网络经济背景下，企业间的创新竞争更加地依托外部资源，体现出一种系统性和体系性开放式创新的特征。随着区域创新网络理论的发展，政府在科技资源配置和创新驱动发展方向上的宏观调控作用日益显著。因此，基于区域创新网络视角进行政府科技投入对企业技术创新影响的研究，能够更加清晰地描述企业技术创新的过程和规律，拓宽该领域的研究视野，进一步完善技术创新过程的理论分析架构。

（2）实践意义。本书有助于启示企业重新审视和完善自身技术创新决策框架，并为其利用政府科技投入提升企业创新能力提供理论支持。企业创新目标如果同政府层面的创新发展目标协调一致，企业更容易获取政府的科技资源，其技术创新的绩效不仅能得到放大，也更容易步入快速发展的轨道。但是如果对政府科技投入的利用不当，短期内会削弱企业的创新动力，从长远来看也会潜在地侵蚀企业的创新能力。因此，准确认识政府科技投入对企业技术创新的影响和作用机制，对企业创新能力的提升具有特殊意义。对企业创新的政府科技投入作用机制、模式和效应的分析，有助于企业完善技术创新管理决策框架，借助争取和利用政府支持嵌入到区域创新网络的有利位置，持续提升创新能力和获得竞争优势。另一方面，本书也有利于政府基于企业自身的实际创新需求，建立和完善科技投入促进企业技术创新的政策框架，能够为创新体系建设、科技管理与政策设计提供理论与方法的有力支持。

1.2 研究思路、内容与框架

1.2.1 研究思路

基于当前的现实与理论问题，本书的基本思路如下：

（1）从政府视角，采用国外经验比较分析的方法，对政府科技投入政策形成、运作与评价的基本机制，以及政府科技投入支持企业技术创新的基本路径、方式与模式等建立基本认识，为建立政府科技投入支持企业技术创新的基本框架与模型，以及更加深入地优化中国政府科技投入政策研究建立基础。

（2）从企业视角，基于企业创新链，研究并把握企业技术创新过程、基本环节及影响要素，分析企业技术创新同政府科技投入的内在联系，从企业创新链、创新网络和基本R&D活动的创新决策特点上深入认识企业技术创新中的政府科技投入的影响作用原理与机制。在机制分析基础上，分析和提炼政府科技投入对企业技术创新过程的一般作用模式，把握政府科技投入对企业技术创新存在的综合效应。

（3）深入界定和考察企业技术创新要素与政府科技投入要素的作用关系，构建政府科技投入对企业技术创新的影响效应基本模型，并提出理论假设，采用宏观层面中国科技创新数据对本书提出的理论模型进行验证。进一步从企业层面剖析政府科技投入影响企业技术创新的作用机制，提出理论假设，采用企业家认知数据进行实证分析。识别政府科技投入在支持企业创新中存在的问题，为进一步的应用分析奠定基础。

（4）研究中国企业技术创新中政府科技投入的基本对策要点和政府科技投入发挥作用的基本模式。采用统计和案例方法对中国政府科技投入影响的实际情况进行分析，发现问题。基于区域创新网络大视野，构建企业借助政府科技投入促进技术创新的基本决策框架和中国政府优化科技投入支持企业创新的有效策略。

1.2.2 研究内容

根据上述研究思路，本书研究的内容主要包含以下七个方面：

（1）理论基础与文献综述。一是对本研究涉及的公共管理理论、企业创新理论、经济增长理论、区域创新体系/系统理论进行全面回顾，为后续研究奠定理论基础。二是从基本理论出发，分析政府科技投入的必要性与合理性。三是对国内外有关研究成果进行梳理，采纳其合理观点并分析其不足，为后续研究提供重要借鉴。

（2）国外政府科技投入经验、模式与方式比较。对以科技投入为中心的政府行为进行比较分析，包括政府科技创新体制机制比较（投入模式、评价模式与回收模式，中央一地方纵向体制机制、政府一社会主体横向体制机制）、政府科技资金支持企业创新政策比较（直接方式、间接方式）等。一方面，从政府视角为建立理论模型提供支撑；另一方面，也为后续中国政府科技投入影响作用综合分析和对策分析提供支持。

（3）政府科技投入对企业技术创新影响原理与机制分析。通过分析创新链特征，从政府机制和市场机制的基本关系角度考察政府科技投入影响企业技术创新的基本原理。深入分析创新链中、企业技术创新网络中和企业技术创新决策中政府科技投入的影响作用原理，描述企业在创新链的R&D及成果转化两个环节中，政府科技投入基于多主体的市场交互、共同参与、相互制约对企业创新的复杂影响关系机制。另外，对企业技术创新中的政府科技投入影响效应进行理论分析，对政府科技投入影响企业技术创新的基本模式进行分析，研究政府科技投入对企业技术创新的多层次潜在影响效应。

（4）政府科技投入对企业技术创新影响效应实证分析。在上述研究的基础上，进一步深入分析政府科技投入要素对企业技术创新要素的具体作用关系，并提炼基本研究理论假设，从产业宏观层面构建出政府科技投入对企业技术创新的影响效应理论模型。利用中国科技统计数据，从政府科技投入对企业内部R&D投入量与结构的影响效应、政府科技投入对企业外部R&D投入量的影响效应和政府科技投入对企业技术产出的影响效应三个方面进行实证研究，分析研究假设，把握中国企业技术创新中政府科技投入影响效应的基本情况。

（5）政府科技投入影响企业技术创新机制实证分析。对于宏观层面实证分析的不足，基于企业管理者的认知视角，从微观层面进一步解析政府科技投入影响企业技术创新的作用机制。提出政府科技投入影响企业技术创新作用的基本模型。设计包含企业技术创新环境、企业技术创新内部条件、企业技术创新模式、企业技术创新障碍、企业吸收政府科技投入、企业的政府科技投入作用等方面的多个量表，设计调查问卷，以山东省企业管理者为调查对象，利用结构方程方法对样本进行实证分析，验证理论假设。

（6）中国政府科技投入政策影响企业技术创新作用分析。在以上研究的基础上，综合政府视角的投入机制经验分析和以企业技术创新决策为中心的理论与实证分析，对中国及山东的政府科技投入作用情况进行了宏观层面的统计分析和政策案例分析，以对中国政府科技投入存在的问题进行识别与对策研究。

（7）借助政府科技投入促进企业技术创新策略分析。以政府科技投入政策分析和企业技术创新管理分析为基础，提出了支撑企业更好地获得政府科技投入支持的基本策略，并从区域创新系统的视角，分析了政府优化科技投入促进企业技术创新的基本策略。

1.2.3 研究框架

本书根据研究问题的特点和研究需要设计了三个逐层递进的部分，基本研究框架如图1-5所示。

第一个层次是文献与经验研究。一是企业环境与技术创新关系理论，重点是区域创新系统、创新网络、政府政策和企业技术创新，以及政府科技投入影响企业技术创新的相关理论研究与实证研究。二是国外政府科技投入方面的经验分析。这一层面采用的研究方法主要是文献研究与对各种文字材料进行整理归纳的方法。

第二个层次是理论与实证研究，包含两个子研究。第一个子研究是理论研究，主要分析创新链结构和企业创新基本环节及其特征。分析企业的技术创新与外部政府科技投入因素的关系，从企业创新链、企业创新网络和企业创新决策三个方面考察企业技术创新中政府科技投入因素的影响作用。在企业R&D活动和科技成果转化活动中分析政府科技投入的影响机理及作用关系，主要采用理论演绎的方法。第二个子研究是实证研究，主要探索企业技术创新同政府科技投入要素作用效应与机制模型，并结合实证分析对模型进行检验、修正和应用。它包括宏观产业层面的分析和微观企业层面的分析，主要采用归纳研究、实证研究、经济计量学与统计学方法。

第三个层次是应用与政策研究。它是在文献研究和理论研究基础上考虑中国的实际情况，设计出一个引入政府科技投入要素的企业技术创新决策框架，并对上述研究进行综合，从企业和政府两个角度提出借助政府科技投入促进企业技术创新的基本决策建议。其包括两个子研究：一是中国（包括国家层面和省级层面）科技投入政策分析，结合政府和企业两个角度进行综合性政策机制、效能的分析；二是优化政府科技投入政策与企业技术创新决策的建议。

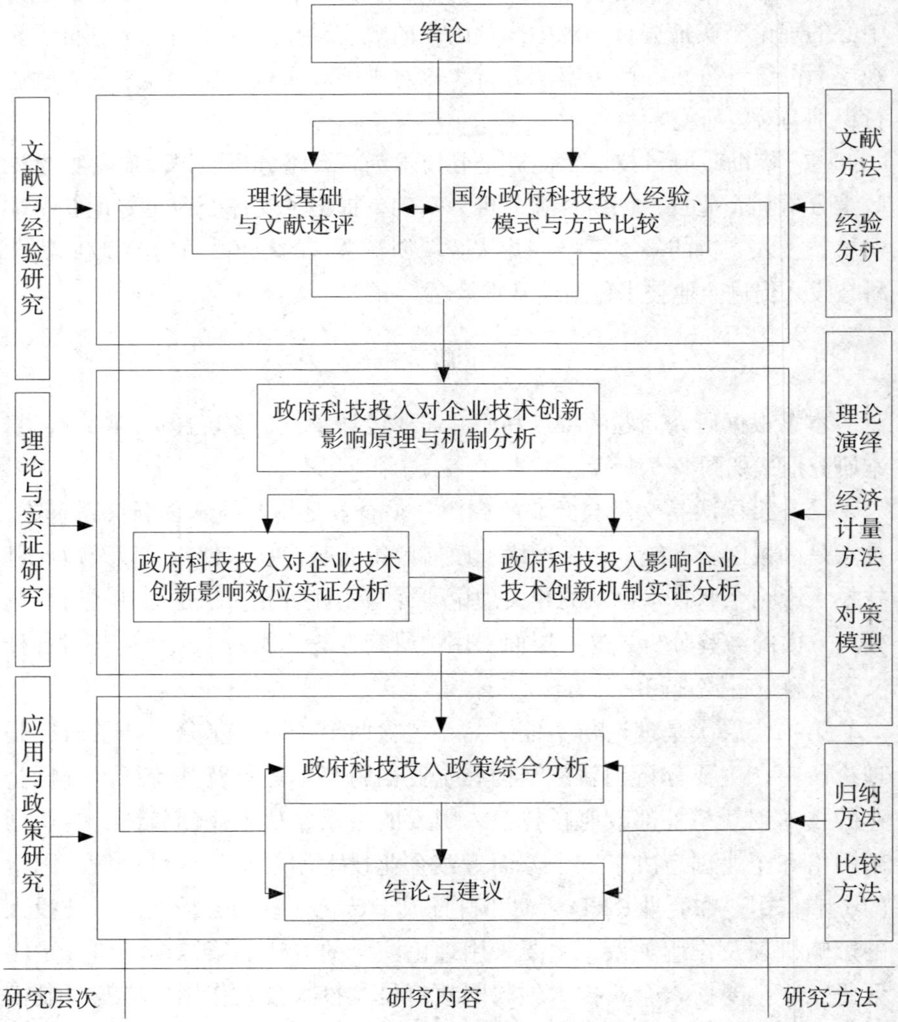

图1-5 本书的基本研究框架

1.3 研究方法

本书主要采用了以下研究方法：

1.3.1 文献研究法

文献研究法是指通过搜集、鉴别、整理文献以及研究文献形成对事实的科学认识的一种方法。经过对搜集文献的归纳整理、分析鉴别，对一定时期内某个专题的研究成果和进展进行系统、全面的叙述和评论。本书通过区域创新网络、政府科技投入与企业技术创新相关理论与实证研究的梳理分析，形成政府科技投入对企业技术创新影响的基本研究框架。

1.3.2 演绎分析法

演绎分析法是从普遍性结论或一般性事理推导出个别性结论的论证方法。在理论分析的基础上进行逻辑推导，对变量之间的关系进行研究判定，提出对应的研究假设。本书主要采用演绎法构建区域创新体系中政府科技投入对企业技术创新的作用机制模型和政府科技投入对企业技术创新的影响效应模型。

1.3.3 计量经济学

计量经济学是基于非实验数据，利用统计学方法对经济管理现象进行定量分析的研究方法。本书主要采用计量经济学中的面板数据模型方法对企业技术创新中的政府科技投入影响效应的理论模型进行验证，并掌握当前中国科技投入政策效应的基本现状。

1.3.4 统计学方法

本书采用了管理统计方法，包括企业技术创新与政府科技投入政策等综合性量表的设计、问卷调查、描述性统计分析、量表的效度与信度检验、验证性因子分析等，以达到从企业决策者的心理感知层面对政府科技投入影响企业技术创新的作用机制进行分析的目的。

1.3.5 案例分析法

案例分析法是指通过运用历史数据、档案材料、访谈、观察等方法收集数据，并运用可靠技术对某个事件进行分析之后得到带有普遍性结论的一种研究方法。解释性案例研究旨在通过特定的案例，对事物背后的因果关系进行分析和解释。本书主要结合案例分析法为政府影响产业和企业的具体模式分析提供支持。

此外，本书还应用了区域创新系统、创新网络、科技管理等方面的理论，并综合采用了系统分析、定性与定量相结合的研究方法。

1.4 研究创新点

本书的创新点主要体现在以下四个方面：

（1）从企业创新链、创新网络和创新决策角度分析政府科技投入的影响作用，发现并勾画出政府科技投入对企业技术创新的直接作用机制和间接作用机制。本书提出并论证了政府科技投入在创新链、企业创新网络和企业创新决策三个层面影响企业技术创新的理论观点。创新链是企业技术创新组织、创新资源配置和创新模式选择的基础，企业需要依据创新链的特点来进行创新战略决策和实施；如果被企业合理吸收利用，政府科技投入能够发挥对创新链内在的公共产品和高风险等负面因素的抑制作用。创新网络是企业与创新环境相互作用形成的外部创新组织形式，政府科技投入在创新链层面对企业创新的影响在创新网络层面上表现为对网络关系和网络结构特征的影响。创新决策实质是企业基于创新链并受政府科技投入等因素影响的对创新模式与创新资源配置的选择，政府科技投入在创新链、创新网络层面对企业技术创新的影响具体体现在企业创新决策层面。在提出和分析以上观点的基础上，进一步对政府科技投入影响企业技术创新的基本机制进行较为深入的诠释，具体描绘出政府科技投入在企业技术创新R&D和成果转化两个环节中的直接和间接影响机制。因此，本书采用了较为独特的视角对该领域中比较缺乏的影响机制方面的研究进行了有效弥补。

（2）归纳出企业吸收政府科技投入的基本模式和政府科技投入对企业技术创新的影响效应，并构建出政府科技投入对企业技术创新影响的效应作用模型。结合政府科技投入影响企业技术创新的机制分析和实例，本书归纳出政府科技投入对企业技术创新的影响模式，并对政府科技投入对企业技术创新的影响效应进行了具体解析，将创新链层面的公共产品补偿效应、风险抑制效应等在企业创新网络和创新决策层面上以激励效应、溢出与扩散效应等进行具体表述。通过对企业技术创新基本特征的分析与假定，深入解析企业创新要素和政府科技投入要素，判断要素之间的可能关系以及关系的性质，构建出企业技术创新的政府科技投入影响效应模型。

模型中分别将企业创新投入区分为企业内部R&D投入和外部R&D投入，将政府R&D投入区分为工业R&D投入和公共R&D投入，在3个维度上提出8个基本理论研究假设。本书构建出政府科技投入对企业技术创新影响的效应模型，清晰描述了二者之间要素的深层次的、具体的影响关系，为本领域较为薄弱的效应模型研究分析提供了重要支持。

（3）基于政府－产业－企业的影响作用路径，构建出能够描述和验证政府科技投入影响企业技术创新投入与产出的直接与间接效应、独立与综合效应的计量经济学模型。选取最新的能够获取的宏观层面上企业技术创新与政府科技投入的产业－时期短面板样本数据。假定产业总体所受到的政府科技投入的影响水平代表了政府科技投入对产业全部企业的一般效应水平，以对产业的影响作用体现出产业内技术溢出与产业间技术扩散效应的结果。同时进一步构建出多个单因素的独立效应模型和多因素的综合效应模型，并采用计量经济学面板数据模型估计与检验方法对相关模型进行比较和优化，具体识别和判定政府工业R&D投入的多重激励作用，政府公共R&D投入对企业内部R&D投入和外部R&D投入的反向作用，以及对企业创新产出的间接作用关系，从而对研究假设进行了较为成功和有效的验证性分析。本书构建计量经济学模型的方法和验证或者发现的基本结论都是对本领域相关研究成果的重要补充。

（4）基于企业认知视角，建立起对政府科技投入影响企业技术创新决策、创新行为与创新绩效内在机制进行描述的统计模型。对企业技术创新的投入－产出过程依据企业技术创新决策的基本逻辑进行分解，识别出政府科技投入对企业技术创新的具体作用点落在企业创新决策的信息引导、企业内部创新条件的自发优化、企业技术创新模式选择、企业创新投入促进与创新绩效提高等方面。企业技术创新的决策者和高层管理者对企业技术创新中面临的一系列问题具有最直观、最具体、最深刻的认识，采用企业高管的企业技术创新认知数据，建立结构方程模型对这种作用关系机制进行验证分析，有利于对企业技术创新决策进行较为深刻的逻辑分析，能够为建立更为完善的政府科技投入体制机制提供有效的方法支持和参考。

2 理论基础

本章主要对企业技术创新中政府科技投入影响的相关理论进行综述与借鉴。首先对企业技术创新活动面临的区域创新网络环境和政府科技投入政策进行文献分析，进一步梳理企业技术创新中政府科技投入的相关理论及实证研究的现状和进展情况，以为进一步的研究分析奠定基础。

2.1 公共管理理论

2.1.1 新公共管理理论的内涵

公共管理是一个涉及众多学科的重大理论，它更加关注与其他理论的交叉与整合，且具有创新性，属于公共组织中的管理。其理论基础涵盖了现代经济学理论、管理学理论、政治与行政学理论等，在自身的发展与完善过程中不断汲取管理学、经济学、社会学等众多学科领域的精华。公共管理是一般管理范畴中的子集，其特点就在于公共性，即通过依法运用公共权力、提供公共产品和服务来实现公共利益，同时接受公共监督。这是公共管理区别于其他管理的根本标志。公共管理的主要特征是以实现社会公共利益为总体目标，强调公共部门的行为绩效，其主要任务是向全社会成员提供公共服务和公共产品。

20世纪70年代末以来，伴随着新古典经济理论的兴起、经济全球化趋势的加强、信息技术革命的发展，在西方国家财政赤字猛增等一系列新的社会与政治问题出现的背景下，新公共管理理论应运而生。可以说，新公共管理理论是现代西方国家在特定的政治、经济、文化背景下的产物。

新公共管理理论的出现是对传统公共行政的否定，标志着公共行政研究领域的一次范式转变。新公共管理的内涵和特征总结如图2-1所示。

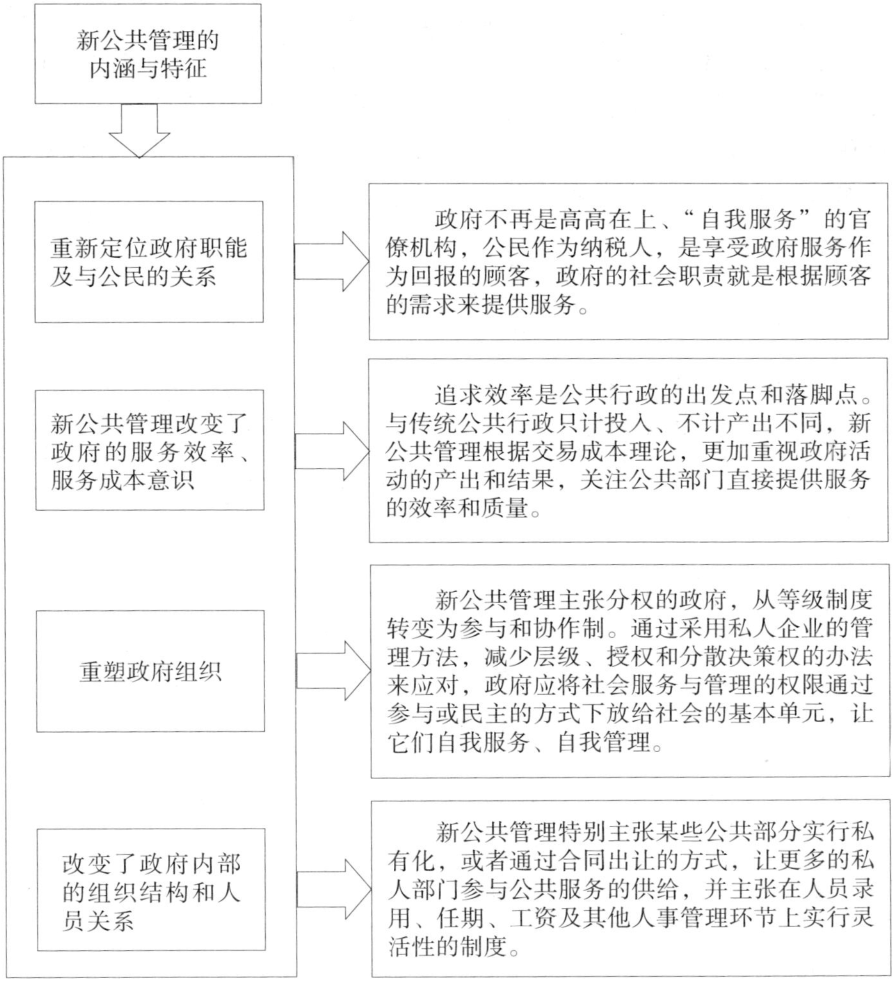

图 2-1 新公共管理的内涵和特征

2.1.2 新公共管理理论对中国的借鉴与启示

李银珠①（2005）提出中国的公共管理面临着双重挑战：一是政府行为法制化不足，行政权力缺乏制约，侵权行政、专断行政、非法行政现象严重；二是政府管理能力不足以及由此带来的管理绩效问题，政府管理效能与社会发展、经济发展的要求存在差距，不能维护公正有效的市场秩序，不能提供充足有效的公共产品和公共服务，快速应变能力较弱。

① 李银珠. 西方新公共管理理论的契约框架：借鉴与启示［J］. 当代财经，2005（12）：60-65.

中国目前正处于转轨时期，随着市场体系的不断完善，中国国家治理体系不断规范化、法制化、科学化，迫切需要政府行政管理体制改革在理论体系与实践模式上进一步创新和发展。因此，研究新公共管理的理论与实践，借鉴其经验教训，吸取其理论成果，对现阶段中国行政管理体制改革无疑具有重大的现实意义（图2-2）。

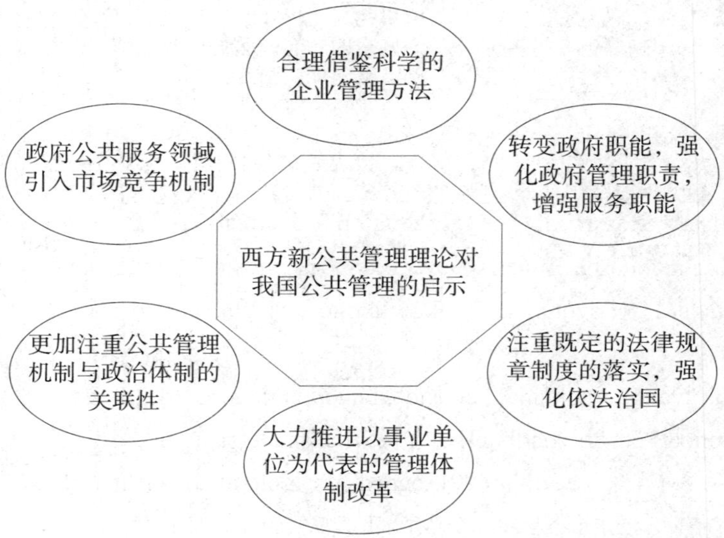

图2-2 西方新公共管理理论对中国公共管理的启示

2.2 技术创新理论

创新是指通过人的复杂性思维的过程所创造产生的还未存在的事物或观念，以及这种事物和观念形成的创造性的活动。经济学上，创新概念的起源为美籍经济学家约瑟夫·熊彼特（Joseph Schumpeter）在1912年出版的《经济发展理论》，强调把生产条件与一种新的生产要素实现“新结合”，其创新概念包括的范围很广，包括政治、经济、文化、社会、科技及军事等各个领域的创新，也可以分为科技创新、商业模式创新、文化艺术创新等。一般情况下，创新都是主动的、有目的的行为，是对旧事物的本质性变革或改进，它对经济发展、社会进步起着直接或间接的推动作用。创新的内容与学习有关，其研究领域中的很多方法都与交叉学科相关，因此创新的综合性是创新的特征之一，同时创新还具有随着时间和空间的变化而产生的多样性特征。[①]创新具有新颖性、动态性、系统性、前瞻性、风险性及目的性。

（1）新颖性是创新最主要的特征之一。从系统的角度来看，既有全局的新颖性和突破，又有局部的新颖。创新不是简单的模仿、再造。因此，新颖性是创新的主要特征。

（2）创新具有动态性的特点。创新活动是动态的、不断发展的过程，随着经济、社会的不断变化，任何创新都不是一劳永逸的，而应该是与时俱进的，只有不断地进行创新和变革，才能跟上日新月异的经济社会变迁。

（3）创新具有系统性的特点。事物之间相互关联、相互影响，因此创新不是单一的过程，而是与其他事物相互依赖和相互影响的，对外部资源的依赖也是创新具有系统性的原因。

（4）创新具有前瞻性的特点。经济社会的发展必然对新技术、新模式、新业态、新工艺产生需求，因而创新是持续不断向前发展的。为了满足日新月异的经济社会需求，创新必然有前瞻性特征。

（5）创新具有风险性的特点。创新的过程和结果并不是确定的，创新可能成功，也可能失败，这种不确定性就注定了具有风险性。创新主体只能通过科学合理的方法来尽量降低创新所带来的风险。

（6）创新具有目的性。任何创新的生产和发展，都是人类有意识、有目的的活动的结果，且创新活动特别强调效益。

从创新主体来看，科技创新的主体是多元化的，不是单一的，是包括企业在内的诸多组织的组合主体，高校、科研院所、中介服务、政府、金融机构等都是其主体的组成部分。其中，科技创新的直接主体是企业、大学和科研院所，科技创新的间接主体包括政府、市场、中介服务和金融机构。由于科技创新的系统性特点，科技创新的过程是以企业为主、政府为引导、市场为导向，“产、学、研、金融、中介”共同参与，合力发挥作用的结果。企业间的竞争胜负最终是通过企业的创新状况来决定的，特别是在“国内市场国际化”和“国际市场国内化”的竞争大环境下，技术、市场需求以及创新过程本身的复杂性大大增加，使得单个创新很难独自形成企业的竞争优势，因此现代企业创新更强调的是一种系统性、集成性活动，强调与其他创新主体的互动与资源的充分利用。

---

① 李琳. 科技投入、科技创新与区域经济作用机理及实证研究［D］. 长春：吉林大学，2013.

2.2.1 国外相关研究

经济学家约瑟夫·熊彼特最先开始创新理论研究，他在1912年的《经济发展理论》中提出，创新理论主要包括创新的内涵、创新与企业家、创新与资本主义经济发展周期等内容。熊彼特认为，创新是指“企业家对生产要素的新的组合”，也就是把一种从来没有过的生产要素和生产条件的“新组合”引入生产体系，从而形成一种新的生产力，以获取潜在利润。①

熊彼特提出创新思想后，西方经济学家进行了进一步的研究与发展，形成了一系列的创新理论研究成果。Solow②（1957）对技术创新理论进行了深入的研究，指出：技术变化包含着知识的投入，知识在被运用的过程中所带来的技术组合与技术安排等方面的变化就是一种创新。这种创新源于人们的精神活动，如新的构想或者发明一种新事物。发展到20世纪60年代，经济学家、社会学家、历史学家以及企业家等都对技术创新予以广泛关注。1962年，Enos③在《石油加工业中的发明与创新》中首次对技术创新进行了明确定义，Enos从行为集合角度认为，技术创新是几种行为综合的结果，这些行为包括发明的选择、资本投入保证、组织建立、制订计划、招用工人和开辟市场等。综观国外学者的研究成果，具体来说，研究主要集中在对几种创新角度的研究上（如表2-1所示）。

表2-1 创新理论④

创新理论研究角度	主要内容
技术创新角度	曼斯菲尔德（Mansfield）、卡曼（Kamien）、施瓦茨（Schwartz）等学者，在熊彼特创新理论的基础上，提出了技术创新理论，并对其做了开创性的研究工作，诸如提出了技术创新的概念、过程、影响因素等

① 约瑟夫·熊彼特.经济发展理论——对于利润、资本、信贷、利息和经济周期的考察［M］.何畏，易家详，等译.北京：商务印书馆，1990：73-75.

② Solow R M. Technical Change and the Aggregate Production Function［J］. Review of Economics and Statistics,1957, 39: 312-320.

③ Enos J L. Petroleum Progress and Profits［J］. Journal of Political Economy,1962, 4(1)：82.

④ 石展晗.网络型企业组织中创新系统的运行分析［D］.北京：首都经济贸易大学，2007.

（续表）

创新理论研究角度	主要内容
制度创新角度	以英国经济学家道格拉斯·诺斯（Douglass North）为代表的学者认为：制度创新是使创新者获得追加利益的现存制度安排的一种变革。制度之所以会被创新，是因为创新的预期净收益大于预期的成本，而这些收益在现存的制度安排下是无法实现的。只有通过人为地、主动地变革现存制度中的阻碍因素，才可能获得预期的收益。在此基础上提出了制度创新的含义、制度创新的推动力、制度创新的过程分析和制度创新的模型等
管理创新角度	美国著名管理学家彼得·德鲁克（Peter Drucker）在20世纪50年代将“创新”概念引入管理领域。德鲁克提出创新指的是赋予资源以新的创造财富能力的行为。他认为创新有两种，包括技术创新和社会创新
企业家创新角度	以沃克和熊彼特为主要代表的学者认为，企业家作为一种变革的力量，是从事“创造性破坏”的创新者。企业家为追求利润目标实现新组合——创新，从而打破了经济非均衡状态，明确了现代企业家是管理者，其管理活动的核心是创新，企业家的创新产生了动态性的经济运动与经济发展
企业文化创新角度	以彼得·圣洁（Peter Senge）、吉姆·柯林斯（Jim Collins）、约翰·柯特（John Kotter）等学者为代表，建立了以企业文化创新与绩效、学习型组织等理论体系
企业创新系统理论研究角度	乔·蒂德（Joe Tidd）提出企业创新不能只强调技术纬度，因为技术、市场及组织之间存在着互动关系，技术创新的根本目的不再局限于改进研发效率，而在于如何将技术转化为成功的产品或服务。这也表明，技术管理不再是企业活动中孤立的一环，技术创新的有效实施有赖于组织结构与过程的有效性

根据不同研究者的角度，技术创新可以被分为不同类型。通过对国内外基础创新分类方法进行总结，我们可以将创新分为多种类型（如表2-2所示）。

表2-2 技术创新的类型

分类依据	种类	含义
根据技术创新的程度	渐进性创新	又称为改进性创新，与颠覆性创新相对应，特点是渐进性和连续性
	根本性创新	能够明显而剧烈地改变原有的技术，并产生革命性成果，如突破性的产品和工艺创新
	颠覆性创新	从根本上实现重大突破，对现有创新活动具有严重挑战，如智能手机代替了传统手机、特斯拉电动汽车颠覆了传统汽车等
根据技术创新的对象	产品创新	改进现有商品而重新上市，包括想法产生、设计、研发、生产销售等一系列过程
	工艺创新	又称为过程创新，技术改造的对象是原来的生产方法、生产技术，如生产方式的改变、新工艺和新设备的变革
根据技术创新的来源	原始创新	是指前所未有的重大科学发现、技术发明、原理性主导技术等创新成果。原始性创新意味着在研究开发方面，特别是在基础研究和高技术研究领域取得独有的发现或发明
	自主创新	是一种创造性活动，是创新主体依靠自身的智慧和技术力量进行的技术创新活动
	集成创新	是指各创新主体之间互相合作，从而能够优势互补完成技术创新的过程，如产学研合作
	模仿、消化吸收再创新	创新主体模仿其他主体而进行的创新，一般包括完全模仿和引进消化吸收再创新

2.2.2 国内相关研究

中国对创新理论的研究起步较晚，20世纪80年代中期以来，国内学者在对西方创新理论进行介绍的基础上，通过理论与实践相结合、宏观与微观研究相结合的方式，在企业创新领域进行了初步的探讨。总体的研究思路基本上是沿着西方创新理论的六大分支——技术创新、制度创新、企业家创新、管理创新、文化创新与系统创新进行的。

产业技术创新体系是产业内企业与上下游企业、高校、科研院所以及政府之间为培植创新资源进行创新活动而形成的制度安排和关系网络

（张朝岩等[①]，2013）。一个产业创新体系通过不同的组成要素的共同演化而经历变化和升级的过程，决定了特定产业呈现出个性化的演化路径（Malerba[②]，2002）。产业技术创新体系概念动态拓展了创新边界，为深入理解技术创新内涵和机理以及为政策介入提供新的理论支撑平台。在构建区域产业技术创新体系的过程中，在市场发挥基础性作用的前提下，政府的职能侧重于通过政策引导，推动降低区域创新成本，调控创新资源优化配置。由于产业共性技术是行业全部企业面临的竞争前技术（马名杰[③]，2004），具有普遍性和非竞争性特征，因而培育和完善产业共性技术创新体系是政府推动构建整体区域产业技术创新体系的核心和关键。国外学者较早开展了产业共性技术研究。1992年，美国国家标准与技术研究院（NIST）的经济学家Tassey[④]提出了一个用于科技政策研究的“技术开发模型”，1997年后称为“以技术为基础的经济增长模型”。围绕该模型，Tassey将技术分成了基础技术、共性技术和专有技术，由此提出了共性技术（industrial generic technolog）的概念。而中国有关产业共性技术的理论研究相对滞后于科技政策和产业经济发展的需求。目前，对于共性技术的研究，学者们从不同角度对共性技术进行了分类（李纪珍[⑤]，2006；马名杰，2004）。李纪珍提出共性技术按其涉及的层次、角度，可分为产业间共性技术、产业内共性技术和企业内共性技术。马名杰从产业共性技术的重要性角度将其分为关键共性技术、基础性共性技术和一般性共性技术。吴贵生、李纪珍等[⑥]（2003）认为，在市场机制作用下，一般企业对共性技术上的投资不足导致共性技术的供给不足、研究开发率低下，政府的干预不仅有利于共性技术的供给，在这种条件下的政府干预，共性技术的供给与扩散还能同时进行，从而提高社会的总福利。学者

---

① 张朝岩，高宏伟．产业技术创新体系本地化：基本内涵、关键因素及政策取向［J］．科技进步与对策，2013（7）：63-67.

② Malerba F. Sectoral System of Innovation and Production［J］. Research Policy, 2002,31: 247-264.

③ 马名杰．共性技术的内涵与评判标准［J］．新经济导刊，2004（22）：74-78.

④ Tassey G. The Functions of Technology Infrastructure in a Competitive Economy［J］. Research Policy, 1991(20)：345-361.

⑤ 李纪珍．产业共性技术：概念、分类与制度供给［J］．中国科技论坛，2006（3）：45-47+55.

⑥ 吴贵生，李纪珍．产业共性技术供给体系研究［J］．科学技术与工程，2003（4）：379-380.

们也对共性技术与区域创新体系（周国林[①]，2010；蓝玲等[②]，2009），以及政府在共性技术开发中的作用与定位（徐佩等[③]，2010；刘洪民[④]，2013）等方面展开研究。周国林从四个方面分析了产业共性技术形成的需求机理，分别是地方政府经济和政治利益驱动、产业集群内企业规模发展的需要、产业组织的战略联盟发展的需要和产业集群创新的需要。蓝玲等认为，区域创新体系主要包括主体要素、功能要素和环境要素三个部分的内容，区域创新系统通过技术上的创新和进步，输出物质形态和非物质形态的科技产品，提升本区域的核心竞争力。通过对国内文献的分析来看，从区域层面研究产业技术创新的研究还是比较缺乏的。

区域产业技术创新是企业技术创新和国家技术创新在中观产业层面的表现，是形成国家创新能力的基础，也是构建国家科技创新体系主体的重要组成部分；同时，一个地区内的产业技术创新也是区域内经济可持续发展的先导和支撑，是衡量一个区域内经济发展和区域竞争力水平的重要依据。因此，大力发展区域内产业技术创新，建立起符合当地经济社会发展的区域产业技术创新体系是非常必要的。产业技术是介于基础研究与市场化产品开发之间的技术，在知识转变为生产力中具有承上启下的作用，在技术体系中具有特殊的地位，具有基础性、共享性、风险性、外部性、超前性以及社会效益性等特征。结合国内外学者对产业技术创新和区域创新理论的研究，我们将区域产业技术创新体系定义为：在一定的地域范围内，对区域内各种创新资源和要素进行优化配置、合理组合，形成不断提高产业自主创新能力，研究开发出新技术和产品，推广新工艺，使新技术在企业与企业、产业与产业之间扩散，提升产业竞争力和区域竞争力的过程。

经典的创新理论将创新活动分为科学发明和技术创新。科学发明主要是指高校、科研院所等研究机构通过知识积累、理论创新、实验探索等基础性研究实现的“从无到有”的创新活动，它是社会创新资源及知识培育和积累的过程。科学发明并不一定全部能最终转化为产品，但它是技术创新的基础，为技术创新提供创新成果基因和创新人才、知识储备。技术创

---

① 周国林. 产业共性技术形成的需求机理与产业共性技术政策［J］. 云南社会科学，2010(2)：102-106.

② 蓝玲，胡炜，易法敏. 产业共性技术创新与区域产业升级［J］. 科技管理研究，2009(7)：282-284+291.

③ 徐佩，费方域. 政府资助产业共性技术研发的原理及模式研究［J］. 现代管理科学，2010(7)：23-25.

④ 刘洪民. 协同创新背景下中国产业共性技术研发组织模式创新［J］. 科技进步与对策，2013(13)：59-66.

新是指作为创新主体的企业与应用型技术、共性技术等研发机构通过协同作用，在基础性研究成果的基础上实现的“从有到用”的创新活动，它是将基础性研究成果转化为新产品、新服务，将其推向市场、实现产业化和商业化，并转化为经济效益的过程。区域产业技术创新主要有四种模式。一是产业技术原始创新模式，又称为自主创新模式。原始性创新意味着在研究开发方面，特别是在基础研究和高技术研究领域，取得独有的发现或发明。原始性创新是最根本的创新，是最能体现智慧的创新。二是引进吸收后的产业技术再创新模式。引进消化吸收再创新是提高自主创新能力的重要途径。发展中国家通过向发达国家直接引进先进技术，尤其是通过利用外商直接投资的方式获得国外先进技术，经过消化吸收实现自主创新，不仅大大缩短了创新时间，而且降低了创新风险。三是产业技术集成整合创新模式。各种技术之间通过整合资源、互补集成实现创新，成为一种科技创新的新潮流

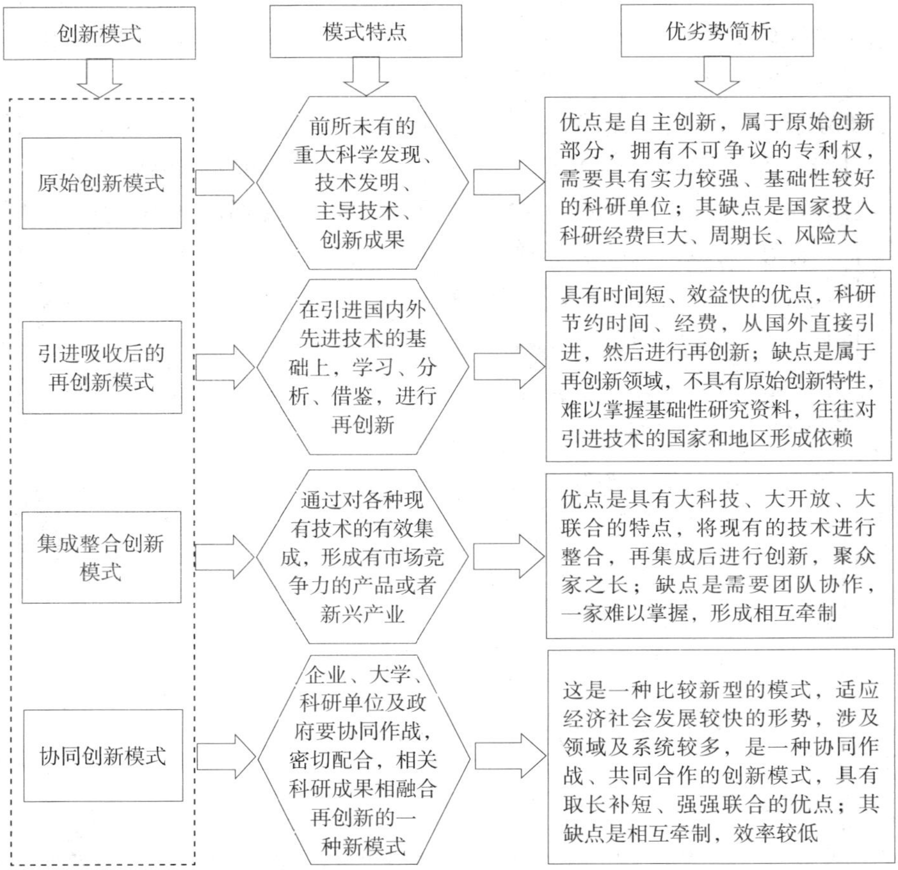

图2-3 区域产业技术创新模式分析

和新模式。其主要有技术集成创新、服务集成创新、资源集成创新和平台集成创新四种形式。集成创新的主体是企业。集成创新的目的是有效集成各种要素，在主动寻求最佳匹配要素的优化组合中产生“1+1>2”的集成效应。四是产业技术协同创新模式。协同创新泛指在科技创新中，企业、大学、科研单位要协同作战、密切配合，相关科研成果相融合再创新的一种新模式。以上几种区域产业技术创新模式的特点及优劣势见图2-3。

2.3 区域创新系统理论

在全球化程度日益加深的同时，世界经济发展呈现区域化特征，新的世界分工不再以国家而是按照区域竞争力来进行，而区域创新能力日益成为地区经济获取国际竞争优势的决定性因素。随着世界经济区域化、一体化程度的加深，许多学者注意到，美国硅谷的崛起、产业聚集效应等经济现象的背后，区域创新扮演着重要角色，区域整体创新能力日益成为区域获取国际竞争优势的决定因素。区域创新能力主要表现为区域中创新资源的生产、传播和获取的能力。区域创新能力的高低越来越取决于本地所聚集的知识水平和质量，以及它们在本地的流动、传播和集聚。Metcalfe[①]（1995）认为，以国家为单位来分析一个技术体系的动态图像并不合适，应该考虑一组具有特色的、以技术为基础的体系，它们一方面以国家地理和制度为边界，另一方面又进行联系，支撑着国家或国际创新体系的发展。目前，关于区域创新系统的研究主要集中在理论的基本概念、系统运行机制和模式等方面，如图2-4所示。

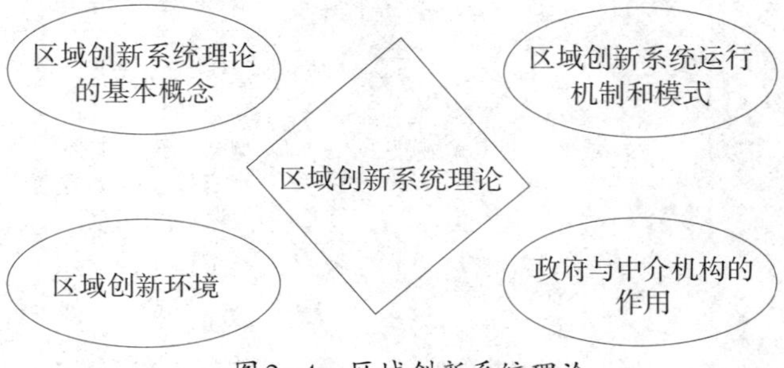

图2-4　区域创新系统理论

① Metcalfe S. The Economic Foundations of Technology Policy: Equilibrium and Evolutionary Perspectives [J]. Handbook of the Economics of Innovation and Technological Change, 1995: 446.

2.3.1 区域创新系统理论的基本概念

区域创新系统又称为区域创新体系，一般认为，这个概念最早是由菲利普·尼古拉斯·库克（Philip Nicholas Cooke）于1992年首次使用的。库克认为，区域创新系统主要是由在地理上相互分工与关联的生产企业、研究机构和高等教育机构等构成的区域性组织体系，而这种体系支持并产生创新。区域创新系统的概念已经成为世界经济界和地理学界的一个重要研究领域。它通过对“后福特主义”“产业群”“区域的崛起”等经济实践和经济理论的展开而得到推动发展，以解释区域进行系统化创新的能力、潜力以及对制度、组织等环境条件的要求，建立起区域学习、创新、地方环境同区域增长之间的有机联系，组成一个分析区域创新和区域经济发展的有效理论框架（Cooke[①]，1997）。综合来看，区域创新系统（或体系）包含的主要观点有三个。一是区域创新系统由众多的创新主体支撑，这些主体包括大学、企业、科研机构、中介服务机构和政府等，且主体之间具有复杂的关联关系，而政府具有重要地位。库克认为区域创新系统主要是由政府构成的创新系统。二是区域创新系统是一个由科技、教育、金融等构成的多层次性的复杂体系。三是区域创新系统是一种制度安排。四是区域创新系统具有明确的目的性，即推动区域知识流的创造、存储、转移和使用（胡志坚、苏靖[②]，1999；周亚庆、张方华[③]，2001；柳卸林[④]，2003）。由此可见，区域创新系统是一种政府形成和执行科技创新政策的重要载体。区域创新系统理论从系统角度揭示了创新的内涵，为政府支持企业创新的科技投入政策的研究分析提供了基础性的框架。

国内众多学者在借鉴国外区域创新系统理论的基础上，融合了中国的具体实践，提出众多对区域创新系统概念的定义和看法。冯之浚[⑤]认为，创新系统是指一个国家内各有关部门和机构间相互作用而形成的推动创新的网络，是由经济和科技的组织机构组成的创新推动网络。黄鲁成[⑥]

---

① Cooke P. Regions in a Global Market: The Experiences of Wales and Baden-Württemberg [J]. Review of International Political Economy, 1997, 4(2): 349-381.

② 胡志坚，苏靖. 区域创新系统理论的提出与发展［J］. 中国科技论坛，1999(6)：20-23.

③ 周亚庆，张方华. 区域技术创新系统研究［J］. 科技进步与对策，2001(2)：44-45.

④ 柳卸林. 区域创新体系成立的条件和建设的关键因素［J］. 中国科技论坛，2003(01)：18-22.

⑤ 冯之浚. 国家创新系统的理论与政策［J］. 群言，1999(2)：22-29.

⑥ 黄鲁成. 关于区域创新系统研究内容的探讨［J］. 科研管理，2000(2)：43-48.

（2000）认为，区域创新系统是指在特定的经济区域内，各种与创新相联系的主体要素（创新结构和组织）、非主体要素（创新所需要的物质条件）以及协调各要素之间关系的制度和政策网络。区域创新体系的概念还没有统一的说法，比较有代表性的几种来自Cooke①等（1998），冯之浚②（1999），顾新③（2001），胡志坚、苏靖（1999），其基本内涵如表2-3所示。

表2-3 区域创新系统理论

主要内容	定义描述
基本内涵	具有一定的地域空间范围和开放的边界；以生产企业、研究与开发机构、高等院校、科研院所、地方政府机构和服务机构为创新主要单元；不同创新单位之间通过关联构成创新系统的组织结构和空间结构；创新单元通过创新（组织和空间）结构自组织及其与环境的相互作用而实现创新功能，并对区域社会、经济和生态产生影响；通过与环境的作用和系统自组织的作用维持创新的运行和实现创新的持续发展
构成要素	主体要素包括企业、大学和科研机构、中介服务机构、政府部门等。企业处于中心地位，是区域创新活动的执行者；大学和科研机构是知识创新的来源；中介组织是连接区域创新体系各要素的纽带；政府是区域创新政策的制定者，是区域创新体系的特殊要素，是联系组织要素与制度要素的纽带

2.3.2 区域创新系统运行机制和模式

黄鲁成④（2002）认为区域创新体系的运行模式是：复合技术创新主体的各个组成要素，内部经过组织创新，能够适应技术创新的要求，有明确的角色定位；在制度创新的环境下，各要素相互作用形成了具有特定功能的复合技术创新主体；复合技术创新主体在政策环境的支持和引导下，在条件创新的基础上，实施有效的技术活动；通过对技术创新过

---

① Cooke P, Uranga M G, Etxebarria G. Regional Systems of Innovation: An Evolutionary Perspective［J］. Environment and Planning A, 1998, 30(9)：1563-1584.

② 冯之浚. 国家创新系统的理论与政策［J］. 群言, 1999(2)：22-29.

③ 顾新. 区域创新系统的内涵与特征［J］. 同济大学学报（社会科学版）, 2001(6)：32-37.

④ 黄鲁成. 宏观区域创新体系的理论模式研究［J］. 中国软科学, 2002(1)：95-98.

程实施调控，保证了技术创新方向的正确性、过程的稳定性；良好、有效的技术创新推动了“系统目标”的实现。田丽琴①（2001）在归纳各国和地区的区域创新系统创新发展模式的基础上提出自主创新发展模式、模仿创新发展模式和合作创新发展模式三种模式（图2-5）。

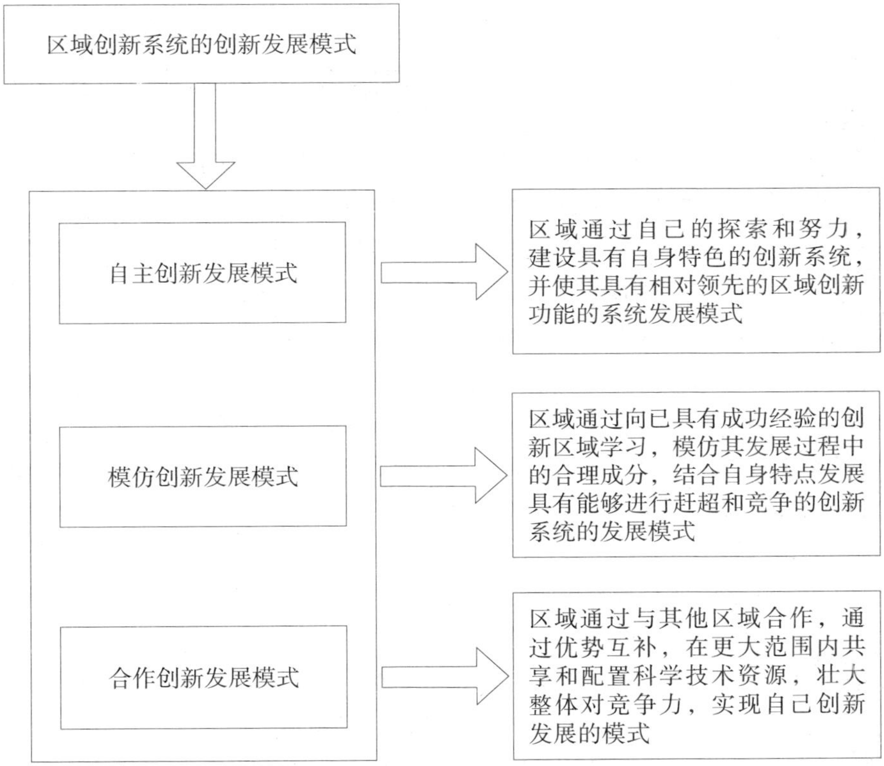

图2-5 区域创新系统的创新发展模式

2.3.3 区域创新网络与企业技术创新

企业技术创新不仅受到自身因素的影响，也受到外部环境的影响。区域创新网络理论便是技术创新理论在吸收开放式创新理念基础上提出和产生的，它标志着创新管理研究发展到了网络创新的新阶段。区域创新网络将企业技术创新置于网络环境中，并将一般的微观企业等创新主体的活动有机集成为一个系统和整体，使企业技术创新理论成为从微观到中观（产业）和宏观（区域）、从主体到环境的一种科技和经济有机结合的系统理

① 田丽琴. 简论区域创新系统的发展模式［J］. 山东经济战略研究，2001（5）：38-39.

论、观点、途径和方法。区域创新体系包含两个层面的内容，即区域/国家创新系统和创新网络。

（1）区域/国家创新系统。在全球化背景下，随着世界经济区域化、一体化程度的加深，许多学者注意到美国硅谷的崛起、产业聚集效应等经济现象的背后，区域创新扮演着重要角色，区域整体创新能力日益成为区域获取国际竞争优势的决定因素。区域创新能力主要表现为区域中创新资源的生产、传播和获取的能力。区域创新能力的高低越来越取决于本地所聚集的知识水平和质量，以及它们在本地的流动、传播和集聚。Metcalfe（1995）认为以国家为单位来分析一个技术体系的动态图像并不合适，应该考虑一组具有特色的、以技术为基础的体系，它们一方面以国家地理和制度为边界，另一方面又进行联系，支撑着国家或国际创新体系的发展。在这一背景下，英国学者Cooke等提出区域创新系统（RIS）的概念，该创新系统已经成为世界经济界和地理学界的一个重要研究领域。RIS通过对“后福特主义”“产业群”“区域的崛起”等经济实践和经济理论的展开而得到推动发展，以解释区域进行系统化创新的能力和潜力以及对制度、组织等环境条件的要求，建立起区域学习、创新、地方环境同区域增长之间的有机联系，组成一个分析区域创新和区域经济发展的有效理论框架（Cooke，1997）。综合来看，区域/国家创新系统（或体系）包含的主要观点如下：一是该创新系统由众多的创新主体支撑，这些主体包括大学、企业、科研机构、中介服务机构和政府等，且主体之间具有复杂的关联关系，而政府具有重要地位，Cooke认为区域创新系统主要是政府构成的创新系统；二是该创新系统是一个由科技、教育、金融等构成的多层次性的复杂体系；三是该创新系统是一种制度安排；四是该创新系统具有明确的目的性，即推动区域知识流的创造、存储、转移和使用（胡志坚、苏靖，1999；周亚庆、张方华，2001；柳卸林，2003）。由此可见，区域/国家创新系统是一种政府形成和执行科技创新政策的重要载体。区域/国家创新系统理论从系统角度揭示了创新的内涵，为政府支持企业创新的科技投入政策的研究分析提供了基础性的框架。

（2）创新网络。创新网络（innovation networks）被普遍认为是由企业的上游供应企业、下游企业或者消费者、同业企业以及具有紧密合作关系的政府、中介组织、大学、科研机构等形成的创新合作网络。政府在这个网络中具有特殊性位置，被认为能够克服网络的自发性和机会主义

（Tripsas[①]，1995）。从已有研究综合来看，其主要包含以下观点：一是创新网络是企业为应对复杂环境和系统性创新的一种制度或者组织的安排；二是创新网络是由同企业具有创新关联的不同主体所形成的，主体相互间的关系有正式关系和非正式关系、市场关系和非市场关系、弱关系和强关系（Dyer等[②]，2000；Jørgensen[③]，2010）等；三是创新网络具有多种形式或类型，如基于项目的、供应链的、自主演化的、动态构建的等（Doz[④]，2000），对于各个企业而言，各种网络的作用并不相同，而对于特定企业，在其发展的不同时期，这些网络的功能也具有差异性；四是创新网络是知识创造与转移、转化的重要载体，网络中主体的复杂交互关系促进了信息的传播与共享（Imai等[⑤]，1991；Freeman[⑥]，1991；李新春[⑦]，2000；Jones等[⑧]，2001；张伟峰等[⑨]，2006）。创新的视角从过程已经转向网络[⑩]，创新管理的实质是创新网络的结构优化和效率提升。从当前的研究趋势来看，区域创新更加强调系统性、合作性和开放性。Musiolik等[⑪]（2012）认为创新网络为创新系统主体架构，进而对网络支配的创新资源进行区分，并提出一种资源导向的创新系统管理的视角；Mirzadeh

---

① Tripsas M S, Schrade S M. Discouraging Opportunistic Behavior in Collaborative R&D: A New Role for Government [J]. Research Policy, 1995, 24: 367-389.

② Dyer J H, Nobeoka K. Creating and Managing a High-Performance Knowledge-Sharing Network: The Toyota Case [J]. Strategic Management Journal. 2000, 21(3): 345-367.

③ Jørgensen F, John P U. Enhancing Innovation Capacity in SMEs through Early Network Relationships [J]. Creativity & Innovatim Management, 2010, 19(4): 397-404.

④ Doz Y L, Olk P M, Ring P S. Formation Processes of R&D Consortia: Which Path to Take? Where Does It Lead? [J]. Strategic Management Journal. 2000, 21(3): 239-266.

⑤ Imai K, Baba Y. Systemic Innovation and Cross-Border Networks: Transcending Markets and Hierarchies to Create a New Techno-Economic System [C]. Technology and Productivity: The Challenge for Economic Policy, OECD, Paris, 1991.

⑥ Freeman C. Networks of Innovators: A Synthesis of Research Issues [J]. Research Policy, 1991, 20: 499-514.

⑦ 李新春. 高新技术创新网络——美国硅谷与128公路的比较 [J]. 中外科技信息，2000 (1): 63-71.

⑧ Jones O, Conway S, Steward F. Social Interaction and Organizational Change [C]. London: Imperial College Press, 2001, 1-40.

⑨ 张伟峰，杨选留. 技术创新：一种创新网络视角研究 [J]. 科学学研究，2006 (2): 294-298.

⑩ Powell W, Koput K, Smith D L. Inter-Organizational Collaboration and the Locus of Innovation: Networks of Learning in Biotechnology [J]. Administrative Science Quarterly, 1996, 41: 116-145.

⑪ Musiolik Jörg, Markard J, Hekkert M. Networks and Network Resources in Technological Innovation Systems: Towards a Conceptual Framework for System Building [J]. Technological Forecasting & Social Change, 2012, 79(6): 1032-1048.

等[①]（2012）认为创新是一个动态系统，创新网络控制和管理是非线性过程，并发展出一个创新网络的控制模型；Jonathan等[②]（2013）则进一步探索了促进开放型创新网络形成的具体方式。区域/国家创新系统理论和创新网络是这种创新理念的具体表现，两者本质上是相通的。但二者的提出背景、研究重点和研究方法等方面都有不同。区域/国家创新系统是基于政府政策目标、科技资源配置及宏观创新治理的需要，对国家或区域整体性的创新主体、创新关系、创新结构进行全面布局和综合调控的创新政策工具；而创新网络是基于企业微观创新管理目标，实现企业创新过程优化、创新能力提升与创新资源有效获取等方面需要的企业创新战略、模式的决策支持工具。本书从政府宏观和企业微观两个角度上研究政府投入对企业创新影响效应的优化问题，所以在综合上述两个概念的基础上，提出"区域创新网络"（图2-6）。基于区域创新网络系统的研究，有利于从多个层面深入考察政府科技投入政策与企业创新决策的复杂作用关系原理与机制，这是整个研究的理论基础。

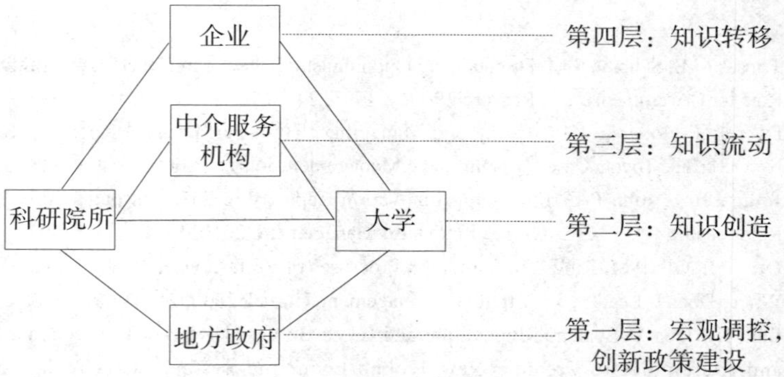

图2-6　区域创新网络动态结构

盖文启[③]（2002）提出区域创新环境包括两个方面的含义：一是促进区域内企业等行为主体不断创新的区域环境（静态的环境）；二是为进一步促进区域内创新活动的发生和创新绩效提高，区域环境自身随着客观条

① Mirzadeh P A, Moattar Husseini S M, Arasti M R. General Cybernetic Model for Innovation Network Management [J]. Procedia-Social and Behavioral Sciences, 2012, 41(6): 577-586.

② Jonathan Y, Atreyi K. Exploring Innovation through Open Networks: A Review and Initial research questions [J]. IIMB Management Review, 2013, 25(06): 69-82.

③ 盖文启. 论区域经济发展与区域创新环境 [J]. 学术研究, 2002 (1): 60-63.

件的变化而不断自我创新和改善，以形成自我调节功能的区域创新系统（动态的创新环境）。区域创新环境主要由以下几个部分组成：区域的社会文化环境与创新，区域发展的制度创新环境，区域劳动力市场环境创新。

贾亚男[①]（2001）提出区域创新环境分为相互联系和彼此依赖的四个层次网络，如表2-4所示。

表 2-4　区域创新环境的四个层次网络

层次网络类型	含义
基础层次网络	基础设施的建设、教育研究机构的构建以及高素质人才的培养
文化层次网络	包括心理层次、制度层次、物质层次
组织层次网络	是由政府、企业、中介机构、教育和科研机构、个人合作和交流学习中所形成的动态联系网络
信息层次网络	包括知识的储备和信息的获取

2.3.4 政府和中介机构在区域创新中的作用

何淑明等[②]（2002）认为地方政府介入区域创新活动的原因主要有：第一，地方政府对地方资讯的熟悉度较高，可节约创新活动成本；第二，市场的不完善决定了地方政府必须介入区域创新活动；第三，创新活动的外部性促使地方政府介入区域创新；第四，地方企业的弱小促使地方政府介入区域创新。李京文等[③]（2002）认为，在区域创新活动中，地方政府的任务主要体现在：第一，提供政策支持系统，包括激励政策、引导政策、保护型政策和协调型政策，从宏观上为区域创新创造制度上的条件；第二，地方政府的任务是建立企业创新的激励机制，增加地方政府对R&D的投入，建立技术、知识与人才的流动机制，加快创新成果的扩散和运用，建立和完善终身教育体系，制定具有地方特色的产业政策。陈德宁等[④]（2004）认为，政府与中介机构在区域创新系统中作用的孰重孰轻，还要依据当地实际而定。一般而言，市场经济发达的地区，中介机构在区域创新

① 贾亚男. 关于区域创新环境的理论初探［J］. 地域研究与开发, 2001 (1) : 5-8.
② 何淑明, 邹小春. 论地方政府与区域创新［J］. 经济师, 2002 (7) : 114-115.
③ 李京文, 叶裕民. 区域创新与地方政府职能［J］. 重庆商学院学报, 2002 (3) : 1-2.
④ 陈德宁, 沈玉芳. 区域创新系统理论研究综述［J］. 生产力研究, 2004 (4) : 189-191.

中的作用大些；市场经济欠发达的地区，政府的作用大些。从发展趋势来看，中介机构在区域创新中的作用越来越大。现阶段政府科技投入在区域创新中的作用具体可以概括为下述几个方面[①]：

（1）弥补市场失灵。科技投入或研发投入的产出成果，根据其外在表现形式分为论文、专利和技术等。这些成果具有公共产品的性质，这一特性已经被许多经济学家的研究所证实。阿罗（Arrow[②]，1962）认为，所谓研究开发，就是生产技术性知识或者信息的活动，而信息具有公共商品的性质。因此，信息生产者不可能把生产带来的利益完全归为己有，其结果是投入信息生产的研究开发费用将会减少，但知识也并非纯粹的公共物品，而是具有一定程度的排他性，因此需要对知识产品提供一定形式的保护。这种对知识生产者权益的保护不是绝对的、无限制的，而只能是有限度的，否则知识产品无条件长期由私人垄断，会抑制知识的传播和使用。知识产品的非纯粹公共品的特征，决定了其生产投资的社会报酬率高于私人报酬率的特点，这一特征已经为许多学者的研究所证实。基础科学的研究相对于应用研究来说，更具有公共产品性质和公共服务特征，政府天然地应当承担起资助基础研究的职责。企业是基于私人投资回报进行投资决策的，R&D投资的社会报酬率高于私人投资回报率，使投资者无法独占创新利益，严重弱化了企业R&D投资动力。科技产出社会收益高于私人收益的特点，导致了科技产出与投入的严重市场失灵与组织失灵，私人企业缺少投入的积极性，产品供给远远小于社会的需求。为了弥补市场的缺陷，政府必须介入研发投入，参与其中。但是政府介入研发并不意味着政府要投入到所有的领域，因为虽然科技产品都具有一定程度的公共性质，但程度有大小之别，政府财政应该投入到那些外溢性更强的基础研究和共性技术领域，而在那些竞争性比较强或者企业保护成本比较低的领域，企业具有较强的投入动力，不需要政府过多介入。如果政府过多干预可能会产生替代性作用，也不利于企业之间的公平竞争。为了弥补市场失灵，政府科技投入一般重点投向公共研发平台建设、重大关键性技术突破、国防及关键基础性研究任务，如公共实验室的建设、数据资源共享系统或其他科技基础设施，在具体领域选择上侧重环境保护、医疗、农业等公益性高以及涉及国防等公益或

① 赵建强. 我国地方政府科技投入行为研究［D］. 大连：大连理工大学，2005.

② Arrow K J. The Economic Implication of Learning by Doing［J］. Review of Economics & Statistics, 1962, 29 (3).

者战略性科学技术领域的研发活动。曼斯菲尔德认为，无屏障的溢出效应将产生部分企业的“搭便车”行为，模仿战略的广泛采用会导致创新越来越少。为了防止市场失灵，政府必须制定严格的产权保护法规，并采取措施直接支持基础研究。

（2）外部性。外部性也被称为创新收益的非独占性。根据阿罗的观点，由于研究开发存在社会收益超过私人收益的溢出效应，所以研发方面的私人部门投资低于社会期望水平。同时，溢出效应也会导致研发时的资源配置不良。史本斯（1984）发现溢出效应会抑制企业的研究开发投资。Schlie（1982）从企业技术发展战略的角度考察发现，企业采取模仿战略正是由于溢出效应的存在。2012年11月，党的十八大报告明确提出将创新驱动发展确立为新时期中国加快完善社会主义市场经济体制和加快转变经济发展方式的重要战略，并将“构建以企业为主体的创新体系”作为实施创新驱动发展战略的核心内容。2013年，党的十八届三中全会提出，将“整合科技规划和资源，完善政府对基础性、战略性、前沿性科学研究和共性技术研究的支持机制”作为科技体制改革的重要内容。那么，因为基础性、战略性的创新活动具有很强的外部性，国家财政资金应该在经费支持方面给予倾斜和支撑，关注创新活动外部性问题，避免产生社会不公平性问题。

（3）风险分担功能。研发活动具有很强的不确定性和风险性。尤其是在技术创新的萌芽状态，企业对技术研发前景以及市场动向都了解甚少，由于信息掌握有限，投资企业很难对项目进行准确评估。为了规避风险，企业往往会选择投资少、持续时间短的项目，而对于需要长期大量投资的项目，企业往往较少涉足。随着技术的发展与进步，研发活动越来越复杂，需要多学科协同攻关，要求投入的资金也越来越多。这种状况逐渐超越了单个企业的承受能力，也不符合企业经营的风险管理原则。因此，企业对大项目，尤其是持续时间长、投入资金多的高风险研发项目，采取规避策略，逐渐偏向于投资中小型的研发项目。这样对于高风险、高收益、占用资金资源期比较长的大型项目，政府资金的投入从很大程度上降低了投入的风险，从而激发私人企业后续研发投入的积极性。从客观效果看，国内很多地区投入到产业化类项目中的财政科技经费所起的作用类似于国外天使基金的作用，资助对象是风险投资不愿轻易介入的种子期项目，一般收益大、风险大。目前需要做的是在这些研发领域如何实现政府投入与企业投入的合理衔接，实现政府资金的及时退出与商业资本的及时介入。

（4）促进产学研合作的功能。政府财政科技投入能对产学研合作发挥重要的推动作用。产学研作为创新活动的重要执行主体，彼此间的合作是国家与区域创新体系高效运行的基础。产学研合作有助于研发成果产业化，对于研发活动保持持久的活力、科技资源整合、信息共享，以及提升国家或者区域技术研发效率，都具有重要价值。

政府科技投入这一功能的发挥，主要体现在政府立项、项目申报和项目验收的政府财政科技投入的多个环节中。为了实施政府财政对科技发展的资金支持，政府要组织专家进行调研论证，这些专家来自产学研的很多机构，规划制定过程实际上是产学研各界围绕未来技术发展充分交流探讨的过程。产学研之间技术专家的信息交流对于其后的交流与合作是重要前提。项目立项过程中政府如果构建多方参与的机制，也会进一步推动产学研之间的沟通与交流，在项目申报环节政府可以鼓励产学研之间的多家联合申报，使得项目申报本身就成为产学研合作的过程。总之，政府财政科技投入为推动产学研之间的合作提供了一个交流与沟通的平台。政府科技投入应该重视各个环节的衔接，充分发挥其应有作用。从这个角度来看，政府科技投入的过程对推动微观创新主体之间的合作、提升整体创新绩效也会起到重要作用。

2.4 政府科技投入对企业技术创新影响的相关理论研究

2.4.1 企业技术创新中政府科技投入的作用原理与机制

2012年11月，党的十八大报告明确提出将创新驱动发展确立为新时期中国加快完善社会主义市场经济体制和加快转变经济发展方式的重要战略，并将“构建以企业为主体的创新体系”作为实施创新驱动发展战略的核心内容。2013年，党的十八届三中全会提出，将“整合科技规划和资源，完善政府对基础性、战略性、前沿性科学研究和共性技术研究的支持机制”作为科技体制改革的重要内容。2017年，习近平总书记在党的十九大报告中指出，“加快建设创新型国家”，明确“创新是引领发展的第一动力，是建设现代化经济体系的战略支撑”，到2035年基本实现社会主义现代化，我国经济实力、科技实力将大幅跃升，跻身创新型国家前列。党的十九大报告明确提出，“深化科技体制改革，建立以企业为主体、市场为导向、产学研深度融合的技术创新体系，加强对中小企业创新的支持，促进科技成果转化”。在这一背景下，增加科技投入、优化创新投入方式、充分发挥财政资金对企业技术创新的引导和激励作用，推动企业真正成为技术创新的主体，是当前深化科技体制改革、建设国家创新体系中的一项重要任务。这些都对“十三五”期间财政资金更有效地支持企业创新活动提出了更高要求。

政府介入到区域创新网络的运转之中，是由于市场机制在调节创新活动时出现了“失灵”的情况。在科技创新领域，市场无法有效率地分配商品和劳务，其典型特征是创新活动对于社会整体的边际效用和对于企业的边际效用不相等，从而导致市场在配置资源上的非最优性。市场失灵主要表现在公共物品、不完全竞争、外部不确定性、不完全信息等方面。有研究发现，60%取得专利的成功创新在4年的导入期内即被模仿（Mansfield[①]，1981）；制造业企业的调查表明，同行业的其他竞争对手只需要很短的时间（如1年到1年半）即能获得创新者新研制的产品和生产流程信息（Mansfield[②]，1985）；Henderson等[③]（1996）发现很多企业都极为关注同公共部门及其竞争者科学研究的密切联系，对其竞争者的研究动态都有着即时的掌握，能够清晰描述竞争者的创新成果对自身研究的作用。而从专利引用数据来看，创新信息的扩散速率几乎难以置信（Caballero[④]，1993），由于在相同或相关市场上经营的企业之间存在大量和相当快速的信息流动，一个产业内的R&D成果能够发生溢出效应，从而提高与之技术上相关产业的生产率，导致创新投资的私人收益低于创新投资的社会收益率（Scott[⑤]，1989）。正是由于创新中“市场失灵”现象的存在，政府在区域创新网络中扮演着多重角色，企业的创新活动受到政府金融、税务、财政、价格、投资等特定投入手段的综合性影响。

（1）政府科技投入的整体作用。在区域创新网络中，政府需要借助各种手段来解决创新资源配置失灵的问题，协调创新主体之间的利益关系，建立有效的合作机制，促进区域创新活动的顺利进行。从现有研究上看，政府借助科技投入在区域创新体系中整体上发挥的作用主要包括营

---

① Mansfield E, Schwartz M, Wagner S. Imitation Costs and Patents: An Empirical Study [J]. The Economic Journal, 1981: 907-918.

② Mansfield E. How Rapidly Does New Industrial Technology Leak Out? [J].The Journal of Industrial Economics, 1985: 217-223.

③ Henderson R, Cockburn I. Scale, Scope, and Spillovers: The Determinants of Research Productivity in Drug Discovery [J]. The Rand Journal of Economics, 1996: 32-59.

④ Caballero R J, Jaffe A B.How High are the Giants' Shoulders: An Empirical Assessment of Knowledge Spillovers and Creative Destruction in a Model of Economic Growth [J]. NBER Macroeconomics Annual, 1993: 15-86.

⑤ 程华，等. 政府科技投入与企业R&D——实证研究与政策选择 [M]. 北京：科学出版社，2009：8.

造创新环境、融资支持、提供信息、促进知识流通、科技对经济增长的作用等。

①营造创新环境。在区域创新系统中，政府主要侧重于物质性的基础建设和人力资本投资。物质资本基础设施，典型的如道路、电信设施、大型公用数据库、大型科研设施、国家或行业技术标准、图书馆、科技创业园等，都是区域创新网络中不可缺少的必需条件，因具有公共产品的特性，一般都依靠政府提供。另外，由于私人和企业短期行为及资源限制，区域创新所需的人力资本投资往往相对不足，政府也需要进行人力资本的投资，这主要表现为各种类型的教育投资，以及提高区域人力资源素质的培训等。营造企业集群的区域创新环境是提升各类集群区域竞争力的关键，在区域创新环境形成的过程中，政府在基础设施和制度环境的建设上可以为企业提供创新的基础性资源和公平竞争环境的有力支持。创新基础环境的优化能够在如地域性稀缺资源、企业核心能力补充和地域差异性政策协同等方面对企业创新产生重要支持作用。（蔡秀玲[①]，2004；刘雯雯等[②]，2009；赵国党[③]，2012）

②融资支持。创新活动的难点之一是融资，而金融资本又具有政策敏感性。在资金投入角色方面，政府主要起到辅助和引导作用，可以借助各类政策杠杆推动区域投融资体系建设，保证创新活动得到有效的融资支持。银行在积聚社会资金方面有着不可替代的独特地位，为鼓励银行向高风险的创新活动投资，政府利用政策手段对银行开展风险投资作保，发展一部分风险投资。其中，支持技术创新融资的风险投资、中小企业和高科技产业的资本市场是政府对企业技术创新过程中的融资活动发生作用的三点关键要素。（闻岳春等[④]，2009）

③提供信息。信息作为新时期经济发展的要素之一，对企业的创新具有越来越重要的作用，信息能力能够潜在地对技术创新能力各构成要素产生影响，进而会影响到企业整体技术创新能力。技术创新能力的提高就必然要求相应信息能力的提高。从技术创新中融资信息不对称的表现来看，

---

① 蔡秀玲. 试析政府在营造企业集群区域创新环境中的职能定位［J］. 当代经济研究，2004 (6) : 42-45.

② 刘雯雯，杨震宁，王以华. 科技园区差异性创新环境：地域要素的主效应和交互效应［J］. 科学学研究，2009 (4) : 629-638.

③ 赵国党. 创新环境对区域企业创新活动影响的理论与实证研究［J］. 中国石油大学学报(社会科学版)，2012 (3) : 19-23.

④ 闻岳春，苏云. 美国解决技术创新融资难题的经验及启示［J］. 金融理论与实践，2009 (2) : 101-106.

政府应在主体分离、信息渠道通畅和专业性等方面，利用自身的信息优势，节约企业创新过程中的信息搜寻成本。同时，由于政府往往拥有很多类政治、经济专门机构，对区域信息具有某种程度的垄断性，政府以信息提供者的身份积极参与到创新活动中来，不仅可以节约区域创新成本，而且能确保信息的及时性、完整性，可减少因信息不对称导致的创新高成本。（苗启虎等[①]，2006；付睿臣等[②]，2009）

④促进知识流通。在促进区域的整体知识流通方面，政府同样可以发挥重要作用。对创新活动而言，重要的不仅是资金投入，更重要的是知识投入，而知识投入与转化的前提是知识资源的流通。知识在企业之间、企业与大学之间以及企业同其他创新服务机构之间的自由转移转化是创新得以顺利展开的关键所在。人员的流动与合作，能够有效地促进知识在产业与公共研发机构之间的流动和整合，而人员和知识的流动需要良好的环境支撑条件，如各种社会福利保障、开放的社会氛围、教育和生活基础设施等，这些环境支撑条件一定程度上都需要政府的有效投入来创造。

⑤科技对经济增长的作用。科学技术对经济增长具有重要作用，科学技术能促进经济增长方式由粗放型向集约型转变，经济增长实现重新加速发展，从而促使新产业的形成与发展，引发产业结构变动，改变需求结构。王书玲等[③]（2010）提出：科技投入是衡量一国科技实力的重要指标，也是科技创新的必要保障。政府科技投入是全社会科技投入总量的重要构成部分。基于这一认识，世界各国将政府科技投入的目标与国家发展战略紧密结合，并将其视为对国家未来的投资。如Lööf等[④]（2005）研究发现，在世界经合组织国家当中，企业研发经费投入的10%来自于政府的科技投入。不仅如此，由于科技创新活动中存在着外部性现象，政府科技投入也是国家干预科技市场失灵、弥补市场缺陷，从而促进科技

---

① 苗启虎，陈洁，王方华. 技术创新融资中的信息不对称及治理［J］. 科学学研究，2006(1)：130-134.

② 付睿臣，毕克新. 企业信息能力到技术创新能力的传导机制研究［J］. 科学学研究，2009(10)：1576-1583.

③ 王书玲，王艳，于睿. 政府科技投入的国际比较及启示探究［J］. 科技管理研究，2010(5)：24-27.

④ Heshmati A, Lööf H. The Impact of Public Funds on Private R&D Investment: New Evidence from a Firm Level Innovation Study［J］. Working Paper Series in Economics and Institutions of Innovation, 2005(6).

创新的重要方式。苏盛安[①]（2005）指出：在现代社会里，技术进步对一个国家的经济增长起着至关重要的作用。经济学家通过计算发现，在20世纪60—80年代，发达国家的经济增长里有50%—87%来自技术进步的贡献。这里的技术进步是广义上的概念，也就是所谓的全要素生产率（TFP），它是指除了劳动与资本这两大生产要素之外所有其他要素带来的产出增长，其中包括科技投入、产业结构调整、制度改革以及教育等因素带来的贡献。

（2）政府科技投入作用原理与机制研究的领域。当前，对于在企业技术创新中政府科技投入的作用原理与机制的研究主要涉及企业技术创新的影响因素、政府科技投入的方式、政府科技投入对企业技术创新的效用等，详见图2-7。

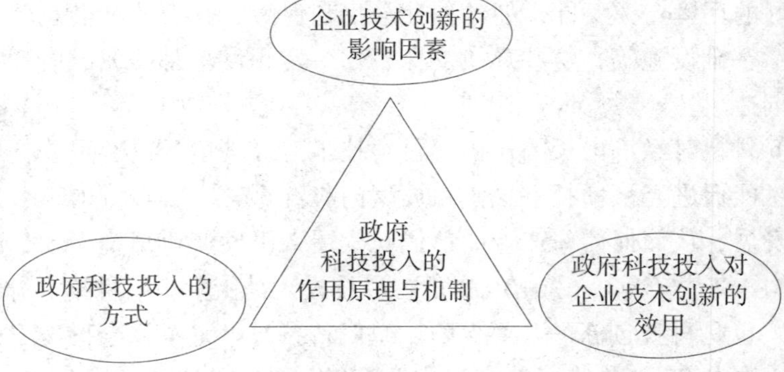

图2-7　政府科技投入的作用原理与机制

① 企业技术创新的影响因素。陈星[②]（2010）认为，企业技术创新的影响因素有政府科技投入、企业技术创新投入、金融机构贷款及技术引进等，由此提出了政府科技投入的三种路径，具体见表2-5。

---

① 苏盛安，赵付民. 政府科技投入对我国技术进步的贡献［J］. 科技管理研究，2005（9）：4-7，11.

② 陈星. 政府科技投入对企业技术创新影响研究［D］. 大连：大连理工大学，2010.

表2-5 政府科技投入的三种路径

政府科技投入路径	主要内容
政府科技投入—企业技术创新投入—企业技术创新产出	政府选择的资助对象主要是具有较高创新效应项目的企业，其主要目的是刺激与激励企业技术创新投入的增加，引导产业技术创新方向，从而提高企业的技术创新能力，实现产业升级。政府科技投入会促进企业技术创新投入，会使企业技术创新成本降低。一方面，当企业获得政府科技投入后，若企业将其用于购买或更新研发设备，这就变相降低了企业创新活动所需的成本，提高了企业利润。另一方面，政府直接向企业提供资助，可以在一定程度上降低企业开展技术创新活动的风险，从而强化企业进行技术创新的动机，促进企业增加技术创新投入
政府科技投入—技术引进—企业技术创新产出	政府科技投入对企业技术引进有很强的推动作用，仅依靠本国企业的自主创新是远远不够的，还需要从国家层面上寻求资源的最优配置，需要通过政府采取一些政策带动技术引进，从而快速提升企业的自主创新能力。政府相对企业而言，拥有更广泛的国际竞争与经济发展信息，在对国外技术选择与引进技术标准方面有一定优势，可以很好地引导企业选择合适的技术进行引进，这为从引进到自主创新的转变进一步铺平了道路
政府科技投入—金融机构贷款—企业技术创新产出	资金是企业创新的重要资源，同时，资金缺乏又是创新的一大障碍。在创新活动中，头几年是创新资金的投入期，毫无收益，这种情况会使资金周转困难的企业无力创新，而政府科技投入除了向企业直接提供资金外，对金融机构的科技贷款也起到很大的引导作用，一定程度上解决了企业技术创新的资金问题，为企业营造出良好的创新环境

②政府科技投入对企业技术创新的效用。周浩[①]（2015）提出，由于技术创新活动具有公共物品属性及外部性，企业并不能占有全部收益，导致企业私有收益小于社会收益；如果将技术创新活动全部交给企业，整个社会的技术创新投入就会不足，低于社会的理想水平。这为政府补助企业技术创新提供了理论依据。而对于政府各种补助政策对企业技术创新的效用，主要有两种观点，具体见表2-6。

① 周浩．政府科技补助对企业技术创新的影响——基于市场需求与融资约束视角［D］．徐州：中国矿业大学，2015．

表2-6　政府科技投入对企业技术创新的效用

政府科技补助对企业技术创新具有积极效用	政府科技补助对企业技术创新具有消极效用
政府科技补助能够降低企业技术创新活动成本。对于那些频繁进行技术创新活动的企业来讲，政府科技补助可以降低其技术创新活动的边际成本；而对于那些很少进行技术创新活动的企业来讲，可以用政府科技补助资金来购买研发设备、支付研发人员工资等，这相当于降低了企业技术创新活动的沉没成本	政府科技补助提高了技术创新投入要素价格。政府科技补助政策可能会刺激整个行业的技术创新投入要素的需求规模，从而提升技术创新投入要素价格。例如，提升技术创新设备价格和技术创新人员工资等，进而提高了企业技术创新活动的边际成本，降低了企业进行技术创新的热情，最终导致企业技术创新自主投入不足
政府科技补助能够降低企业技术创新失败风险。通过建立理论模型分析政府科技补助发挥的信号传递作用，认为政府是正直的并有能力甄别企业的质量，政府资金的投入预示了该技术创新项目具有很高的成功概率	政府科技补助容易导致技术创新资源配置的扭曲。当政府科技补助与企业技术创新领域之间缺乏清晰定位时，政府科技补助支持了一些融资能力较强的企业，使得这些企业有动机将原本计划投资于创新项目的资金转用于其他投资项目，而那些融资能力较弱的企业，因为得不到政府科技补助或者补助金额较少使得其技术创新活动无法开展或者被迫终止
政府科技补助能够降低企业技术创新活动的信息不对称。政府科技补助是企业声誉信息传递的重要载体，当企业技术创新活动受到政府专项补助时，可以向外界传递出企业技术创新项目具有重大价值的信息，降低进行技术创新活动的企业与外部投资者之间的信息不对称，增强外部投资者的投资信心，从而缓解技术创新活动的融资约束，促进企业技术创新自主投入	政府科技补助可能导致企业道德危机。由于政府科技补助的获得成本远远低于企业从外部市场获得融资的成本，因此，当企业进行技术创新的动力不足或者缺乏时，企业就有寻租动机利用政府科技补助来代替自有资金的投入，或者仅仅为了缓解企业内部资金压力而去申请政府研发补助。这样的话，企业在获得政府科技补助后可能不仅不投入技术创新活动，反而会转移到其他项目上

③政府科技投入的方式。政府科技投入除了直接对企业技术创新产生影响外，其对高校、科研院所等公共研发机构的资助所产生的知识溢出也

会对企业技术创新产生间接影响。李瑞茜[①]（2014）将政府科技投入企业技术创新的路径概括为两条，具体见表2-7。

表2-7 政府科技投入的方式

作用路径	主要内容
政府直接投入对企业技术创新的影响	在企业研发创新的过程中，承载着新知识的创新成果进入市场后，不可避免地会产生技术溢出效应，使得社会收益远大于私人收益，而超过的部分并不被研发企业所享有，如此一来，企业按照边际收益等于边际成本确定的最优生产量一定会小于社会收益下的最优生产量。此时，政府通过直接资助对企业的研发活动进行干预，能够降低企业的研发生产成本或增加其收益使供给达到社会最优水平。政府直接投入的企业科技创新，可以提高企业的边际收益，从而促进企业技术创新投资的增加，企业将资助金额用于降低技术创新产品的生产成本，可促使新产品的价格下降，增加对技术创新产品的消费需求
政府间接投入对企业技术创新的影响	政府可以向公共研发部门投资对企业技术创新产生间接影响，公共研发是政府通过建立政府研究所、实验室及资助高校研究来支持其开展基础理论研究的一种活动，其目的是满足公共需要，或者向企业提供技术创新所必需的基础理论，从而促进技术创新的发展。因此，政府资助公共研发可以间接影响企业的技术创新，有助于促进大学、科研院所与企业的联合，实现向企业转移科技成果和提高创新能力的产学研合作目标

2.4.2 企业技术创新中政府科技投入的影响效应

2016年5月，习近平总书记在全国科技创新大会、两院院士大会、中国科协第九次全国代表大会上发表重要讲话时强调，“科技创新是核心，抓住了科技创新就抓住了牵动我国发展全局的牛鼻子”，“在我国发展新的历史起点上，把科技创新摆在更加重要位置，吹响建设世界科技强国的号角”。当前，技术进步已成为一个国家综合国力的最主要内容和标志，越

① 李瑞茜.政府R&D资助对企业技术创新的影响——基于门槛回归的实证研究［D］.南京：南京师范大学，2014.

来越多的国家意识到，加大科技投入的力度将有效提高一个国家技术进步的水平。纵观历史，人类文明的每一次重大进步都是由科学技术的革命性突破所引领和支撑的。进入21世纪，“科学技术日益成为经济社会发展的主要驱动力”。2008年国际金融危机以来，世界经济竞争格局正在发生深刻变化，新一轮科技革命蓄势待发，实体经济的战略意义再次凸显。世界主要发达国家纷纷实施国家创新战略，将重振实体经济作为经济复苏的关键，着力提升科技创新能力和产业核心竞争力。科技创新成为未来国际产业竞争的制高点，科技竞争在综合国力竞争中的地位更加突出。

从现有的一般研究成果来说，政府激励企业创新的科技投入手段分为直接和间接两种形式。直接激励行为包括直接政府采购（政府委托）和政府补贴等，这种活动可以提高企业创新活动的最终受益程度。间接激励行为包括税收激励、技术扩散等，可以降低企业创新活动的边际成本。两种方式的相同点是通过提高企业边际收益率来激励企业的创新活动。税收优惠、政府采购、鼓励风险投资等具体手段在企业技术创新中的作用具有较大差异。

第一，企业技术创新中政府税收优惠的作用。创新税收优惠是国家为了实现科技进步的目标，基于鼓励和支持特定地区、行业、企业的需要，对某些特定的课税对象、纳税人或地区给予的税收豁免或减少。近30年来，国内外有关成果着重对税收优惠政策的有效性问题进行了深入探究。一般来看，税收减免能够弥补由于不确定性和信息不对称性给企业带来的负面效应（David[①]，2000）；能够在不影响企业R&D投入的前提下降低企业R&D投入的边际成本（Hall[②]，2000）；税收优惠的价格负弹性能够充分提高企业R&D强度，而且长期作用极为显著（Bloom等[③]，2002）；对于企业来说，税收优惠的影响相对温和，对R&D投入的促进作用较为显著和持久（Klassen等[④]，2004）；税收减免可以通过企业财务管理对企业创新发生促进作用（胡卫[⑤]

---

① David P A, Hall B H, Toole A A. Is Public R&D a Complement or Substitute for Private R&D? A Review of the Econometric Evidence [J]. Research Policy, 2000, 29(4): 497-529.

② Hall B, Van Reenen J. How Effective are Fiscal Incentives for R&D? A Review of the Evidence [J]. Research Policy, 2000, 29(4): 449-469.

③ Bloom N, Griffith R, Van Reenen J. Do R&D Tax Credits Work? Evidence from a Panel of Countries 1979-1997 [J]. Journal of Public Economics, 2002, 85(1): 1-31.

④ Klassen K J, Pittman J A, Reed M P, et al. A Cross-national Comparison of R&D Expenditure Decisions: Tax Incentives and Financial Constraints [J]. Contemporary Accounting Research, 2004, 21 (3) : 639-680.

⑤ 胡卫，熊鸿军. R&D税收刺激——原理、评估方法与政策含义 [J]. 管理科学, 2005 (1) : 84-91.

等，2005）；中国的税收优惠应该对基础研发给予重视，而企业也应该借助税收优惠的潜在支持培育自主创新能力（张桂玲①等，2005）；中国企业所得税法对企业技术创新的激励作用会受到不同行业特征的显著性影响（吴葵英②，2010）。除对积极作用的肯定外，也有研究对于税收优惠的作用持一些相反的观点：享受科技税收优惠的企业产出效率可能会较低（Mansfield③, 1984）；企业从所得税优惠获得的支持具有较为间接性和事后性的特点，不能从创新源头上对企业R&D投入产生激励效应（夏长杰等④，2006）等。

第二，企业技术创新中的政府采购政策影响效应。由于市场失灵现象的存在，政府采购能够弥补市场缺陷，使得企业能够获得自主创新的动力和需求，有利于在企业创新决策中提高市场的可预知性，降低不确定性和高风险性（Arrow⑤，1962）。企业利用政府采购能够开拓市场需求，在最短的时间里进入市场并提高占有率；企业在政府采购中所传递信息的引导下开展创新和利用作为“合作者”的政府资源协助能够有效降低新产品的不确定性，分担企业进入新市场的风险；企业利用政府购买的机遇有利于利用经济手段对落后的技术和产品进行更新；参与政府购买也有利于企业从政府采购中把握科技创新的基本方向等。（韩霞⑥，2003；楼继伟⑦，2006；刘小川，2001；马海涛⑧，2006；刘慧⑨，2010）

第三，企业技术创新中政府鼓励风险投资的影响效应。健全的法律制度、有效的税收优惠政策、活跃的金融市场、宽松的监管制度、充裕的货币供给、健全的防风险机制等都是增加创新风险投资水平的基础，政府在风险投资方面对企业技术创新发挥着重要作用；政府对风险投资可以发挥引导作用和示范效应，以提供一个有利于风险投资行业发展的大环境；政

① 张桂玲, 左浩泓. 对我国现行科技税收激励政策的归纳分析［J］. 中国科技论坛, 2005(3): 37-39.

② 吴葵英. 所得税改革对企业R&D的影响研究［D］. 济南: 山东大学, 2010.

③ Mansfield E. R&D and Innovation: Some Empirical Findings［J］. NBER Chapters, 1984(8): 127-154.

④ 夏杰长, 尚铁力. 自主创新与税收政策: 理论分析、实证研究与对策建议［J］. 税务研究, 2006 (6): 6-10.

⑤ Arrow K J. The Economic Implications of Learning by Doing［J］. The Review of Economic Studies, 1962: 155-173.

⑥ 韩霞. 政府采购与高技术产业的发展［J］. 财贸经济, 2003 (11): 85-89.

⑦ 楼继伟. 公共财政建设与政府收支分类改革［J］. 经济研究参考, 2006 (74): 11-13.

⑧ 马海涛. 政府采购政策功能探析［J］. 中国政府采购, 2006 (1): 16-19.

⑨ 刘慧. 美国、加拿大电子采购平台建设情况及启示［J］. 中国政府采购, 2010 (3): 66-67.

府高科技产品方面的投入不足会阻碍风险投资的规模和数量；风险投资具有科技创新一般行业的共同特色，政府能够从全局角度鼓励并支持风险投资领域的技术进步和行业发展；但风险投资也不同于一般的行业，其资本要素、市场条件和人力要素要求过高，企业只有借助政府投入的支持才能够使自身满足这些方面的需要。（范柏乃等[①]，2000；辜胜阻等[②]，2003；申曙光等[③]，2004）

部分学者也将政府科技投入的效应类型、政府科技投入的多种资助方式等结合起来进行综合分析。朱桂龙等[④]（2006）在分析政策有效边界和方式的基础上，指出政府财政支持对企业的影响作用主要有引导效应、杠杆效应、挤出效应和外溢效应等，政府财政支持对企业技术创新存在直接作用和间接作用两条途径；唐清泉等[⑤]（2008）以国家创新系统为背景，研究了企业成为创新主体与政府R&D补贴对象的角色定位，竞争性行业企业应多借助政府间接补贴，提供公共性质产品的行业企业应借助政府直接补贴的支持；胡永健等[⑥]（2009）提出，只有在公共支出理论的框架下，政府才能通过制订科技计划、采取财政激励的形式，将政府资金直接注入科技型中小企业，资助其开展技术创新活动；王春晖等[⑦]（2012）总结并分析了政府采购、公共研发、政府财政资助等相关科技政策对企业技术创新的引导及调控作用；曾洁[⑧]（2012）从供给、环境、需求三个层面，结合公共研发、企业研发补助、专利保护、鼓励风险投资、税收优惠、政府管制、一般政府采购及政府技术采购等八种技术创新政策，提出企业突破性技术创新中政府科技投入作用的概念模型。

在科技投入领域，政府与企业在不同的经济发展阶段扮演了不同的

① 范柏乃，沈荣芳，陈德棉．国际风险投资理论研究综述［J］．浙江金融，2000（9）：32-35.

② 辜胜阻，曾庆福．我国风险投资制约因素及其战略对策［J］．中国软科学，2003（11）：6-12.

③ 申曙光，刘付羽．政府直接干预风险投资的方式、效应与局限性［C］．中国风险投资与资本市场会议论文集，2004：192-207.

④ 朱桂龙，黄金胜．基于技术创新的企业核心能力构建［J］．科技管理研究，2006（7）：95-98.

⑤ 唐清泉，卢珊珊，李懿东．企业成为创新主体与R&D补贴的政府角色定位［J］．中国软科学，2008（6）：88-98.

⑥ 胡永健，周寄中．政府直接资助企业技术创新绩效案例研究［J］．管理评论，2009（3）：35-42.

⑦ 王春晖，李平．政府扶持企业技术创新的政策效应分析［J］．科技进步与对策，2012（2）：106-109.

⑧ 曾洁．技术创新政策对企业突破性技术创新作用实证研究［D］．长沙：中南大学，2012.

角色[①]。在经济发展初期，政府科技投入占大部分，企业限于资金与认知程度，对科技投入的重视不够，投入力度小。此时，政府依据国家战略意图引导科技研发的导向，在科技投入体系中居于主导地位。在这个阶段，政府既是科技投入的主体，又是主导，企业只是在政府引导下进行有限度的研发活动，是对政府科技投入的一个补充。当市场经济不断发展，相关的理论也逐步完善，企业主张要充分利用市场这只看不见的手来优化资源配置。与此同时，科学技术对经济发展的巨大推动作用也展现得淋漓尽致，科技是第一生产力的观念深入人心，企业对于科技研发的认知理念发生了根本性的变革。这就导致了企业在科技投入中的关系地位发生了变化，从被动的参与者转变为科技投入的主体。这个阶段中，企业在科技方面的投入力度不断加大，无论是投入的领域还是投入的资金都较以前有了巨大增加。此时，在某些行业领域，政府资金逐渐让位于企业资金。从投入总量上来看，政府资金也已逐渐被企业资金赶上甚至超过。但是，这并非说明政府在科技投入中的作用被削弱，相反，它从一个侧面反映了政府科技投入更加成熟，即政府与企业分工合作，国家干预与市场调节密切配合，领航产业实行国家干预指导，进行直接投资；一般产业依靠市场调节，国家更多地通过理顺体制、制定政策、营造环境等合理配置资源，有效整合资源，因而是一种更理性、更富效力的调节机制。按照德国学者布劳恩（Braun）的说法，这一分工一般取决于拟创新项目的四个基本要素。一是风险大小。风险大的创新项目，一般由政府负责投入，如基础研究、长周期的应用研究等；风险小的创新项目，倾向于由企业投入，如产品开发、新技术的市场开发等。二是开发周期。开发周期长和投入回报周期长的创新项目，倾向于政府介入；开发周期和回报周期短的创新项目，由市场负责。长期性、战略性的创新项目，多由政府介入；短期性、临时性的创新项目，多由企业负责。三是技术应用范围。应用范围很广的技术创新项目，如基础技术、公用技术等的开发，倾向于由政府负责；应用范围窄的创新项目，多数由企业负责。四是利益配置。公益性创新项目，如计量标准、质量标准、基础农学和基础医学项目等，倾向于由政府负责；私人性创新项目，如营利性的创新项目，应该调动企业的积极性，由企业负责。

① 于永信.政府引导企业科技投入的模型分析与实证研究［D］.济南：山东大学，2009.

表2-8 政府科技投入的理论依据

代表人物	理论依据
柯布（Cobb）和道格拉斯（Douglass）	研究了投入和产出的关系，得出了 C-D 型生产函数。用 C-D 型生产函数可以计算出某一时刻的技术水平，并由此计算出技术进步对新增产值的贡献，或技术进步对新增劳动生产率的贡献，但不能直接计算出技术进步对产值增长速度的贡献
索洛（Solow）	在《对经济增长理论的贡献》一文中提出了索洛模型和索洛余数，在中性生产函数假设下推导出增长速度方程，认为除了资本和劳动，还存在一个全要素生产率——技术，技术会引起经济增长。索洛对美国技术进步进行了实证研究
罗默（Romer）	将技术变化与垄断力量结合起来，构建基于内生技术变化的垄断竞争均衡增长模型。他认为在具有研究与开发部门的经济增长模型中，只要有足够知识存量，便会克服资本边际产品递减的趋势
阿罗（Arrow）	最早应用了“市场失灵”理论。阿罗对技术创新过程中市场失灵进行了系统的研究，对该领域产生了很大影响。他认为，技术创新具有收益的非独占性、过程的不可分割和不确定性的特点，使得资源不能在单纯依靠市场力量的情况下达到最优配置。这就是创新过程中的“市场失灵”，主要包括公共产品、外部性、不确定性等
孙晓峰①	认为科技创新活动的成果是公共物品，具有使用上的非竞争性和消费上的非排他性，存在完全或部分的外部性。因此，政府的干预必不可少
陈少晖②	认为科技活动具有公共产品属性、外部性和高风险等市场失灵特征，私人部门一般不愿意介入，因此需要政府财政给予支持

一般来说，企业技术创新中的政府科技投入应该具有正向的促进效应，但从具体分析来看，实际影响效应的性质、程度会受到企业创新环境和企业内部管理条件的影响和制约，企业技术创新中的政府科技投入影响效应本身具有明显的复杂性、条件性和相对性特征。肖丁丁等③（2013）研

① 孙晓峰．支持科技进步的政府经济行为研究［D］．大连：东北财经大学，2005．

② 陈少晖．科技投入的财政定位：理论阐释与实证分析［J］．当代经济研究，2010（7）：62-67．

③ 肖丁丁，朱桂龙，王静．政府科技投入对企业R&D支出影响的再审视——基于分位数回归的实证研究［J］．研究与发展管理，2013（3）：25-32．

究发现，企业技术创新中政府财政的直接支持会发生杠杆效应、挤出效应和外溢效应（如图2-8所示）。

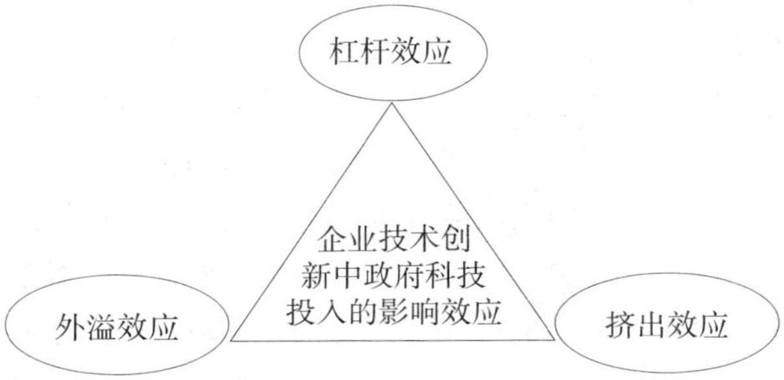

图2-8 企业技术创新中政府科技投入的影响效应

（1）杠杆效应。杠杆效应是指公共科技投入有助于企业的技术创新活动，通过为企业的研究发展活动提供技术机会，从而降低企业技术创新成本及风险。企业开展的每一项创新活动都会面临不同程度的风险，譬如财务风险、市场风险、技术风险、政治经济风险等，这些风险都具有不确定性。理论界有一个不可争议的结论：公共科技的投入会通过不同的渠道对企业技术创新活动产生影响。公共科技投入对企业技术创新活动的支出，会对企业产生“金钱驱动”效应，尤其是“成本共担计划”“按比例的配对支助”等形式的支出。公共科技对企业技术创新活动的支出，会使企业技术创新的成本、研发项目的目标以及对产品在最终市场上的收益预期都发生一系列的改变。根据之前学者的研究，公共科技投入对企业技术创新的杠杆作用，主要从降低企业技术创新不确定风险、降低企业技术创新的成本、积极引导企业研发方向三个角度考虑。

（2）挤出效应。挤出效应指在一个相对平面的市场上，随着供应、需求的变化，增加的供应或需求会使企业挤出原来预支中的部分资金，最终，资金流入新的商品。公共科技投入对企业技术创新资金的挤出效应主要体现在价格机制作用和公共科技投入的直接替代作用两个方面。Goolsbee①（1998）和David②（2000）研究发现，由于工资大约占企业技术创新活动支出的一半，公共科技资助的主要效果仅仅是提高了科技活动人员的工资。科技活动人员工资上涨，使企业技术创新总量增加部分的效果是价格上升

① Goolsbee A. Does Government R D Policy Mainly Benefit Scientists and Engineers [J]. American Economic Review,1998.

② David P A, Hall B H, Tool A A.Is public R&D a Complement or Substitute for Private R&D? [J]. Research Policy, 2000, 497-529.

导致的，并不是真正的技术创新总量增加。由于价格上涨，技术创新名义上增加了，真正的技术创新总量却可能是降低的。企业的研发成本提高时也会选择放弃研究项目，从而转向其他盈利项目，其结果也可能是部分挤出企业技术创新资金。

（3）外溢效应。由于获得公共科技投入资助的企业降低了研发成本，可能促进了创新活动，同时相对提高了与其竞争的没有获得资助的其他企业的研发成本，没有获得资助的企业的投资回报率降低，因此会阻止其他竞争企业的创新活动，即公共科技投入存在负的外部性，则称公共科技投入对企业技术创新存在外溢效应。公共科技在创新活动领域的投入，会较大程度地降低受助企业的研发成本，从而更有效地促进和提高创新活动的产出。但是企业进行技术创新活动，创新活动的产出无论以什么新的形式出现，都具有新的知识。技术创新的产出具有公共产品的特性。新产品进入市场后，其他企业受到利益的驱使，通过各种渠道对新的产品进行分析、研究、模仿，这就使受到资助的企业获得的私人报酬率低于社会报酬率，无法享受到自身应得的报酬，无法独享技术创新带来的利益，弱化了企业进行技术创新活动的动力，损害了企业技术创新的积极性。进一步来说，可能使得企业不再主动地进行自主创新，而是等待“搭便车”，享受其他企业的研发成果。公共科技投入对技术创新的外溢效应，对整个国家和社会来说，针对某项技术的研发（特别是共性技术、关键技术）是非常必要的，可以增进社会福利；但是对企业来说，可能会降低企业研发的动力，最终不利于技术创新的产出。

2.5 政府科技投入对企业技术创新影响的相关实证研究

2.5.1 计量经济学建模与应用研究

企业技术创新中政府科技投入的实证研究一直是理论界的热点领域，相关研究成果较多。本书主要从企业技术创新投入和企业技术创新产出中政府科技投入的影响效应等角度进行分析。

（1）企业技术创新投入中政府科技投入的影响作用。政府科技投入对企业技术创新投入影响的相关实证研究可追溯到Blank等对公共资助和企业R&D关系的研究质疑上。他们采用大量企业样本试图测试科技资助和企业R&D投资之间的互补性和替代性。围绕政府科技投入对于企业科技投入的引致效应和挤出效应，国内外学者进行了大规模研究，在是否考虑政府投入的内生性上、在宏观层面或者微观层面上以及影响效应是促进还是抑制等多方面的问题上展开，尚没有形成较为一致的观点。其中，宏观层面上具有代表性的成果是Levy等[①]（1983）在国家层面上对政府公共R&D资助企业R&D支出的综合影响分析，他们采用广义最小二乘法（GLS）发现政府合同资助方式的正向影响显著，其他方式则具有一定滞后性。David[②]（2000）通过对已有宏观层面上政府科技资助影响企业科技投入的文献研究发现，14个实证研究中，只有2个是现实替代的；微观层面上的19个研究中有9个研究结果显示政府科技资助对企业R&D投入存在替代关系。Lach[③]（2002）研究和测度20世纪90年代政府科技资助对以色列制造业R&D投入的影响效果，发现政府科技资助对企业R&D投入具有替代效应，认为大企业吸收了政府科技投入的绝大部分，中小企业吸收较少，从整体上使得企业获得的政府直接科技投入的R&D激励作用受到较强制约。

（2）企业技术创新产出中政府科技投入的影响作用。企业创新产出是衡量政府科技资助政策经济效果的重要方面，一般采用直接产出（如专利、论文）和间接产出（如劳动生产率、工业增加值等）进行测量，并区分政府科技投入的各个因素，考察企业创新直接与间接产出方面不同因素的具体影响作用。Guellec[④]（1999）通过对17个OECD成员国家的分析发现，企业的政府资助具有正影响，大学的政府资助无影响，而实验室的政府资助对企业的R&D投入则存在挤出效应。Guellec等[⑤]（2001）利用16个OECD成员国家的数据进行分析，发现公共科技投入对企业具有较大的生产率增长弹性。Czarnitzki等[⑥]（2004）为了衡量R&D投入对新技术扩散的影响，通过配对方法模型发现受资助企业通常具有较高的人均专利存量和较大的新产品出口量。

（3）综合文献归纳。国内外采用计量经济学模型的实证研究较多，涉

---

① Levy D M, Terleckyj N E.Effects of Government R&D on Private R&D Investment and Productivity: A Macroeconomic Analysis［J］. The Bell Journal of Economics, 1983: 551-561.

② David, Paul A. Is Publie R&D a Complement or Substitute for Private R&D?［J］. Research Policy, 2000, 29(4-5): 497-529.

③ Lach S. Do R&D Subsidies Stimulate or Displace Private R&D? Evidence from Israel［J］. The Journal of Industrial Economics, 2002, 50(4) : 369-390.

④ Guellec D, Van Pottelsberghe B. Les Brevets Comme Indicateurs d' Innovation［J］. Les cahiers de l'innovation, 1999.

⑤ Guellec D, Van Pottelsberghe de la Potterie B. Recherche-Développement et Croissance de la Productivité: Analyse des Données D'un Panel de 16 Pays de l'OCDE［J］. Revue économique de l'OCDE, 2001(2) : 111-136.

⑥ Czarnitzki D, Hussinger K. The Link between R&D Subsidies, R&D Spending and Technological Performance［R］. ZEW Discussion Papers, 2004.

及国家、产业和企业三个层面，以及企业创新投入和创新产出（包括直接产出和间接产出两个维度）两个角度。近年来的部分主要研究成果如表2-9所示。

表2-9　　近年来国内外采用计量经济模型的部分主要研究成果

作者	样本数	被解释变量	解释变量	控制变量	方法	结论
周锐等①（2011）	9×17	企业自身科技投入	政府对企业投入资金、企业工业总产值、金融机构对企业贷款、R&D		面板数据模型	杠杆和外溢效应超过挤出效应
孙艳等②（2011）	12	企业R&D投入	政府对企业R&D投入、政府对科研机构R&D投入、金融机构贷款、企业新产品销售收入		时间序列多元线形回归模型	医药行业政府科技投入对企业研发支出具有挤出效应
Colombo等③（2011）	247	企业全要素生产率	政府R&D资助、政府自主性资助、政府选择性资助	企业成熟度、负债率、现金销售比率、反映企业所在地资源与基础设施状况的合成指数	GMM回归模型	政府R&D资助有积极作用而选择性资助具有显著性影响

① 周锐，李爽. 科技政策因素对中小企业创新影响的实证分析［J］. 统计与决策，2011（5）：186-188.

② 孙燕，孙利华. 我国政府医药科技投入对企业研发支出影响的实证分析［J］. 中国药房，2011（9）：771-774.

③ Colombo M G, Grilli L, Murtinu S. R&D Subsidies and the Performance of High-Tech Start-Ups［J］. Economics Letters, 2011, 112: 97-99.

（续表）

作者	样本数	被解释变量	解释变量	控制变量	方法	结论
Lee[①]（2011）	1500	企业R&D强度	公共R&D资助、公共与私人R&D项目的重叠度	企业规模、成熟度、产业、国家	OLS回归模型	低技术竞争、高技术机会产业和市场竞争激烈企业具有互补效应，否则具有挤出效应
徐伟等[②]（2011）	70	高新技术企业R&D经费支出	政府对高新技术企业科技投入		逐步回归模型	当年具有显著促进效应，次年不显著
刘虹等[③]（2012）	2007年至2009年沪深两地上市企业数据	企业研发投入强度	政府R&D补贴	企业资产规模、资产负债率、净资产收益率、第一大股东持股比例、企业性质、行业、反腐败力度等	广义OLS多元回归模型	倒U形关系
张艳辉等[④]（2012）	11×26	企业新产品销售收入、专利申请数	政府对企业直接拨款、企业自身研发投入、金融机构贷款、企业科研人员数		个体固定效应面板数据模型	影响不显著

① Lee Chang-Yang.The Differential Effects of Public R&D Support on Firm R&D: Theory and Evidence from Multi-country Data［J］. Technovation, 2011, 31: 256-269.

② 徐伟，陈杰. 政府资助与企业研发投入——基于常州高新技术企业的分析［J］. 常州工学院学报，2011 (5)：61-65.

③ 刘虹，肖美凤，唐清泉. R&D补贴对企业R&D支出的激励与挤出效应——基于中国上市公司数据的实证分析［J］. 经济管理，2012 (4)：19-28.

④ 张艳辉，李宗伟，陈林. 研发资金投入对企业技术创新绩效的影响研究［J］. 中央财经大学学报，2012 (11)：63-67.

（续表）

作者	样本数	被解释变量	解释变量	控制变量	方法	结论
李左峰等[①]（2012）	4×95	第1阶段，新产品销售收入；第2阶段，创新无效率	第1阶段，当年企业R&D存量、企业当年R&D人员数、硕士以上人员占比、时间项、时间与投入的交叉项；第2阶段，政府科技项目投入额	技术效率改进、企业性质、企业规模、企业盈利水平、企业自愿、内部研发管理、外部合作等	SFA随机前沿分析	同时具有正向和负向影响
陈钰芬等[②]（2012）	6×11	企业R&D经费投入额	政府科技资助、企业新产品销售收入		固定效应面板数据模型	杠杆效应强，政策越稳定越好
Meuleman等[③]（2012）	1107	中小企业负债和权益	政府R&D资助	流动性、企业规模、时间、现金流比率、财务杠杆、无形资产等	回归模型	有促进效应

① 李左峰，张铭慎.政府科技项目投入对企业创新绩效的影响研究——来自我国95家创新型企业的证据［J］.中国软科学，2012（12）：123-132.

② 陈钰芬，周昇，黄梦娴. 政府科技资助对引导企业R&D投入的杠杆效应分析——基于浙江省规模以上工业企业R&D投入面板数据的实证分析［J］.科技进步与对策，2012（1）：21-26.

③ Meuleman M, Maeseneire W D. Do R&D Subsidies Affect SMEs' Access to External Financing?［J］. Research Policy, 2012, 41: 580-591.

（续表）

作者	样本数	被解释变量	解释变量	控制变量	方法	结论
Cerulli等①（2012）	5923	企业R&D支出、企业单位收入的R&D支出、企业单位员工的R&D支出	政府R&D资助	企业雇员数、雇员中中高级人员数、出口收入、单位员工的资本存量、单位员工的先进流、资产负债率、专利数等	Heckman选择模型、控制变量回归模型等	政府R&D资助对企业R&D不存在完全挤出效应
寇铁军等②（2013）	21	企业R&D投入强度	财政技术拨款占财政支出的比重		Johansen协整检验、Granger检验等	引导效应
马大勇③（2013）	27	专利授权量	科技投入量		VEC模型	促进和激励效应
郝言慧④（2013）	10	企业自身R&D投入	企业新产品销售收入、政府对企业R&D直接投入、政府对高校R&D投入、政府对科研机构R&D投入		分布滞后模型、多元线性回归模型	诱导效应大于挤出效应

① Cerulli G, Potì B. Evaluating the Robustness of the Effect of Public Subsidies on Firms' R&D: An Application to Italy［J］. Journal of Applied Economics, 2012, 13(2): 287-320.

② 寇铁军，马大勇. 我国政府科技投入对企业R&D投入引导效应的实证分析［J］. 地方财政研究，2013（10）：40-43.

③ 马大勇. 我国政府科技投入对专利授权量的效应分析——基于VEC模型的实证分析［J］. 科技与经济，2013（6）：61-65.

④ 郝言慧. 政府R&D投入对企业R&D投入的效应分析——以山西省为例［J］. 物流工程与管理，2013（3）：148-150.

（续表）

作者	样本数	被解释变量	解释变量	控制变量	方法	结论
肖丁丁等[①]（2013）	12×30	企业R&D支出	政府对企业R&D支出、对高校R&D支出和对科研机构R&D支出	地区	常规面板数据回归、分位数回归	长期具有挤出效应
刘览等[②]（2013）	3×55	企业研发支出总额	科技财政补贴、财政科技优惠		GLS横截面加权面板数据模型	间接效应大于直接效应
Colombo等[③]（2013）	288	创新投资率、投资资金的敏感性	政府R&D资助		ECM、GMM回归模型	对于高新技术企业有促进作用
陈晓红[④]（2014）	12×21	企业R&D产出	企业R&D投入、资本投入、人员投入、政府直接资助、减免税、金融机构贷款		个体固定效应面板数据模型	促进效应不显著
伍晓玲[⑤]（2014）	10×31	企业科技资金	政府科技资金	工业化阶段	面板数据模型	杠杆效应
林江等[⑥]（2014）	3×31	企业研发投入规模	政府科技投入规模及其二次项、专利保护制度		固定效应面板数据模型	倒U形关系，先诱导后替代

① 肖丁丁，朱桂龙，王静.政府科技投入对企业R&D支出影响的再审视——基于分位数回归的实证研究［J］.研究与发展管理，2013（3）：25-32.

② 刘览，孙骅，孔原.高新企业自主创新与政府科技投入的关系研究——来自深市高新上市企业的经验证据［J］.会计之友，2013（8）：73-77.

③ Colombo M G, Crocea A, Guerinib M. The Effect of Public Subsidies on Firms' Investment-cash Flow Sensitivity: Transient or Persistent?［J］. Research Policy, 2013, 42: 1605-1623.

④ 陈晓红.政府科技资助与企业研发产出的实证分析——基于山东省的面板数据［J］.石家庄经济学院学报，2014（1）：70-74.

⑤ 伍晓玲.科技经费投入中政府资金对企业资金的影响分析［J］.沿海企业与科技，2014（1）：9-12.

⑥ 林江，黄亚雄.政府科技投入最优规模研究——以企业研发投入规模最大化为目标［J］.现代管理科学，2014（1）：15-17.

（续表）

作者	样本数	被解释变量	解释变量	控制变量	方法	结论
Dai[①]（2014）	2005年至2007年中国30473家规模以上企业	企业R&D经费	政府R&D补贴	企业R&D经费滞后、政府R&D补贴滞后、企业员工数、资本密度、企业生命周期、出口量、行业	倾向计分匹配模型	企业总R&D支出和政府R&D补贴为S曲线关系，企业私有R&D同政府R&D关系为倒U形
Yao等[②]（2015）	666	企业绩效（托宾Q比率）	研发投入强度、市场强度和政府支持强度	企业规模、企业年限	层次回归	政府支持同技术创新交互效应影响企业绩效
陈志军[③]（2016）	9×15	研发效率	政府公共研发投入与政府公共研发投入	地区经济发展水平、地区技术差距、地区金融使用程度、地区工资水平	门槛回归	非线性关系，地区经济发展和地区技术势差存在门槛效应

① Dai Xiaoyong. The Effect of Public Subsidies on Corporate R&D Investment: An Application of the Generalized Propensity Score [J]. Technological Forecasting & Social Change, 2014.

② Yao Q, Xu M, Jiang W, Zhang Y. Do Marketing and Government R&D Subsidy Support Technological Innovation? [J]. International Journal of Technology Policy & Management, 2015, 15 (3): 213-225.

③ 陈志军. 福建省政府科技投入驱动企业技术创新的实证研究 [J]. 中共福建省委党校学报, 2016 (12) : 64-71.

2.5.2 数量决策与优化模型方面的研究

除计量经济学模型方法外，部分研究尝试采用博弈论及其他数理方法进行优化研究。如Santamaría等[①]（2010）采用三阶段决策模型，分析了政府在基础研究项目、接近市场项目和合作研发项目的资助选择；Kleer[②]（2010）采用多阶段对策模型，演示了政府基础研究投资和应用研究投资对于企业和金融机构科技投入的引导机制；Gretz等[③]（2012）采用博弈论模型，从企业角度分析了"创新成本降低型"科技资助和"创新绩效奖励型"科技资助的选择问题；Fu[④]（2012）采用微分对策方法，从企业角度考察政府创新奖励和科技创新补助的选择模式。此外，在决策模拟方面也有很多研究的成果，借助系统动力学（SD）、多主体仿真（MA）等系统模拟方法对区域科技创新系统进行深入解析，考察企业、公共研发机构等不同创新主体的交互作用，如林琳（2010）的科技成果转化人才的知识整合过程运行机理研究，李新运等[⑤]（2010）实现的山东省科技发展系统动力学模拟研究，闫莹等[⑥]（2012）基于SD的山西省科技发展能力分析等。模拟与仿真方法提供了完整性较强的总体模型，理论与实证可以紧密结合，能够全面地分析企业受到科技投入政策变量或外部政策环境变化所产生的影响。

总体来说，相关数理和模拟方面的研究已经出现了很多有价值的成果，但由于在作用要素、原理和机制方面的理论研究还较为薄弱，难以深入描述政府科技投入的传导机制和综合效应特征，因此，在变量设置、模型构建等方面仍然需要做进一步的深入分析和改进。

---

① Santamaría L, Nieto M J. Technological Collaboration: Bridging the Innovation Gap between Small and Large Firms [J]. Journal of Small Business Management, 2010, 48(1) : 44-69.

② Kleer R. Government R&D Subsidies as a Signal for Private Investors [J]. Research Policy, 2010, 39(10) : 1361-1374.

③ Gretz R T, Highfill J, Scott R C. R&D Subsidy Games: A Cost Sharing Approach vs. Reward for Performance [J]. The Journal of Technology Transfer, 2012, 37(4) : 385-403.

④ Fu-chun Z. A Study on the Characteristics and Capability Enhancement Strategy of Enterprise Micro-innovation[J]. Studies in Science of Science, 2012, 10: 018.

⑤ 李运新，任栋，李永. 山东省政府引导企业科技投入的动态模拟研究 [J]. 软科学研究，2010 (4) : 22-25.

⑥ 闫莹，薛媛. 山西农业信息化发展系统动力学研究 [J]. 科技管理研究，2012 (22) : 212-216.

2.6 本章小结

西方国家近60年、中国20多年的政府科技投入对企业技术创新影响方面的研究已经取得了众多有价值的理论与应用成果，专家们从不同方面提出了具有实际意义的观点，如企业R&D投入中的政府科技投入倒U形、S形影响效应的识别，政府科技投入的企业创新成本降低效应和创新再投入的激励效应，政府通过公共研发项目实现对各创新主体的综合激励效应等，这些都为进一步的研究提供了重要借鉴和参考。但已有研究在以下几个方面存在局限：

（1）理论与模型研究的局限性。创新网络已为企业创新和区域创新系统分析提供了新型视角，但在政府科技投入的创新网络效应分析及企业借助政府科技投入优化自身创新网络关系与结构方面的研究较少，缺乏整体性和系统性的分析框架。众多政府科技投入对企业技术创新影响的实证研究缺少必要的理论基础，现有成果多是直接给出企业技术创新变量与政府科技投入变量间关系的回归模型，而变量选择、模型的形式等都较为主观。因此，还需要从企业创新行为和政府科技投入影响机制的原理上进行深入的分析，进行更为合理和科学的模型构建。

（2）间接影响效应的实证研究较为缺乏。综合来看，当前研究的视角相对单一：一类是从政府科技投入对企业技术创新特征的直接关系进行相关或因果分析，另一类是从企业价值或利益最大化的角度进行创新决策和政府科技投入的政策效应分析。这两种视角忽略了区域创新网络环境下政府科技投入的多渠道性（不仅投入企业，也包括科研院所和高等院校等）、促进效应的间接性（科研机构的合作支持企业创新）以及多主体间政府科技投入激发的创新溢出扩散效应等。

（3）企业对政府科技投入方式选择的具体应用研究较薄弱。由于理论分析缺乏系统性研究框架，实证研究多从分散的点切入，从具体性的特殊情境出发，一般性科技投入政策选择分析缺乏统一的研究模式，从而难以从企业与政府两个视角综合对政府科技投入对企业技术创新影响效应的优化分析提供多方面的指导作用。

总之，在当前区域创新的大背景下，企业的技术创新难以脱离创新网络环境的影响，由于政府是区域创新体系的重要建构者和调控者，政府的科技创新投入必然是企业技术创新中需要面对的重要因素。本章通过文献研究，综述与分析了政府科技投入对企业技术创新的相关理论和实证研究，为进一步更为具体深入的研究奠定了基础。

3 国外政府与企业创新关系模式比较分析

3.1 政府科技创新资金管理模式比较

3.1.1 投入模式

政府科技创新的投入主要是政府财政对科技创新的支出。从支出的模式来看，主要包括直接投入和间接投入两种。直接投入，例如直接的科技创新拨款，即国家财政预算内安排的科研经费支出；间接投入，即国家通过减税让利等各种优惠政策，将本来应上缴财政的部分资金留给企业或科研单位，鼓励它们加速技术进步和新产品开发。

（1）中美两国政府科技创新直接投入的情况，如图3-1、图3-2所示。

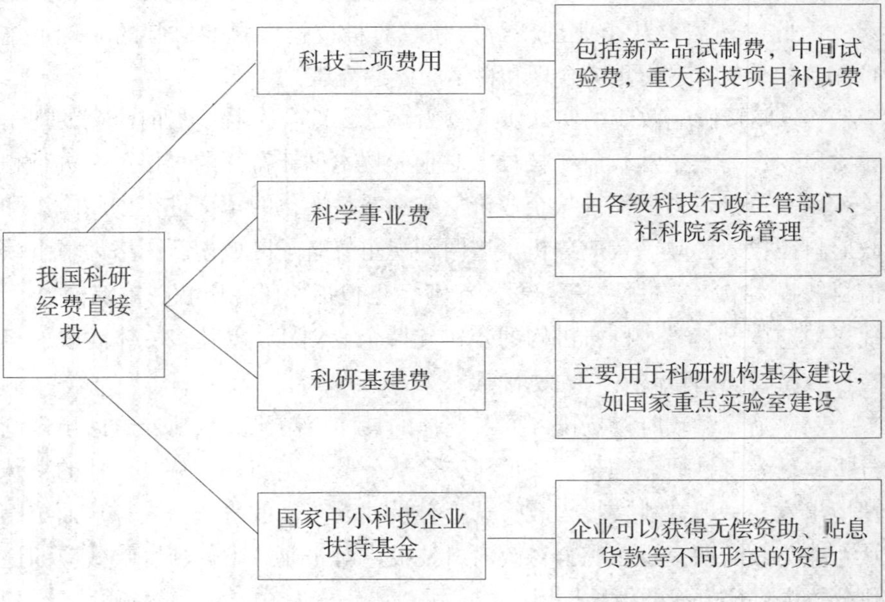

图3-1 中国科技创新投入中的直接投入

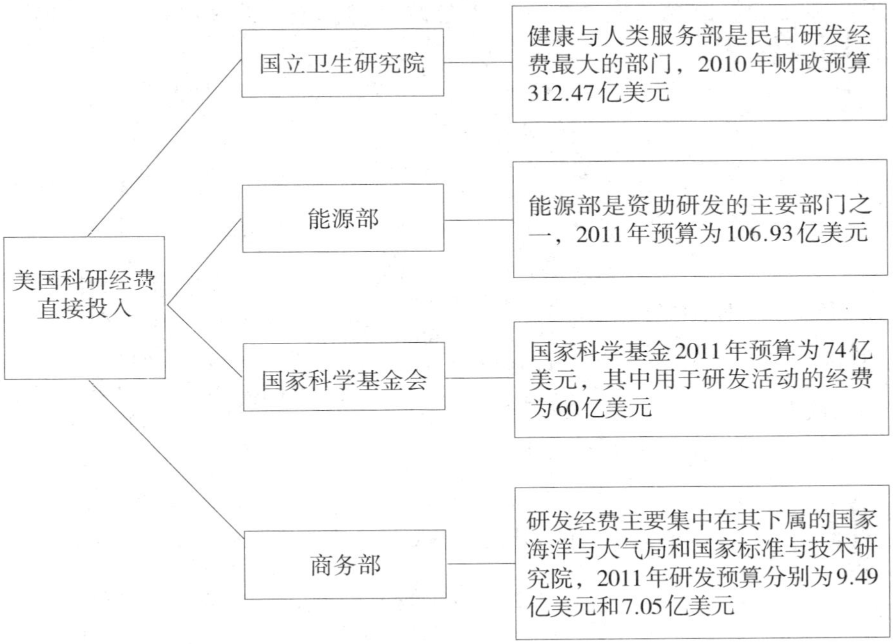

图3－2　美国政府科技创新投入①

（2）政府科技创新的间接投入比较。自从《国家中长期科学和技术发展规划纲要（2006—2020年）》实施以来，中国政府出台了一系列提升企业自主创新能力的政策措施。根据党的十八大和十八届二中、三中、四中全会的精神，加快实施创新驱动发展战略，强化企业创新主体地位，按照深化科技体制改革、财税体制改革的总体要求和《中共中央　国务院关于深化科技体制改革加快国家创新体系建设的意见》（中发〔2012〕6号）、《国务院关于改进加强中央财政科研项目和资金管理的若干意见》（国发〔2014〕11号）、国务院印发的《关于深化中央财政科技计划（专项、基金等）管理改革的方案》（国发〔2014〕64号）的要求，研究建立符合市场规律的财政资金管理运作新机制，进一步发挥财政资金的引导作用、撬动社会资源支持企业创新，实现财政投入效益最大化。2015年，《中共中央　国务院关于深化体制机制改革加快实施创新驱动发展战略的若干意见》明确提出，更多运用财政后补助、间接投入等方式，支持企业自主决策、先行投入，开展重大产业关键共性技

① 王佳存．美国政府科技计划及经费管理［J］．全球科技经济瞭望，2011（6）：36-46．

术、装备和标准的研发攻关。国内外政府科技创新的间接投入比较如图3-3所示。

美国	中国	印度
①研发活动的税收减免 ②资本设备投资的税收减免 ③税收优惠累进	①科技奖励和以奖代补的方式激励企业 ②政府采购和试点差价补助企业 ③支持企业引进高端人才 ④实行创新券制度	①减免税收，包括投资抵免、加速折旧、科研人员个人所得税减免等 ②风险投资基金，以产权资本和可转换债券的形式

图3-3　国内外政府科技创新的间接投入比较

3.1.2　评价模式

（1）中国科技创新投入评价。科技创新评估旨在对科技创新发展过程及成果进行控制，可分为事前评估、中期评估和事后评估。科技创新的评估按照被评估对象可分为科技项目评估、机构评估、技术及成果评估和科技人员评估等，评估方法包括同行评议、层次分析法、德尔菲法、投入产出法等。中国财政科技投入绩效评价是在1998年开展的公共支出管理改革的基础上，按照党的十六大和十六届三中、四中全会提出的“推进财政管理体制改革”“建立预算绩效评价体系”“改革和完善决策机制，推进决策的科学化、民主化”要求，借鉴西方国家理论和实践经验，在已初步确立了公共财政框架的同时，于2003年进一步遵循公共财政理论而开展的。

2003年颁布的《中央级教科文部门项目绩效考评管理试行办法》，首先从财政科技投入的管理领域对中央级项目绩效考评的概念、范围、依据、内容及指标框架、组织实施及结果应用等方面做出了相应规定。2003年，科学技术部发布了《关于印发〈科学技术评价办法〉（试行）的通知》。该通知提出：科学技术评价是科学技术管理工作的重要组成部分，是推动国家科学技术事业持续健康发展、促进科学技术资源优化配置、提高科学技术管理水平的重要手段和保障，对重大科学技术项目实行全程评估；包括立项评审、中期评估和结题验收，并可根据需要在项目结题后2—5年内进行后期绩效评价；一般性科学技术项目评价应侧重立项评审和结题验收，实行年度进展报告制度。

2005年，《中央部门预算支出绩效考评管理办法（试行）》和《中央级民口科技计划（基金）经费绩效考评管理暂行办法》规定，科技计划经费绩效考评主要包括绩效目标的合理性、组织实施和管理效能、项目的社会效益、项目的持续性影响、资金的使用效果、财务信息质量以及财务管理状况等。绩效考评采取定量与定性相结合，具体方法有比较法、因素分析法、公众评价法、成本效益分析法和多指标综合评价法等。通过建立项目预算安排与项目执行效果评价有机联系的绩效评价体系，逐步提高预算资金使用的有效性。2009年，《财政部关于进一步推进中央部门预算项目支出绩效评价试点工作的通知》要求，建立"项目承担单位开展自评、中央主管部门组织实施评价和财政部进行重点评审"相结合的新模式，明确了相关各方职责，规范了绩效评价工作程序，构建了包括项目绩效目标和项目绩效问题框架两部分的绩效评价内容体系，修订了绩效评价文本。进一步增加向全国人大报送预算的部门数量，基本涵盖了所有非涉密的中央部门，预算信息大多数细化到款级科目，并推进部门预算社会公开。

2014年3月3日，《国务院关于改进加强中央财政科研项目和资金管理的若干意见》（国发〔2014〕11号）发布实施。该意见规定，加强项目验收和结题审查，根据不同类型项目，可以采取同行评议、第三方评估、用户测评等方式，依据项目任务书组织验收，将项目验收结果纳入国家科技报告。探索开展重大项目决策、实施和成果转化的后评价。2016年，科技部、财政部、发改委印发了《科技评估工作规定（试行）》。该规定中的科技评估是指政府管理部门及相关方面委托评估机构或组织专家评估组，运用合理、规范的程序和方法，对科技活动及其相关责任主体所进行的专业化评价与咨询活动。其旨在优化科技管理决策，加强科技监督问责，提高科技活动实施效果和财政支出绩效。该规定的适用范围包括国家科技规划和科技政策、中央财政资金支持的科技计划（专项、基金等）及项目，科研机构、项目管理专业机构等的评估。

目前，中国政府财政科技投入绩效评价的主体包括政府下属的预算独立的科技评价机构和政府部门内部的科技绩效评价机构，其评价过程可分为事先评价、事中评价和事后评价。总而言之，中国还没有真正建立起一套行之有效的科技投入绩效评价制度体系。目前中国财政科技投入绩效评价模式具体如图3-4所示。

图3-4 中国财政科技投入绩效评估模式①

（2）美国科技创新投入评估。美国是世界上最早开展科技指标研究和出版本国科技指标报告的国家，从学术和经济两个层面对研发机构、科研项目和科技成果等进行评估。美国的科技评估体系与各种科技活动密切相关，是一个复杂的评估体系，涉及评估标准、评估程序、评估方法、评估对象以及评估反馈等。美国目前从事科技评估的机构，按其享有和承担的管理权责的级次和范围来划分，分为顶层、中层和下层科技评估机构。顶层是隶属于国会和联邦政府级的，中层是隶属于州政府级的，下层是隶属于规模较大的院校和研究所级的。美国的科技评估制度是有法律保障的，其评估体系主要有规范化、多元化、市场化和公开化等特征。其评价主体主要包括国会及政府的科技评估机构、社会科技评估机构和美国学术机构三大类。国会及政府的科技评估机构有美国国会技术评估办公室、国会预算办公室及美国总审计署等，社会科技评估机构有美国管理科学开发咨询公司、世界技术评估中心等，美国学术评估机构有国家科学院、美国科学促进会等。按机构所承担的日常科技评价活动和服务对象来划分，有国会技术评估办公室、国会预算办公室、国会研究服务部、审计总署、美国管理科学开发咨询公司、世界技术评估中心。美国科技评估的主要内容、范围、程序如图3-5所示。

① 何立春. 我国财政科技投入绩效评价研究［D］. 大连：东北财经大学，2014.

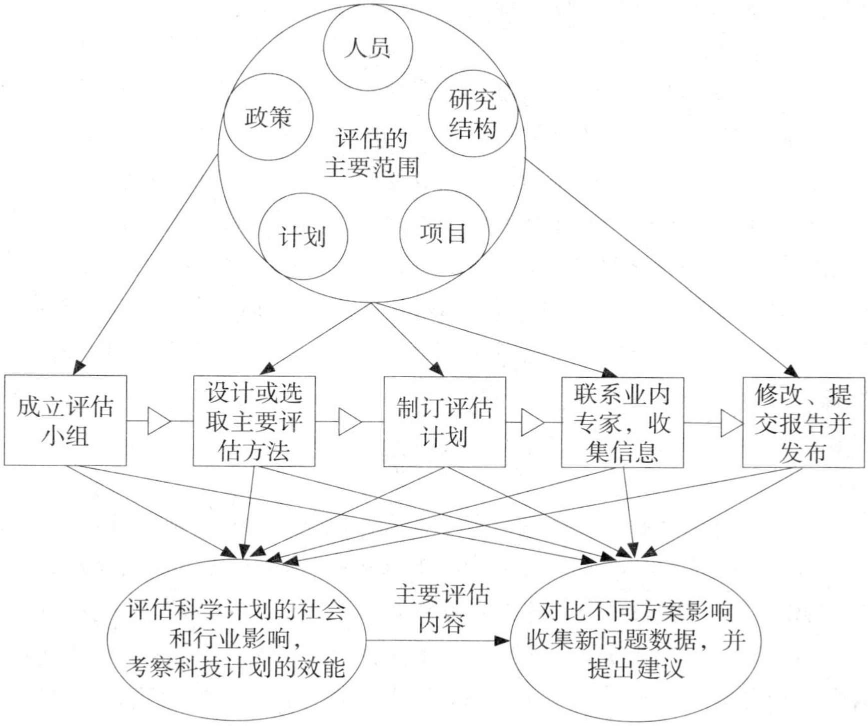

图3-5 美国科技评估的主要内容、范围、程序

（3）英国科技创新投入评估。英国的科研评估由政府主导，是全球历史最悠久和最成熟的科研评估体系之一，如图3-6所示。评估主体呈现多元化特征，科研评估由英格兰、苏格兰和威尔士高等教育基金委员会组织实施。高等教育基金委员会是独立于政府教育部门的非官方中介机构。

评估主体	评估方法	研究评估试点指标
①科学技术委员会 ②商业、创新与技能部所属科学办公室 ③被委托独立机构或专家组 ④英国研究理事会及被委托独立机构或专家组	①项目立项的选择同行评议法 ②科技活动产出和影响评估案例分析、文献计量法、经济效益和社会效益调研、专家组评议 ③出版物和专利的引用频率评估、共词分析、数据库断层分析、文本数据挖掘	①硬指标： 论文引用 科研成果收入 在学研究生数量 取得学位研究生数量 ②软指标

图3-6 英国科技评估体系

评估方法多样化，按照科学专业的不同，成立各类评估小组，制定不同的评估标准细则，相对公平和透明。英国贸工部制定了由科技计划中各个要素的首字母构成的文件，文件是开展管理与评估工作的框架，包括基本理由、目标、鉴定、监控和评估等内容。它能对事后评估发挥以下作用：给评估专家提供了一种评估原则，便于设计评估方案；便于提高管理人员识别、理解问题的水平，帮助贸工部制定、完善科研资助政策；方便对照当初拟定的目标，评估计划实施情况。政府部门牵头对科技计划的评估主要包括对国家科技计划和科技开发政策实施效果进行评估、对科研项目进行评估、对基础研究领域的科研人员进行评估和对科技奖励的申请进行评估。

3.1.3 回收模式

以往政府对企业的科技创新资金投入都属于“无偿”的，往往因效果不佳而受到诟病。近年来，根据国家对政府科技创新资金投入改革的要求，许多地市已开始尝试“有偿”的科技创新资金投入的回收模式，资助产业技术创新和科技成果转化。以股权方式有偿资助产业技术研发和成果转化，为合理配置科技研发资金、加强绩效管理探索全新的模式。建立项目资金决策、执行、评价相对分开的运行机制，强化对财政资金的监督管理和跟踪问效；建立财政性资金适时退出机制，在财政资金支持领域达到预期目标后，按照约定条件适时退出，实现财政资金滚动使用、良性循环；建立财政资金风险防控机制，规范财政管理行为，确保财政资金和财政干部安全。通过阶段性持有股权、适时退出获得合理回报，实现财政资金良性循环和保值增值，保障了科技研发资金能够长期、可持续地支持相关项目，充分发挥政府专项资金的引导和放大效应。

2013年，深圳市首先试行科技创新资金的股权有偿资助模式，如表3-1所示。在资金安排上，2013年首期安排1.2亿元，以后每年从市科技研发资金中安排一定比例的资金，按照国家科技经费改革要求，通过投资产业技术研发或成果转化项目获得阶段性持有股权的方式，对企业予以有偿资助。海外高层次人才创新创业资金参照执行。

表3-1　　深圳市科技创新资金的股权有偿资助机制

运行机制	退出机制	风险控制
市科技部门会同财政部门研究改造现有事业单位为按新机制运行的投资机构，受委托代表政府持有市科技研发资金形成的阶段性股权并按委托要求进行管理，行使出资人职责。科技研发资金参股期限一般为3年，最长5年。政府对被市科技研发资金参股的企业，原则上不控股且不成为第一大股东，不干预企业的具体生产经营活动	市科技研发资金股权有偿资助投资协议中须约定参股期限、研发绩效目标、业绩指标和退出条件。市科技研发资金按约定条件通过企业上市、创业者回购、转让或者企业清算等方式退出。对参股期限内达到研发绩效目标和业绩指标的，可按照对参股企业的一定优惠条件退出。对股权退出形成资金（包括原投入资本金及其取得的收益），由受托投资机构全额缴回财政后专项用于科技研发，财政部门按委托协议拨付管理费用	委托投资资金实行监管银行管理方式，投资协议中须明确市科技研发资金以投资额为限承担有限责任。受托投资机构须建立规范的风险内控机制，定期跟踪项目进展。退出时受托投资机构按委托协议执行、合法合规投资依然造成的资金损失，由受托投资机构委托第三方评估机构确认，报市科技主管部门核准后向财政部门报备核销

3.2　政府科技创新体制机制比较

科技体制是按照一定规则建立的制度体系或制度安排，涉及组织结构、运行机制、管理原则等内容。它既包括科学技术领域的规划、管理、资源配置、市场交易、成果评价、产业化运行等方面的制度规则，也包括科技规划体制、工作管理体制、资源分配体制、企业创新制度、产学研一体化体制、科技交易市场体制、科研机构管理体制、知识产权保护体制、科技进步评估体制等。中国科技体制改革的发展历程可以分为四个阶段：第一阶段（1978—1984年），称为“科学的春天”，主要关注改革开放、科技恢复发展、科学技术是第一生产力、科学人员走出院所和高校围墙等；第二阶段（1985—1994年），提出“科学技术面向经济建设，经济建设依靠科学技术”方针，主要涉及改革科研机构拨款制度、发展技术市场、科技计划体系初步形成、建立专业技术职务制度等；第三阶段（1995—2005年），提出科教兴国，提出应用类科研院所转制、公益类科研院所分类改革，实施中科院知识创新工程和高校985工程计划等；第四阶段（2006年至今），提出创新驱动发展战略，重点关注中长期科技规划纲要、全面推进创新体系建设、科技管理体制机制改革等方面。

科技机制，以制度为前提和基础，是建立在一定制度基础上的引导技术更新和技术进步的作用力定势。它包括科技创新动力机制、知识产权保护机制、科技创新传导机制、科教融合发展机制、科技创新协同机制、科技资源管理和配置机制、科技投融资机制、科技成果转化机制等具体机制。总体上，这种机制，是以现代市场经济制度为基础、以开放性体系为特征、协同创新的产业技术进步机制。科技机制本身的创新是指，依托市场机制，推动科技创新协同、投入、转化、评估的运行作用力的变革。作为一种技术进步机制，它可以体现为一组具体的机制，包括创新动力机制、协同创新机制、创新资源投入机制、一体化创新组织管理机制和创新评价机制。

中国科技体制改革经过十几年的探索和实践，已经取得了明显的成效。但依靠科技进步来发展国内经济的体制机制尚未完全形成，适应创新发展战略要求、符合社会主义市场经济规律和科技创新发展规律的中国特色国家及区域创新体系还没完全建立，适应现代化建设需要的科技创新体系尚未完全建立起来，科技与经济结合不紧密的问题依然存在，科技成果转化率不高，企业还未成为技术创新决策、研发投入、科研组织和成果转化的主体的问题没有从根本上得到解决。所以，建立有利于科技和经济相结合、企业主导产业技术创新、科技链与产业链相衔接、创新链与资金链相连接、科研机构与企业相融合的新机制，促进科技成果向现实生产力转化，使科技进步从经济发展的外生变量转变为内在动力，主动适应和引领经济发展新常态，加快创新型国家建设步伐，仍然是实施科技体制创新的重要任务。

国家宏观科技管理体制是一个非常复杂的系统，系统的组织结构、科技决策管理机制、研发经费使用、科技计划管理与评审、科技资源配置是系统中重要的环节。不同的国家有不同的科技管理体制机制，并受到本国政治、经济、文化、历史等多方面的影响和制约。国外科技体制创新的经验，是建立在市场经济条件下的科技资源配置基础上的。它的基本方向是以企业为主体、以风险投资为重要投入、以政府采购为推动、以产学研一体化为载体、以孵化器和孵化基地为生长点、以知识和技术市场为中介。在管理体制机制上，美国虽然是典型的多元分散型科技管理体制，但是鉴于世界竞争格局的变化和国家利益需求，美国近十年来不断加强对科技活动的宏观管理。根据《美国的技术政策》报告，美国政府加大了与企业共同开发通用和关键技术的投资强度，同时加强了国家实验室同私营企业的合作。日本在20世纪90年代以后，构建了开放型研究评价体制，评价活动的规范与改进，以及评价结果的合理使用，在日本的科技政策制定、科技计划管理、科技资源配置、科技机构改革等方面发挥了重要的作用。美国、日本等发达国家在科技创新体制机制建设方面有以下特点：第一，充分发挥科技创新中企业的作用，突出政府以企业创新为轴心的观念。第二，突出政府在创造创新环境方面的责任，加强科技宏观调控，强化竞争机制，完善竞争的研究开发环境。第三，重视科技咨询，设立科技型智库，专门为国家最高层决策提供战略咨询。虽然这些机构并不承担具体管理职能，但是对于国家科技政策、科技规划、科技重大项目等有着重要的影响。第四，加强区域创新体系的建设，注重产学研合作和孵化器、孵化基地建设。第五，发挥科技评估作用。美国是科技评估制度化最早的国家，建立了完善的科技评估体系，比如1993年美国国会就颁布了《政府绩效与结果法案》。第六，高度重视知识产权的创造与管理。美国知识产权保护方面的法律法规比较完善。第七，加强金融资本市场建设和财税体系的配套建设。第八，加强政府采购体制的创新，尤其是政府采购的原则、方向、目标以及对自主创新能力的作用。第九，推动科技人力资源管理体制创新，注重对高层次人才的培养与使用。第十，高度重视国际科技交流与合作，突出国家利益和本国优势。

3.2.1 中央—地方纵向体制机制

政府包办型科技管理体制主要产生于中央计划经济条件下，强调政府在科技创新和科技管理方面的作用，忽视市场导向的作用。它突出表现为：科技创新的主要动力、主要投入、创新成果、成果转化、成果“三权”（收益权、使用权和处置权）主要来自行政部门的作用，一切通过行政部门实现科技资源配置。政府包办型科技管理体制以政府科技计划为中心、以政府投入为主导，构成传统的科技体制典型形式。

中国的科学技术发展和管理体制在改革开放以前基本上是中央集权式的“条-块”管理系统。科技部拥有科技资源配置权，直接对科技计划项目拥有管理权。其中，从中央到基层的、从上到下的垂直管理的“条”状系统在政治和组织机构上实行控制，中央各部委和地方各级政府在各自管辖的“块”内，对科技活动中的研究工作、科研项目、经费、设备、人员实施具体管理。在这样一个控制系统之外，科研活动的自由空间很小。改革开放以来，科技的发展和管理在这个中央集权式的体系内有了最大限度的改良，科学技术的开发在“条-块”之外已能够寻求额外资助，科研工作者的发明创造在一定条件下获得了某些自由。但是，中国的科技管理体制还没有发生根本性的变化，阻碍科学技术发展的因素仍然存在。涉及重大项目和方向的科技决策，常常不是由科学内容和发展规律所决定的，而是由非科技专家感兴趣的热点来决定的。中国科技发展及其管理制度存在的许多问题如果不能及时得到解决，中国本来就落后的科学技术及其管理制度就会与世界先进水平拉开越来越大的距离，中国可能陷入落后的境地。基于中国科技的现状，应当合理设计未来中国的科技管理制度，促进中国的科学技术发展，使之赶上世界先进水平，并推动整个社会的进步和发展。

改革开放以来，中国先后设立了近百个科技计划（专项、基金等），例如星火计划、863计划、火炬计划、973计划、支撑计划、行业科研专项等，支持了大量科研项目，培养和聚集了许多高水平的科研队伍，取得了一大批举世瞩目的重大科研成果，有力地支撑了中国的改革开放和现代化建设事业。党的十八大以来，中央出台了一系列科技体制机制改革文件，理顺了中央和地方、计划和市场的关系。科技部门不再直接管理具体的项目，而是通过公开、统一的国家科技管理平台宏观统筹，依托专业机构来具体管理；还陆续出台了院士制度改革、科研院所改革、实施人才分类评价、科技成果“三权”管理改革、国家自主创新示范区先行先试政策推广、促进“大众创业、万众创新”等政策文件，中国科技管理体制机制逐步优化和完善，适应时代的管理体制机制已经基本形成，如图3-7所示。出台的文件主要有《国务院关于改进加强中央财政科研项目和资金管理的若干意见》（国发〔2014〕11号）、《中共中央　国务院关于深化体制机制改革加快实施创新驱动发展战略的若干意见》（中发〔2015〕8号）等文件。

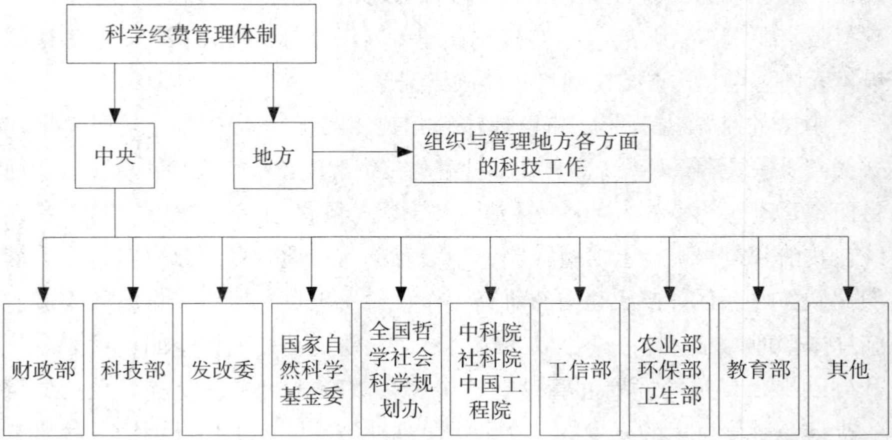

图3-7　中国科技经费管理体制

英国、德国、美国、日本等国家的历史经验表明，科技创新是大国崛起的基石，从引进模仿到自主创新是一个国家科技创新能力建设必经的过程和捷径，激励创新的制度和文化是大国科技创新的根本保证。抓住世界科技革命和产业革命的历史机遇，是新兴大国崛起的成功之道。各个国家要根据国情、发展阶段选择适合自身的科技创新模式。世界主要国家的科技体制如图3-8所示。

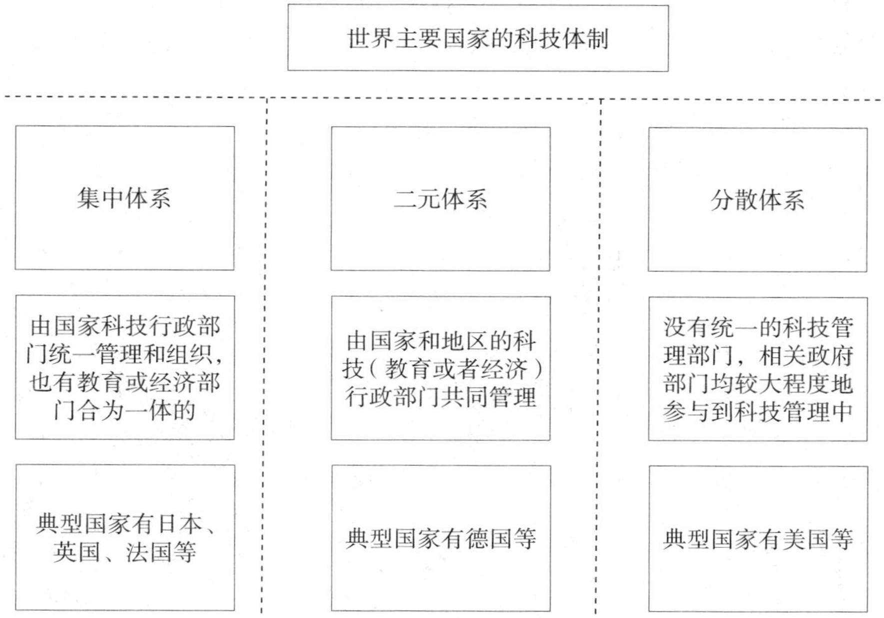

图3-8　世界主要国家的科技体制

3.2.2　政府—社会主体横向体制机制

现代市场经济中的“市场导向型”科技管理体制，集中表现为科技创新主体来自经济主体，科技投入主体来自企业，知识创新成果来自市场主体，成果转让和产业化来自市场行为。《中共中央关于全面深化改革若干意见重大问题的决定》明确指出，全面深化改革的总目标是完善和发展中国特色社会主义制度，推进国家治理体系和治理能力现代化。在科技创新活动中，市场经济条件下政府的作用主要体现为“场地维护”，政府应该是“掌舵人”，而不是“划桨者”。现代市场经济中，政府既不是运动员，也不是裁判员，而是场地维护员。政府的职责有以下四条：一是通过制订计划和出台政策引导企业行为，健全技术创新的市场导向机制和政府引导机制。二是制定游戏规则和维护游戏规则，并且通过法律来维护。积极为企业技术创新营造良好的发展环境，让各类创新主体享有更多公平的竞争机会，让企业有更大的创新动力，建立让创新人才敢于创新的容错机制，让中小微企业拥有更容易获取创新资源和公共服务的渠道。三是通过市场和科技中介机构来配置社会和政府的科技资源，包括项目评审、招投标、鉴定、评奖、专利申请和代理、创业投资和科技资金投入等。四是建立企业主导的产业技术创新机制，激发企业创新内生动力，培育市场主体，扶植企业自主创新能力。积极引导创新要素向企业集聚，提高企业在技术创新决策、研发投入、科研组织和成果转化等方面的主体地位与作用。

强化顶层设计，打破条块分割，统筹科技资源，加强与国家相关部委、省直相关管理部门和地方科技部门的对口衔接，构建纵向上下联动、横向统筹协同的科技计划管理协调机制。以科技主管部门为主导，加强对国家级创新资源的利用，在建材制造、节能环保、洁净能源、现代种业、海产品精深加工等产业领域组建一批产业共性技术创新平台，为相关产业的发展提供关键共性技术支撑。依托传统优势产业和战略性新兴产业的龙头骨干企业，组建一批产业专业技术创新平台，提升企业研发实力。围绕科技创新综合服务的需求，推动组建一批产业技术创新综合服务平台，为产业技术创新提供知识产权、科技金融、科技中介等配套综合服务。树立“政产学研用金”全要素整合、全产业链创新的产业技术创新理念，突出政府顶层设计、政策引导和创新资源汇聚等综合服务功能，探索建立全方位的产业技术创新政策体系，构建以企业为主体、全要素参与的新模式。

目前，世界公认的创新型国家的科技体制基本上是按照市场导向原则构建的。以美国等为例，其科技体制一般具有以下六个特点：一是充分发挥企业的创新主体作用，形成企业主导的技术协同创新机制。从世界范围来看，研发投入主要来自企业。根据欧盟委员会（European Commission）发布的“2016全球企业研发投入排行榜”，美国企业的研发投入占全球的38.6%，其次是日本和德国。日本的企业主导型科技创新方式使其研发活动的目的性极强，管理活动严谨而有效。二是突出政府在创造创新环境方面的责任。比如，美国政府明确提出联邦政府在技术政策中的首要作用是为民间创造一个商业环境。三是强化竞争机制。日本通过改革现行的科技体制，增加竞争性资金，进一步扩大科研人员选择研究经费的幅度和自由度。四是政府持续大力支持研发、创新和科技教育。从2016财年美国联邦政府财政预算来看，2016财年美国研发预算总额约为1460亿美元，比2015财年提高了

6%。其中，用于支持基础和应用研究的资金约为670亿美元，比2015财年增长了3%。五是强调继续支持一流的科学研究，加大基础研究资助机构的预算；加大对国防研发、空间技术和产业技术的开发力度，加强医学领域研发，支持清洁能源，加快向清洁能源经济转型，使之成为21世纪能源产业的领导者；支持气候变化行动计划；其财政预算案还支持私营部门研发，减免研发税收。六是强调继续支持STEM教育计划，即科学（science）、技术（technology）、工程（engineering）与数学（mathematics）领域的教育计划。STEM教育计划是一项鼓励学生主修科学、技术、工程和数学领域的计划，并不断加大科学、技术、工程和数学教育的投入，培养学生的科技理工素养。2015—2016年，美国继续强调科技教育，旨在提高国民科教水平，并且培养高素养的科研人员。

美国硅谷是世界上第一个高新技术产业区，也是当今世界上最具创新能力和活力的高科技园区。硅谷是大学、公司、风险投资家、文化的结合，拥有世界著名的高校斯坦福大学、加州大学伯克利分校等，以及谷歌、思科、特斯拉等高新技术公司，这些所有的一切创造了硅谷。硅谷高科技园区是以市场为主导发展起来的，产学研紧密结合、科技人员强烈的创新精神、私人企业家的风险资本投资和科技人才致富氛围对人才的吸引力等，是推动园区发展的主导因素。美国硅谷的成功，主要是依靠风险投资推动高科技发展。政府在前期通过科技规划促使高新技术的市场发育，即政府主导科技发展方向，由成熟的市场配置资源，使科技成果产业化。政府营造技术交易平台及金融证券环境，引导了风险投资的前期介入、风险投资方的获利方式和风险投资的退出机制。美国纳斯达克证券交易市场，为推动全球高科技发展、新兴技术产业化做出了巨大贡献。美国风险投资公司的资金来源主要包括政府、养老基金、银行、企业或个人，其运作不需要抵押和担保就能获得，这满足了科技创新主体的资金需求，因为大部分创业者正好缺乏这两个条件。风险公司通过购买创业企业股份的方式来投资，如果科技项目失败了则损失属于该投资方，如果项目成功了则风险投资家通过转卖股份等形式从企业中退出并通常获得数倍的回报。美国风险投资公司的运作方式，解决了创业者最关键的资金问题。美国科学技术的创新经验证明，必须有前期的研究开发和初级成果中试环节的基本投入，才能使高新技术产业得到迅速发展。高新技术的驱动是硅谷发展壮大的根本动力。

3.3 政府科技资金支持企业创新政策比较

企业是技术创新的主体，是国家创新体系的一个重要成分。《国家中长期科学和技术发展规划纲要(2006—2020年)》实施以来，以企业为主体、市场为导向、产学研相结合的技术创新体系建设取得积极进展，激励企业创新的政策措施逐步完善，企业研发投入的积极性不断提高、研发能力得到增强，重点产业领域取得一批创新成果，为产业升级和结构调整提供了有力支撑。为深入贯彻落实党的十八大精神和《中共中央 国务院关于深化科技体制改革加快国家创新体系建设的意见》(中发〔2012〕6号)，全面提升企业创新能力，之后国务院办公厅颁布了《关于强化企业技术创新主体地位全面提升企业创新能力的意见》(国办发〔2013〕8号)，明确指出国家中小企业发展专项资金、中小企业技术改造资金等要大力支持中小企业技术创新和改造升级。综合采用买(卖)方信贷、知识产权和股权质押贷款、融资租赁、科技小额贷款、公司(企业)债券、集合信托、科技保险等方式，支持科技型企业开展技术创新融资。为小型微型科技企业创造公平竞争的市场环境，促进其健康发展。中小企业中的高新技术企业是技术创新和技术进步的重要力量。在数量上，中小企业技术创新占据相当大的份额。欧盟中小企业人均创新成果数量是大企业的2倍，R&D所产生的新成果数量是大企业的3—5倍；德国2/3的专利技术是由中小企业研究出来并申请注册的。在技术创新水平上，中小企业也毫不逊色，美国评定的20世纪最重大的65项发明创造也都是由中小企业或个人完成的。①

3.3.1 国内外财政支持企业创新的经验与方式

(1)国内财政支持企业创新的方式及特点。中国推进简政放权，取消和下放与促进创业密切相关的审批事项，降低市场准入门槛，简化行政审批手续，营造良好的创新创业环境；加强知识产权保护，建立诚信和公平竞争的市场环境，进一步激发企业创新活力。加大对创业的资金支持力度，形成多元化、多层次、多渠道创业资金支持机制；完善和落实企业研发费用税前加计扣除政策，加大企业研发设备加速折旧政策的落实力度。完善高新技术企业认定办法，落实税收优惠政策。加大国家重点实验室、国家工程实验室、国家工程(技术)研究中心、大型科学仪器中心、分析测试

① 王桂荣，韩丽. 中小企业技术创新问题与对策[J]. 中国统计，2011(11)：21-22.

中心等向企业开放服务的力度，将资源开放共享情况作为其运行绩效考核的重要指标。加强对国家科技基础条件平台开放服务工作的绩效评价和奖励补助，积极引导其对企业开展专题服务。加强区域性科研设备协作，提高对企业技术创新的支撑服务能力。

（2）国外财政支持企业创新的方式与特点。美国非常重视对中小企业的支持，出台了一系列相关政策，主要包括1982年美国国会通过的《小企业创新发展法》《史蒂文森－怀特勒创新法》《知识产权法》《专利法》等；在财税支持方面，有财政专项补贴政策、财政低息贷款政策、财政担保政策、税收扶持政策及其他的创新服务支持政策。2011年，美国政府公布了由白宫科技办公室起草、奥巴马总统签署的《加速联邦研究成果技术转移和商业化，为企业高增长提供支持》备忘录等文件。国外财政支持企业创新的方式与特点如图3－9所示。

支持方式	含义	特点
①借助科技计划 ②政府采购 ③设立产业关键共性技术专项资助计划 ④“创新券”政府 ⑤财政补贴资助企业培养和引进创新人才 ⑥创新竞赛	①以无偿资助方式支持企业技术和产品开发。譬如美国国防部、能源部、航空航天局等部门，每年都会与企业签订大量的研发合同 ②政府采购是各国支持本土企业创新的普遍做法。譬如英国商业、创新与技能部推出的“远期约定采购”计划 ③如美国“先进技术计划”和“技术创新计划” ④支持中小企业技术创新。“创新券”是目前欧洲普遍采用的一项政府创新投入政策。英国政府通过发行彩票设立专门的基金，来支持本国的创新创业 ⑤法国和日本等发达国家注重在培养产业人才的同时帮助企业引进人才 ⑥以奖励的方式支持企业技术创新。譬如英国推出“2013年数字创新竞赛”计划	①以不干预竞争为原则，一般支持竞争前的研发活动 ②注重发挥政府资金的杠杆引导作用，不超过研发成本的50% ③非常重视对中小企业的技术创新资助 ④注重对财政资金的监管和评估，强调资金的使用效果和效率 ⑤技术创新资助理念从技术推动模式向需求拉动模式转变

图3－9　国外财政支持企业创新的方式及特点

3.3.2　国际上财政资金支持企业科技创新的新趋势

（1）新一轮大规模政府引领的科技创新投入浪潮正在形成。2008年金融危机以来，世界主要国家依靠科技创新应对危机，以实现经济复苏与增长。尽管受金融危机影响，各国政府的总体预算降低，但科技创新方面的投入持续稳定增长。美国把超过其国内生产总值3%的资金投入研发中，其2011财年预算案中非国防研发投资（660亿美元）比2010年增加37亿美元，增长5.9%。韩国2010年政府研发预算（120亿美元）比2009年增长10.5%，并提出将2012年的研发强度提高到5%。英国金融危机后只有科学预算继续按照本国《科学与创新投入框架（2004—2014年）》提出的增长速度执行，2009—2011年期间的科学预算比前一个三年增加了15%。德国2009年的研发预算增加了8%，达到100亿欧元（约合150亿美元）。根据经济合作与发展组织（OECD）2010年发布的《主要科技指标2010/1》，研发投入总量按购买力平价计算最多的五个国家分别是美国、日本、中国、德国、韩国，其主要科技投入指标如表3-2所示。除中国外，其他国家政府研发投入占国内研发总量的比例多在1/4左右，中国则较低。

表3-2　　2015年世界主要国家科技投入情况

指标	美国	日本	中国	德国	韩国
研发投入总量（10亿本国货币单位）	502.9	17436.1	1417.0	87.2	65959.4
研发强度（%）	2.79	3.49	2.06	2.87	4.23
政府研发投入占研发总额的比例（%）	24.0	15.46	20.0	28.8	23.7

数据来源：2017年中国科技统计年鉴。

（2）财政资金明确依据先进的国家创新战略与科技计划确定支持方向。科技计划是政府组织实施研发活动的重要方式。发达国家均日趋重视科技计划管理，主要根据国家科技发展战略确定的重点领域，由政府或与科技相关的政府部门提出科技计划预算，经批准后由相关政府部门负责执行。其科技计划主要分为政府设立的综合性跨部门科技计划（如美国的国家纳米技术计划、网络与信息技术研发计划）以及由政府科技相关部门制订的部门级科技计划（如美国能源部的生物质能研发计划）。同时，还设立跨部门计划，如专门设立用于资助企业研发活动的科技计划。2007年8月，美国政府用技术创新计划（technology innovation program，TIP）取代了运行17年之久的先进技术计划（advanced technology program，ATP）。TIP更具战略性，强化了国家的需求导向作用，以解决“国家关键需求领域”所面临的“重大社会挑战”为目标，同时强调“高风险”和“高收益”，更注重研究结果的可转化性。TIP由美国国家标准技术研究院（NIST）负责实施，以确保及时开发支持新技术的标准，尽快将新技术带入市场。此外，还有美国的小企业创新研究计划和小企业技术转移计划、加拿大的工业研究援助计划和技术伙伴计划、澳大利亚的小企业电子商务计划和小企业援助计划等。在完善科技计划的同时，发达国家政府支持创新的模式也已逐步从技术推动型向需求拉动型转变。2013年主要发达国家科技与创新战略的进展如表3-3所示。

表3-3　　2013年主要发达国家科技与创新战略的进展

国家	科技与创新战略
美国	注重创新创业生态环境，重组联邦STEM教育计划，支持大学、科研院所、企业建立伙伴关系，避免资源分散，提高协调性，改善问责制；推进国家制造业创新网络建设，以加快美国制造业创新，支持中小企业积极参与等
日本	构建大规模产学研合作研发基地，培养高风险行业企业、中小企业的创新能力；发布最新科技创新综合战略；酝酿建立日本的国家卫生研究院（NIH）支持企业从基础研究到成果转化的全过程，利用产学研合作的方式对企业创新活动进行支持
德国	继续加大联邦政府研发投入，深入讨论科研体系的未来发展。重点关注民生和高新技术行业，比如推出迄今为止规模最大的医疗健康研究计划，通过“生物经济政治战略”，加快向节约型经济转变；延续“研究与创新公约”，保证对非高校科研机构每年资助经费的增长
英国	政府制定了新的科技战略与政策，重点支持创新创业，兼顾高新技术产业和传统产业，双轮驱动，如制定航空工业和农业技术领域的发展战略
法国	通过颁布新教研法、制定2020科学战略议程、设立工业振兴计划等重大举措，向企业的创新产品及工艺的制造与商业化、新市场的拓展、企业创建等提供资助、信贷、融资担保、基金投资等服务；发布数字化路线图，加强法国企业的竞争力

（3）已具有更趋成熟、层次分明与组织严密的政府科技创新资金管理机制。发达国家传统上采取了以美国为代表的多元分散型科技管理体制，以及以英、法、德、日、韩为代表的集中协调型科技管理体制，且不断变革并日趋成熟。分散型的经费管理体制没有设立科技主管部门，不同领域的科技工作由不同的政府部门负责管理，科技预算由不同的政府部门来执行；集中协调型体制则由科技主管部门负责整个国家科技战略、政策、计

划、预算的制定，科技预算由科技主管部门管理执行。发达国家高度重视预算编制，制定了更加严格、规范的预算编制程序，并建立了统筹协调机制协调科技预算，具有严格的科技预算规划、协调与控制体系。白宫科技政策办公室（OSTP）和国家科学技术委员会（NSTC）是美国的统筹协调机构。OSTP在各部门编制研发预算之前会和管理与预算办公室（OMB）联合发布《预算之科技优先领域的备忘录》，OSTP与OMB共同审核部门研发预算，重点关注部门预算是否真正体现了优先主题，并提出修改建议；NSTC则向OMB主任提交能够反映国家目标的R&D预算建议，并就联邦部门提交的R&D预算提出意见，以统筹和协调各联邦部门的科技预算，最大限度地避免重复，充分体现国家意志。日本的统筹协调机构为综合科学技术会议，它每年都发布“科技相关预算的资源分配方针”，提出下年度的预算编制要求、经费分配方针、追加预算的具体要求等，以对日本年度科技预算进行宏观调控。韩国的统筹协调机构为国家科学技术委员会，它向各部门下达研发总额规模、各部门支出限额的分配草案，各部门据此向国家科学技术委员会提交研发预算申请，经国家科学技术委员会评价和调整后提交计划与预算部审批。

（4）财政资金对企业创新采用“权变”“复合”与“动态”化的支持方式。近年来，发达国家对企业创新的政策支持方式更趋多变、灵活，将多种单一模式有机结合为复合模式，并根据具体情形开展有针对性的支持。除针对特定产业和企业的专项资金外，发达国家在方式手段上也大力进行创新，代表性的手段主要有政府采购、“创新券”政策、奖补结合、创新奖励、风险投资等，如英国商业、创新与技能部推出的“远期约定采购”计划，欧洲创立采用的“创新券”政策，英国的专门“创新彩票”和“数字创新竞赛”计划，法国高等教育和科研部每年举办的“国家技术创新型企业创业大赛”等。此外，风险投资也是政府支持中小企业自主创新的重要财政工具，包括权益投资（财政资金以占有某个比例权益的形式直接投入风险投资基金）、财政激励（通过资助、税收优惠等方式激励风险投资基金投资科技型中小企业）、政府担保（对权益风险投资、科技贷款给予政府担保）和风险补偿（对风险投资机构、金融机构的中小企业创新项目投资损失给予补偿，如中小企业贷款风险补偿基金）等。部分发达国家的政府风险投资案例如表3-4所示。

表3-4　　发达国家的风险投资案例

种类	目的	案例
政府权益投资	对风险投资公司或小企业进行投资	比利时法兰德斯投资公司（Investment Company for Flanders，GIMV）成立于1980年，起初其资金的100%来自政府资金，1997年来自私人的资金占到15%
财政激励	为投资小企业的机构和风险投资基金提供财政支持	英国的企业投资计划（enterprise investment scheme，EIS）、创投信托计划（venture capital trust，VCT）对投资小企业的风险投资者给予所得税退税优惠，但是要求退税优惠用于追加投资，并至少持有5年
政府担保	为具有一定资质的小企业提供一定比例的银行贷款担保	法国1982年成立贷款担保机构SOFARIS，由法国金融机构及保险公司持有（法国政府占42%）。SOFARIS为中小企业提供最高50%的银行贷款或风险权益投资担保
风险补偿	为风险投资失败的损失提供一定比例的担保	芬兰担保局（Finnish Guarantee Board，FGB）为风险投资的全部或部分损失提供最高50%的担保

（5）财政科技资金重点投入战略性新兴产业、中小企业及创新服务体系。美国、德国等世界发达国家为抢占未来经济发展的制高点，将科技投入更多地投向了新能源、新材料、环保、生物、信息等战略性新兴产业。美国2011财年研发预算明确提出要进行包括生物医学研究、新一代先进材料和制造方法、可再生能源和能效等重点领域的战略性投资。韩国在2010年预算中，计划进一步扩大创造性基础研究、绿色技术领域的研发投资规模，其中绿色汽车、IT融合技术、机器人、产业原材料等基础性技术领域的投资增长约50%。《欧洲2020》战略提出要向高能效和低碳经济转变，欧盟“为低碳能源技术的开发投资”计划建议未来10年再投入约730亿美元，专门用于能源技术研究。创新创业是新兴产业成长和壮大的基础，发达国家的财政资金首先直接投入中小企业技术创新，政府设立专门的政府机构或部门对中小企业创新活动进行管理和监督，评审出符合相关条件的企业给予专项补贴，如美国的中小企业创业研究基金和小企业创新研究计划（SBIR）、加拿大联邦工业部主管并由国家研究委员会负责具体实施的产业研究支持计划（IRAP）和德国的欧洲复兴创新计划（ERP）等。同时，发达国家同样以产学研合作来支持中小企业。欧盟以“公私合作伙伴关系”（PPP）模式和“创新驿站”（IRC）促进企业创新联盟的形成，并且鼓励中

小企业开展跨国技术转移合作；美国的小企业技术转移计划（STTR）要求小企业必须与大学、公共研究机构、教育机构进行合作，联合申请。在支持企业创新中，为了加快科技知识从高校、研究机构向企业扩散，提升企业的创新知识吸收能力、转化能力，带动企业创新发展，发达国家财政资金将为企业提供咨询、技术、信息、贷款、担保的各类中介机构、服务机构也作为支持的关键对象。一些具有代表性的科技服务机构如表3-5所示。

表3-5　　部分国家的典型科技服务机构

国家	社会服务机构	目标
美国	小企业发展中心（SBIX）及小企业研究所（SBI）	联系高校提供管理咨询、技术培训等
	退休经理服务团（SCORE）	由退休的志愿者无偿提供咨询服务
	开发公司计划/小企业投资公司（SBIC）	提供小额贷款、政府风险投资、由政府担保的贷款
日本	遍布各地区的中小企业大学	提供迎合地方特色的研修机会
德国	电子商务中心	提供信息咨询服务
英国	商务联系网（business links）	提供法律、融资、人才培训援助
韩国	SPI-1357 整合系统	提供政策咨询、技术中介等服务

（6）财政资金以多样化和多层次性形式与企业联合资助培养或者引进创新人才。人才是科技发展的核心战略资源，许多国家设立了专门的人才战略和计划。日本制订了“科学技术相关人才培养综合计划”，韩国2006年制订了“理工科人才培养、支持基本计划（2006—2010年）”，俄罗斯于2008年出台了“2009—2013年俄罗斯创新科研与教育人才”国家专项计划。大体上，这些一般性公共科技计划资助人才的方式主要有两种。一是支持科研团队的发展。如日本自2007年起实施“世界顶级研究基地形成促进计划”（WPI），主要是积聚国际一流人才、博士后等组建团队，发展日本的基础科学；爱尔兰科学基金会的首席研究员计划，旨在通过聘用有能力的首席研究员，带动爱尔兰研究团队的发展。二是支持个人的科学研究。美国国家卫生研究院设立的“通往独立之路”计划、国家科学基金会设立的“职业生涯初期发展计划”等，主要支持获得博士学位的青年人尽早独立；芬兰从2009年起开始实施的“杰出教授伙伴计划”，主要是

吸引一批刚刚步入研究职业生涯的青年才俊在芬兰从事博士后研究。法国、日本等发达国家注重在培养产业人才的同时帮助企业引进人才。法国在推行了30年的产学教育协议制度（CIFRE）基础上，资助博士生到企业完成博士论文，对企业进行补助和税收减免，企业向博士生支付年薪，61%的受CIFRE资助的博士毕业生进入企业就职；日本政府在2009年推出“高级研究人才活用促进事业”，让博士后进入企业参与研发活动，政府为接收博士后研究人员的企业提供博士后薪资经费，这些政策既推动了企业的人才引进，也培养了面向产业需求的研发人才。韩国和德国更注重直接资助中小企业引进创新人才，如韩国政府专门制订了中小企业人力支援计划，对符合一定条件的中小企业聘用待就业的理工科硕士、博士和有经验的技术人员以及公共研究机构或大企业研究所已退休的科技人才给予工资支持。

3.4 政府财政资金支持创新的实证与调查分析

为把握山东省财政资金支持科技创新的现状和存在的问题，确定财政资金的支持重点与范围，本书进一步利用企业调查和科技创新统计数据从创新链和产业两个维度进行了具体分析。

3.4.1 财政资金需要基于产业发展特征动态确定支持范围和方式

产业生命周期中，创新特征具有动态性。不同阶段的产业发展具有不同特点，风险与收益的对称性明显不同，政府科技投入对处于不同发展阶段的产业也具有不同的影响效应。因此，政府应在财力允许的范围内，针对不同技术特性产业各阶段的不足，运用各种政策工具进行支持。如图3-10所示，产业萌芽期，风险性较大，市场机制中的风险资金随着创新企业的发展周期以投资后移的趋势集中于风险的低谷，而造成创新萌芽期资金不足。在此阶段，对于高技术产业，政府需要选择高投入和多种投入方式相结合的支持模式，包括政府购买、财政直接补贴、风险投资、税收减免等。在产业形成期，技术创新具有扩散与外溢效应，往往会出现各种复杂的情况，如垄断组织形成和知识产权保护等，不利于创新产品的产业化发展和整个社会的技术进步。在此阶段，对于高技术产业，政府可以采用中等投入和灵活投入方式的支持模式，主要以政府购买、股权投资、税收优惠为主；对传统技术产业可以采用中等投入、集中投入方式的支持模式，主要以产业专项资金和税收优惠的方式为主。

在产业成熟阶段，产业往往创新动力不足。在此阶段对高技术产业主要采用中等投入、稳定的投入方式的支持模式，在税收优惠稳定的基础上，可以采用尝试奖补结合、以奖代补、创新竞赛等方式；对传统技术产业，则可采用高投入、灵活投入方式的支持模式，主要以税收优惠、专项资金资助的方式为主。

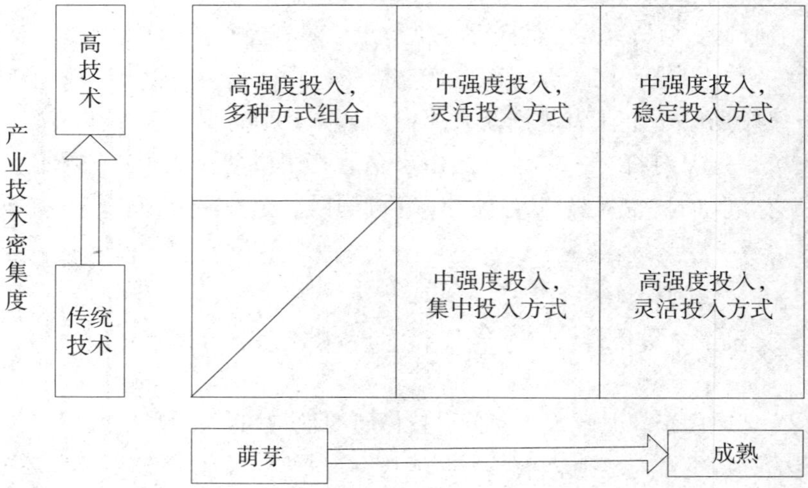

图3-10　基于产业特征分析的财政资金投入方式组合

3.4.2　基于企业创新需求调查的财政资金投入路径分析

针对政府财政支持企业创新的支持对象、阶段和方式等，我们在山东省内开展了一系列实地调研活动，对企业创新中的难点和政策需求进行了访谈和问卷调查。

（1）企业在研发与进入市场阶段对政府财政资金需求较强。创新链分为研发、小试、中试、产业化和市场化五个阶段。据调研结果分析，大部分企业认为最需要政府资助和支持的阶段应该是研发阶段，尤其是生物医疗方面的前期研发，占全部调查企业的60.2%，占到六成以上。其次是中试、进入市场和规模化生产阶段，三者之和大概占到全部调查企业的40%。而三者之间的比重基本相同，企业没有明显的偏好。由此可见，第一，企业认为政府财政应该以支持企业的研发活动为主，尤其是高风险、高投入的产业，比如生物医药前期研发阶段；第二，企业认为应对技术进入市场的活动给予一定的关注和支持，认为优惠政策、基金、补助或奖励等是较为合理的支持方式。

（2）政府财政资金重点应考虑不同规模企业和服务支持体系。企业认为除了重点支持企业和产业创新联盟等直接投入对象，以科技成果提供为主的共性技术研发平台和研发设计机构也是创新政策支持的重点，并加强知识产权交易、风险投资、科技孵化、检验检测等基本服务平台建设。由此可见，第一，不同规模企业的诉求具有差异性，大型企业认为政府更应该加大对优势企业的扶持，而中小型企业更加偏重对研发与设计机构、共性技术研发平台等行业技术供给的支持；第二，政府财政也需要关注公共科技机构和平台建设，为企业提供保障和拓展创新空间；第三，中小企业尤其是科技型中小型企业对财政支持的需求性极为迫切。

（3）政府财政资金需要采取多元化和灵活性的支持范围与方式。约25%的企业希望能继续采用项目申报的方式获得创新支持，但是预算不宜太细、太具体，并希望预算执行过程能够调整；32%的企业欢迎后补助和奖励的方式；产业关键共性技术专项、人才引进与培养以及政策采购等方式受到部分企业的欢迎，其他支持方式约7%。[①]由此可见，第一，企业希望政府财政支持方式多元化，需要政府按照项目所处阶段和创新形式的特点进行分类支持；第二，规模较大的企业希望政策能给予多方面的支持，规模比较小的企业希望能在项目方面给予支持。大部分企业认为税收优惠政策的推行与落实以及科技、财税、金融、产业等多项政策的协调需要进一步加强；第三，在研发链条上，对于基础性和公益性研究，以及重大共性关键技术研究、开发、集成等公共科技活动采取前补助等方式，对于具有明确的和可考核的产品目标和产业化目标、成果边界清晰的项目引入市场机制，利用后补助、贷款贴息、风险投资、以奖代补等其他方式；第四，在投入组合上，注重直接投入与间接投入相结合，加强直接投入与税收激励、科技金融、政府采购、知识产权、人才培养等政策的衔接，注重供给面政策与需求面政策的结合，充分发挥财政资金的杠杆作用，引导金融资金和民间资本进入创新领域。政府财政资金对企业的支持重点应该放在竞争前阶段，重点考虑基础研究、公益性研究、产学研协同创新关键技术研究等。财政对企业支持的重点及范围如图3-11所示。

---

① 资料来自"'十三五'财政资金支持企业创新的机制与措施研究"课题的调研数据。该调研以承担国家及山东省财政科技资金支持研发项目的大中型企业为对象，累计调研了聊城、临沂、德州、济南等地的100余家企业。

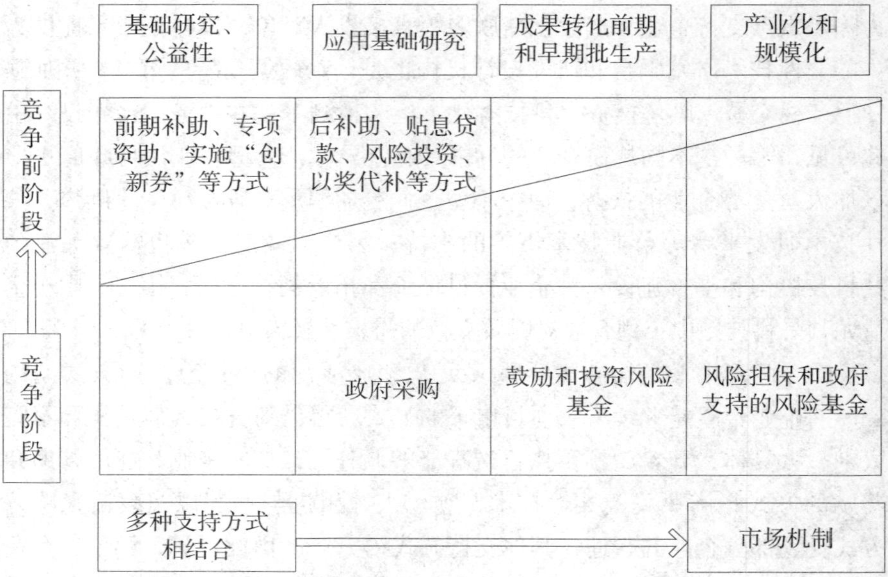

图3-11　财政对企业支持的重点及范围

3.4.3　财政资金支持创新的思考与建议

在以上研究的基础上，借鉴发达国家和先进省份的做法，针对薄弱环节和存在的问题，本书对优化山东省政府财政资金投入、促进创新有以下几点思考：

（1）在部分地市试点并逐步推广“创新约定政府采购”。可以借鉴英国的“远期约定采购”政策，开展“创新约定政府采购”试点。在省内科技部门和财政部门的共管机制下，建立专门的创新采购机构，留出专项预算面向各类企业开展创新约定采购试点。政府参与进入创新工程，创新采购机构会同各类科技服务机构，采集和发布政府未来需求信息，吸收用户单位、供应商、技术专家等利益和技术相关者“参与市场”，经评标形成创新约定采购合同。政府远期约定采购能够把创新过程和创新产品绑定，更充分地发挥政府资金对创新的深入而持续性的拉动作用。

（2）设置并完善产业创新发展引导资金。可将引导资金划分为工业、现代农业、现代服务业、科技发展、全民创业以及标准化建设等子项引导资金，分为有偿使用和无偿奖补两类，分别运作。按照“政府主导、市场化管理”的原则为项目提供有偿支持的引导资金，通过补助和奖励等方式给予无偿支持的引导资金。如2016年无偿奖补引导资金安排不高于引导资金当年预算总规模的70%，有偿使用引导资金安排不低于30%。以后年度可视情况逐步提高有偿使用引导资金规模比例。

（3）探索知识产权质押贷款，拓宽企业融资渠道。为了缓解科技型中小企业首贷难、融资难、融资贵等问题，需要积极探索知识产权和非专利技术等无形资产质押贷款运作模式。如可以以山东省科技成果转化风险补偿专项资金贷款（简称“鲁科贷”）为抓手，用财政资金引导金融机构为科技型中小微企业放款，加速企业科技成果转化、提升企业自主创新能力，缓解中小微企业“首贷难”“融资难”“融资贵”等突出问题，为中小微科技型企业的创新发展提供有力的科技金融支持。

（4）在部分地市试点“创新券”，并逐步在全省推广。“创新券”是针对企业创新资源缺乏、创新能力不足而设计发行的一种“有价证券”。由政府向企业发放“创新券”，企业用“创新券”向高校、科研院所购买科研服务或购置研发设备后，高校、科研院所或企业持“创新券”到财政部门兑现。可在东部比较发达地市试行的基础上，对“创新券”政策进行评估、调整和完善，进而在省内部分地市层面尝试设立“创新券”专项基金，资助中小企业多种类型的创新活动。可将“创新券”进行细分，如区分为企业类、平台类、奖补类等，并可将企业类可进一步细分为重点券、一般券和技术服务券等。设定完成发放目标，如2年内发放单位过千家，资金过5亿元，中小微企业所占份额不低于40%。逐步在全省推广，实现财政资金带动投入比不断提升。

（5）示范并加速推进PPP（public-private partnership，公共私营合作制）。PPP是一种吸引社会资本的公共基础设施项目融资模式。山东省可在部分领域实施PPP示范项目，将其作为推广运用规范PPP模式的重要抓手，形成可复制、可推广的实施范例，形成一套有效促进PPP规范健康发展的制度体系。首先需要制定PPP整体规划，明确适用于PPP的项目类型，并对相关项目进行梳理分类，熟悉PPP项目操作流程，包括项目识别、准备、采购、执行和移交等环节，以及每个环节的步骤，如项目识别包括发起、筛选、物有所值评价和财政承受能力论证等。在PPP项目的建设运营过程中，需要坚持市场运作方式，确保项目质量，降低项目成本。鉴于PPP相关的采购活动在采购需求、采购方式、合同管理、履约验收、绩效评价等方面存在一定特殊性，政府需要按合同办事。而在PPP项目的选择上，要进行充分的项目评估，比较PPP模式和传统政府建设管理模式的优劣，提高项目决策的科学性和合理性。

（6）以财政资金支持企业培养和引进创新型人才。加大高层次科技人才引进和培养力度。科研关键岗位研究人员和重大科研项目负责人需要向海内外招聘，建立海外招聘制度。一是支持企业引进（海外）中高端研发人才。目前，浙江、江苏、广东等省市都在积极开展资助企业引进（海外）高端人才的工作，并对其成效进行监测和评估，不断吸收经验与教训。若成效显著，山东省可出台鼓励企业引进研发人才的相关办法或政策，为各地区政府和企业引进高端人才出台指导意见，鼓励各地市依据本地产业发展重点和企业发展实际需求，开拓和探索多种人才引进的渠道和方式。对于急缺的高层次科技人才，有关政府部门可以在落户、医疗、保险、住房、子女入学、配偶安置等方面给予政策倾斜，地方政府也可以通过提供启动资金、贷款贴息等方式扶持创新创业。二是借鉴日本和法国的经验，面向产业需求培养研发人才。可推行产学研合作教育模式，在财政资助下，支持硕士、博士研究生进入企业，参与企业研发活动，面向企业创新需求调整和完善创新人才的培养模式，为高层次人才进入企业就业和企业吸纳优质对口人才搭建桥梁。三是借鉴德国和韩国的经验，帮助中小企业引进人才。如可制订中小企业人才支援计划，对中小企业引进理工科高校毕业生、有经验的技术人才或已退休的科技人才给予较高的薪金补助（如50%）。全面深化改革，在高端人才绿卡审批、企业境外投资和并购管理、外资投资准入限制等方面放松管制，提升利用全球人才、技术、资本、信息和服务的水平。

3.5 本章小结

（1）深入厘清科技创新中政府与市场的关系，推进政府科技投入体系创新发展。科技创新中政府的作用领域有三个：一是需要政府必须完全占主导和发挥基础资源配置作用的“公共产品”领域，如果政府作用存在缺陷，则会发生政府“失位”；二是完全由市场发挥资源配置作用的“竞争产品”领域，在市场机制和功能不健全或者较为紧迫的条件下，需要政府及时发挥自身优势性引导作用，推动市场机制发挥作用，然后政府及时退出，避免“占位”；三是“混合产品”领域，政府和市场二者应该合理区分作用边界，有力协同发挥作用，政府则避免出现“越位”。因此，政府需要建立支持市场不能有效配置资源的基础前沿、社会公益、重大共性关键技术研究等公共科技活动的体制机制，降低企业普遍的创新成本；加强科技立法，明晰产权，支持创新创业机制环境完善；将引导人才、技术、资本、管理等创新要素向企业集聚作为重要原则，鼓励各种形式的产学研合作，建立以政府财政投入引导与支持的、以企业投入为主体的投入机制。

（2）不断加大对企业特别是中小企业的直接支持力度，发挥杠杆倍增效应。企业是创新最敏感的实践者，政府需要严格制定科技计划项目的支持力度和资金匹配要求的标准，鼓励企业加大研发投入。研究建立由政府相关部门、企业和专家学者共同组成的第三方专家评审委员会，在科技项目竞标和支持对象选择等方面建立更加科学规范的机制。研究借助市场机制，将财政资金支持的完全无偿模式转变为有偿或者部分有偿模式，建立财政资金使用和回收的评价与监测机制。不断加大中小企业发展专项资金和技术改造资金对中小企业技术创新的支持力度，扩大科技型中小企业技术创新基金规模。要尊重企业技术创新的主体地位，建立并完善政府各部门资金使用的统筹机制，加强和改进政府采购科技企业技术产品工作，推进国际创新合作，优化跨境创新创业生态系统。设立专项资金支持一批领军型企业加快“走出去”，在国际一流创新区域设立分支机构、研发中心和孵化机构，参与全球竞争。要与国际科技中介机构、跨国公司建立广泛联系，探索建立跨国技术战略联盟，引导更多国际创业团队来山东创业。

（3）大力支持创新创业支撑体系和科技服务业深度发展，持续完善区域创新系统。投入支持公共研发机构建立满足区域、市场、行业和企业创新发展需求的新型研发机制与体系，投入支持科技服务业发展；支持企业同公共性及市场化的研发机构建立多层次的创新合作模式，不断拓展自身创新网络的深度和广度，充分借助专业化科技服务机构资源，提升创新能力，降低创新成本和风险。推进科技与金融的结合，在创业投资、科技信贷、资本市场、科技保险等方面不断创新模式，推进科技和金融的结合试点，建立多元化、多层次、多渠道的科技投融资体系。加快推进与银行和金融机构的合作，组建一批科技支行。促进全省科技金融创新试点，鼓励创新产业技术进步的投入方式，争取投资银行、风险投资、产业基金、商业银行、资产管理公司、信托公司、金融租赁公司等银行金融机构开展支持中小企业科技创新的金融服务试点。加快发展中小企业技术创新空间等新型创业服务平台，为中小企业提供创新资源共享、专业技术和成果转化等方面的服务。重视发挥市场机制和社会组织的优势，支持天使投资、创业投资发展壮大，支持高校院所、产业联盟、行业协会更多地承担创新创业的服务功能。

（4）基于创新链的不同阶段和产业发展特征，采取灵活性的财政资助策略。政府需要按照项目所处不同产业、阶段、存在问题、关键点和创新形式进行分类支持，提高政策的针对性和有效性。如在研发链条上，对于基础性和公益性研究，以及重大共性关键技术研究、开发、集成等公共科技活动，采取前补助等方式；对于具有明确的和可考核的产品目标和产业化目标、成果边界清晰的项目引入市场机制，利用后补助、贷款贴息、风险投资、以奖代补等其他方式。在投入组合上，注重直接投入与间接投入相结合，加强直接投入与税收激励、科技金融、政府采购、知识产权、人才培养等政策的衔接，注重供给面政策与需求面政策的结合。

4　政府科技投入影响企业技术创新原理与机制分析

本章从科技资源配置的市场机制与政府机制的关系、创新链、企业创新网络和企业创新决策等方面研究企业技术创新中政府科技投入的影响作用原理，进而基于区域创新网络分析企业研发和成果转化环节中的政府科技投入作用机制。在政府科技投入对企业技术创新影响机制分析的基础上，结合具体实例，在理论层面归纳和提炼具体影响模式和潜在影响效应，并在企业技术创新、技术知识特性和政府科技投入因素等方面提出研究建模的基本假定。

4.1　创新链上的企业技术创新决策

4.1.1　创新链与企业技术创新过程

联合国教科文组织将科学创新活动划分为三大类，即研究与试验发展（R&D）、科技教育与培训（STET）、科技服务（STS）[①]。

在联合国教科文组织研究的基础上，中国结合自身的国情，将科技创新活动划分为科学研究与试验发展（R&D）、科技成果转化与应用、科技服务三类（如图4-1所示）。这种划分不仅明确了科技创新活动的各个环节，而且反映了科技创新活动的应用导向，比较符合中国科技创新活动的实际，即企业的科技创新活动是以应用为导向的一系列复杂活动的系统集合。因此，本书采取这种划分方法来研究科技创新活动过程，并以此为基础，分析区域创新网络视角下企业创新活动过程中的政府科技投入作用机制。

企业的技术创新是整个科技创新活动的关键性环节。经典技术创新理论依据创新活动的产出和特征，将技术创新活动同科学发明进行了明确区分。[②]科学发明活动是实现知识和理论“从无到有”的过程，一般是由高校、

---

① 见国家统计局发布的《研究与试验发展（R&D）设入统计规划（试行）》（国统字〔2019〕47号）。

② 柳卸林.技术创新经济学［M］.北京：中国经济出版社，1993：2.

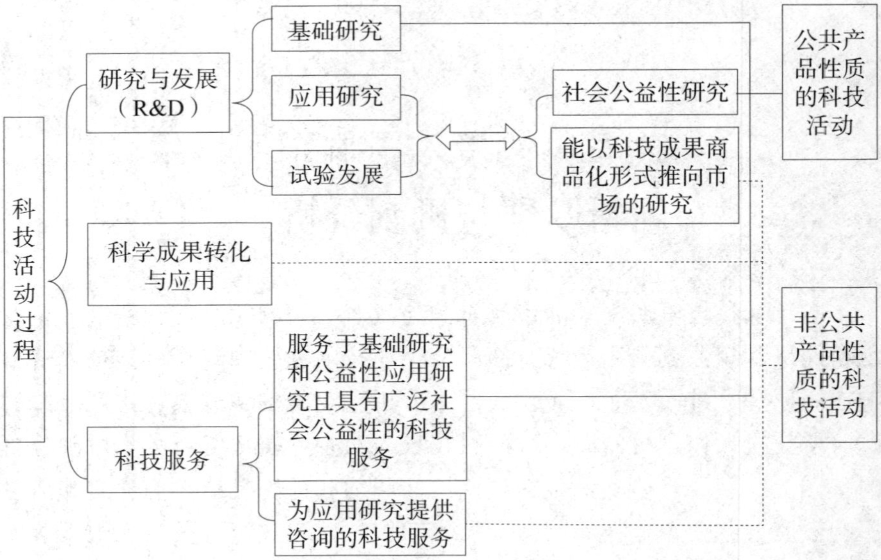

图 4-1 科技活动对照表[①]

科研院所等基础性研究机构进行的，是技术创新活动的知识积累过程，是企业技术创新活动的基础和知识来源，为进一步的企业技术创新活动提供知识和理论的基础储备。技术创新则是指企业自身或者企业与其他应用型技术研发机构协同，在现有基础性研究成果的上面，通过科技成果转化，将科技创新活动成果进行应用，并将转化的产品或者服务推向市场进行产业化的过程，是实现创新活动“从有到用”的过程。由此可见，科学发明活动是科技创新活动的基石，技术创新活动则是基础性研究活动的产出成果化、成果应用化和产品市场化的桥梁。技术创新活动既包括具有一定基础性作用性质的R&D活动，又包括科技成果转化活动；既体现了知识和理论的基础作用，又体现了以实现需求或应用为导向的创新价值；既强调企业的创新主体地位，又凸显了高校、科研院所、政府等其他主体的协同作用。企业技术创新活动具有系统性、全面性和广泛性的特征。

科技创新活动可以以“创新链”来描述。这种创新链从一般形态上来看，应该是包含基础研究-应用研究-实验发展-成果转化的主链条，各种知识创新与转化活动的辅助链条，以技术信息、市场信息等为中介的创新活动交互作用的反馈链条和吸收外部创新资源的支持性链条等。

（1）创新链的主链应该包含从基础研究到新产品的这一线性过程。在

---

① 丛树海，等. 科技发展的公共政策研究［M］. 北京：中国财政经济出版社，2008：144.

熊彼特的创新理论中，创新基本上是一个技术驱动的过程，强调对实用知识的生产进行投资。美国战时科技工作的总负责人Bush提出创新是受基础科学推动的观点，呼吁对基础性R&D活动的投资。20世纪50年代，科学推动型的技术创新线性模型（science-push approach）首先出现[①]（见图4-2）。60年代，以Schmookler（1966）为代表的学者认为，技术主义的创新模式由于只强调技术创新对经济社会发展的决定作用，却没有考虑到社会制度、政治经济体制、文化环境等外部环境因素对技术创新的反作用，Hippel（2005）等由此提出了以市场为源驱动力的技术创新模型（demand-pull model）（图4-3）。由此可见，创新活动的整个过程是一个复杂的知识进行传递的沟通途径的集合。[②]

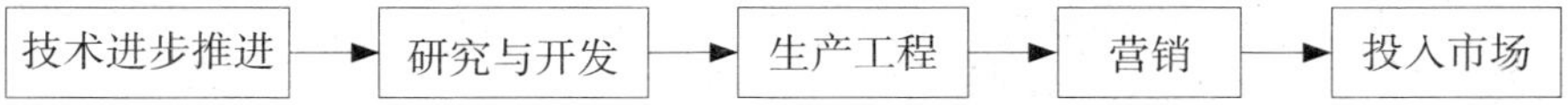

图4-2　技术创新的技术推动模型

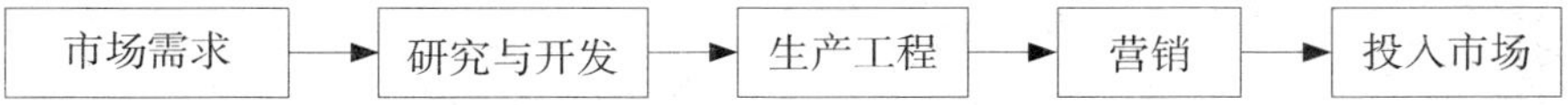

图4-3　技术创新的需求拉动模型

（2）创新链的整个链条是带有反馈环节的闭合式链条。在创新活动的各个过程中，部门之间的作用和重要程度具有一定的区别，企业技术创新涉及的各个部门中，研发部门、生产部门和销售部门发挥着较为突出的作用，创新活动中各个职能部门的知识通过相互耦合，最终实现创新。创新没有明显的起点，两类线性模型（linear process）都存在不足。科学推动模型过分强调非商业性研发在创新过程中的重要性，低估了市场在创新中的地位。而市场拉动模型把市场作为创新的唯一动力机制，忽略了技术创新的实质是技术、生产工艺产品和生产函数的创新。Robertson（1974）增加了新产品的反馈环节，建立了部门－阶段模型[③]（图4-4）。Rothwell（1985）的技术与市场交互作用的创新过程模型（图4-5）、Klein（1986）的链环反馈模型（图4-6）和Freeman[④]（1994）的投入产出多反馈模型（图4-7）也是这种认识的具体实现。由此可见，创新链可以被当作一个体现了

① 尹翀. 基于认知的企业文化对技术创新的影响研究［D］. 济南：山东大学，2009.
② 尹翀. 基于认知的企业文化对技术创新的影响研究［D］. 济南：山东大学，2009.
③ 尹翀. 基于认知的企业文化对技术创新的影响研究［D］. 济南：山东大学，2009.
④ Freeman R E. The Politics of Stakeholder Theory: Some Future Directions［J］. Business Ethics Quarterly, 1994(4)：409-421.

科技与市场之间耦合关系的逻辑的序列过程。创新链的各个环节和各个阶段虽然职能各异，但是彼此之间又相互作用、相互依赖。企业技术创新是市场需求和技术发展以及企业创新能力相结合并相互促进的结果，创新投入和创新产出分布于创新活动的各个环节，并相互关联。上一阶段的创新产出构成了下一阶段的创新投入，而下一阶段的创新投入又构成了创新产出的基础。

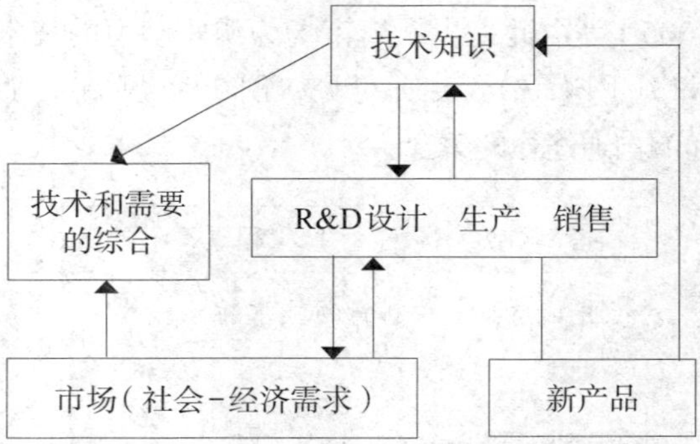

图 4–4　技术创新的部门–阶段过程模型

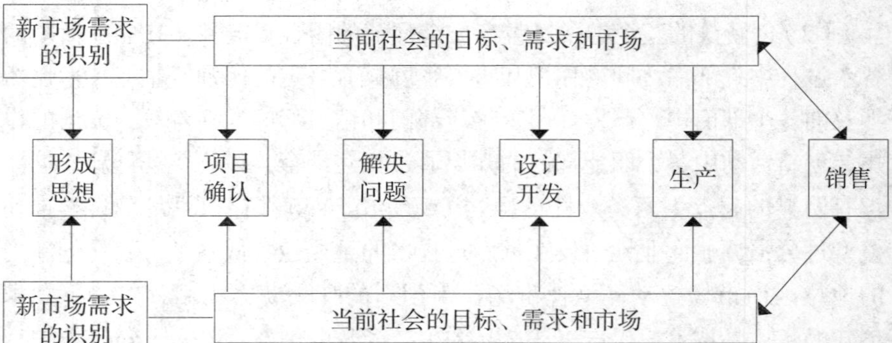

图 4–5　技术创新的耦合（coupling）过程

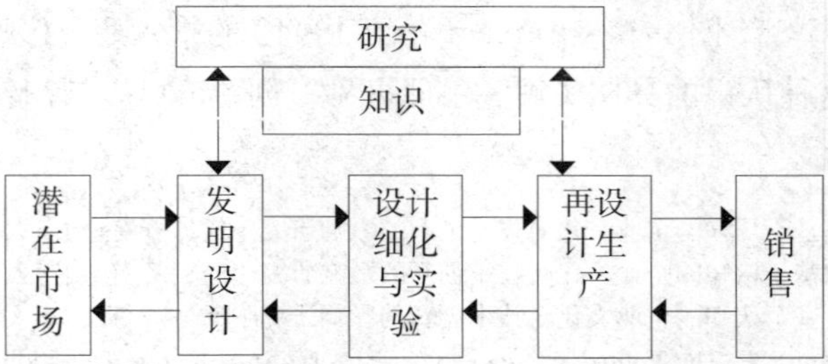

图 4–6　技术创新的“链环”过程

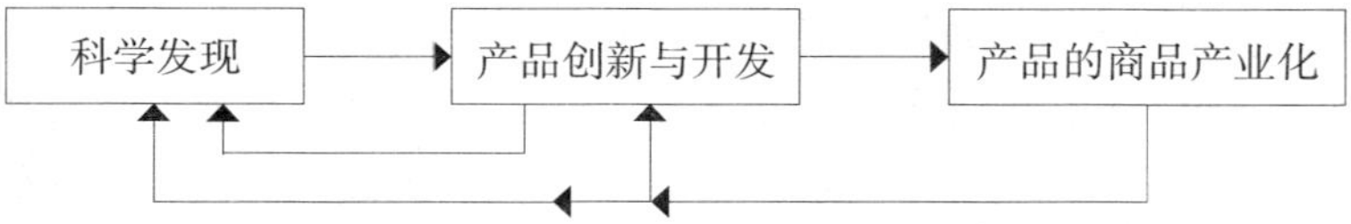

图4-7　创新连结和反馈模型

（3）创新链跨越多种主体，涉及企业创新内部的支持性链条和同外部联系的支持性链条。企业创新过程中，创新可能来自企业生产过程的各个环节和阶段，技术创新并不仅仅是单一的线性技术创新模式，创新源也不再只局限于企业自身，企业的供应商、客户、竞争企业或者互补企业都有可能成为企业创新源。在第五代技术创新模型，即系统集成与网络化模型（systems integration and networking model，SINM）（Rothwell，1995）（见图4-8）中，技术创新应该是一种技术网络中的企业与外界环境互动的过程。企业的营销、制造等不同部门在相互联系中不断地进行知识积累，形成了网络模型的基础，这些联系构成创新链的企业内部辅助链条。同时创新链也能够跨越企业外部的多个主体，企业通过与外部主体的频繁联系，促进外部信息和创新资源更多地流入企业内部，有助于企业科技创新活动的进行。这些外部联系构成创新链的支持性链条。创新链包含着企业内部活动与外部活动的联系。

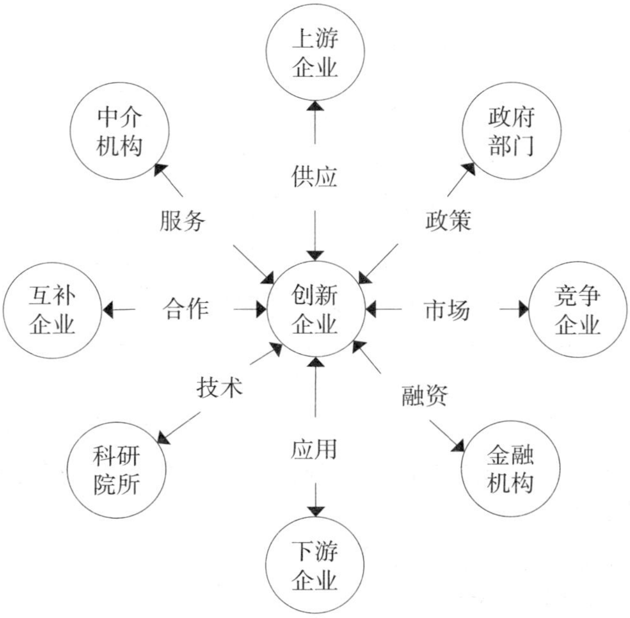

图4-8　企业集成与网络化创新模型

由以上分析来看，创新链具有以下基本特征：

（1）创新链条的基本构成单元是创新“元”活动。企业创新过程模型是创新链的特定表现形式，是综合了创新活动、创新部门和创新主体的一种创新组织管理模型。从本质上看，创新链是围绕满足特定市场需求的一系列从新理论、新创意到理论应用、技术可行再到有形产品或者服务实现的全过程。它由执行不同功能、具有相互协同关联的具体创新“元”活动所构成。创新链的基本结构如图4-9所示。

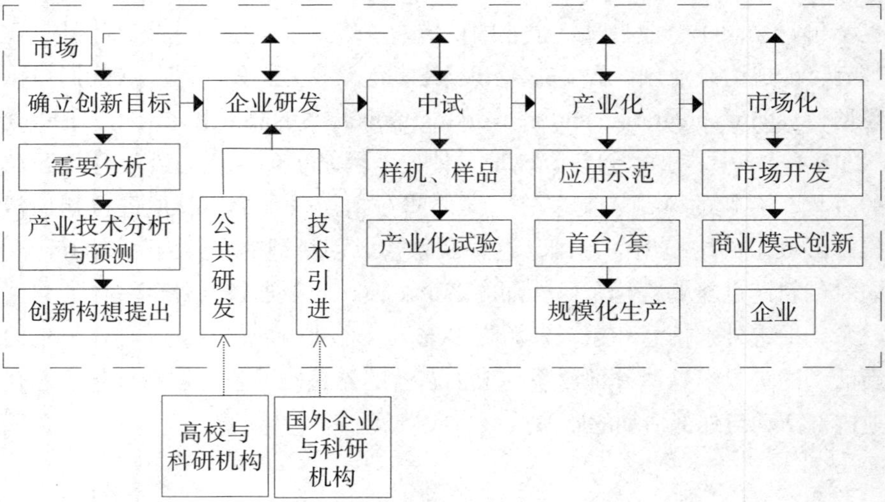

图4-9 创新链基本结构

（2）创新链是一种知识与技术流形态转移与转化的过程。创新链是信息的传导链，首先由来自不同理论研究者的知识和消费者的需求等方面信息相互作用，形成科研与商业人员的创意和实现技术，进而经过设计、试制、生产等环节，使这种不断转化的综合性知识技术信息负载到具体物品、产品和商品上，并被消费者获取。消费者的消费过程实质是消费者心理的产品感受信息同潜在需求的交互作用，消费者的满意感或者新的需求信息将重新反馈到创新链中上游的某个环节。

（3）创新链具有交叉性和协同性。由于知识、技术与产品间的关联性，一条创新链中的某一项活动不仅是本链中的基本环节，也可能是其他相关链的必要构成环节。该活动的完成是本创新链和相关创新链下游活动进行的前提条件。这种创新链之间的交叉性和协同性体现了技术流转移转化关系的复杂性，如图4-10所示。

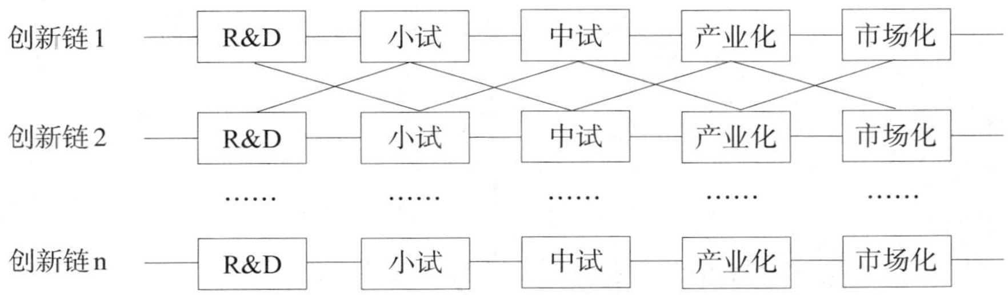

图4-10　创新链的交叉性与协同性

（4）创新链整体具有动态性和循环性。创新链不只是创新活动和创新要素的集合，也包含着创新主体的创新选择和创新互动的过程，是一种动态性、循环式的网络创新模型。创新链的动态性，体现在技术创新过程模式的变化性上，而且创新链中的任一结点甚至创新链的外部或内部环境因素发生任何变化都有可能引起整个创新链的调整。创新链中的创新活动部分来源于市场需求和应用需求，同时，创新活动的产出，包括知识产出和科技产品，又最终回归到市场中。创新链的循环性特征取决于其应用导向。

（5）创新链具有环境性和开放性。创新链不是一种抽象形式，而是具体和有形的区域创新活动轨迹，其形成和运转需要依托于区域环境中的知识存量、人力、资本等多种创新要素和资源的支持，其绩效受到创新要素配置情况的制约。由于创新链的环境性和开放性，区域内部各创新主体基于相互交流与相互影响关系，促进了区域创新网络的产生。而区域创新系统中，除企业外，政府、科研机构以及中介组织等也会占据创新链的不同位置同企业发生作用。综合来看，区域创新网络中，企业的创新决策是在追求利益最大化过程中同其他各个主体进行相互博弈的结果。

（6）企业创新管理实质是基于创新链的资源整合与组织选择的过程。企业创新管理是企业管理的重要方面，创新链是企业创新管理的客体和对象，企业对自身创新链的定位实质上反映了企业的创新管理策略。企业可以选择沿着创新链在纵向或者横向两个方面进行战略扩张或者收缩可以选择集聚于创新链单一环节的专业化的创新战略，可以选择沿着创新链进行纵向延伸的一体化创新战略，也可以选择横跨多条创新链的多元化性创新战略。创新链是整个企业进行创新战略决策的基础。有实力的大企业一般可以占据创新链条上下游的多个重要环节甚至覆盖全创新链并扩大创新链宽度，体现出系统性创新能力的竞争优势；而中小企业多选择定位于创新链条的部分甚至一个特定环节，集聚资源，发挥自身的专业化优势和比较优势。

创新链的基本特征为研究企业技术创新决策管理提供了基础空间。宏观上看，一个产业的科技创新不仅包含多个创新模块，而且每一个创新模块都可以单独构成一条完整的、动态的、循环的创新链。处于产业链内不同位置的企业，即面临创新模块的战略选择，同时，在创新链的各个结点上，也面临着创新来源和创新边界的决策。作为创新主体的企业，其盈利性目标和企业价值目标决定了其具有主动选择最高报酬率的创新路线的倾向。不同规模、处于产业不同位置的企业，根据其能力禀赋、战略目标以及外部环境条件，选择最有利于其价值增值的创新战略。创新链中，R&D和成果转化是创新链条的核心环节。下面将进一步重点分析企业在这两个创新链结点中创新决策的主要特点。

4.1.2 R&D活动中的企业创新决策

R&D活动是科学技术领域中具有基础和应用基础性质的活动。这些活动可以带来知识总量的增加或者基础性新应用的增加，一般包括基础研究、应用研究、试验发展三类活动。如图4-11所示，R&D活动是知识生产与供给的过程，其活动来源包括国家战略要求、企业技术创新需求或者高校等研究机构的知识探索，其产出一般为科学发明和知识创造，如专利、论文等。企业的盈利动机和目标性是其R&D决策的根本出发点，知识产品创新的公共产品属性、外部性和高风险性是重要影响因素，同时，企业也需要充分考虑区域创新网络内的其他主体和创新资源的重要作用。

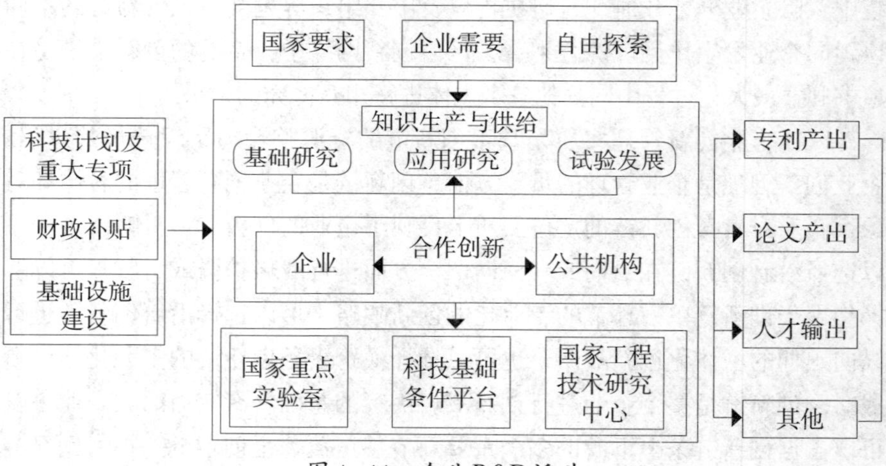

图4-11 企业R&D活动

企业的R&D活动决策主要涉及创新模式的选择问题。根据国内外关于企业创新的研究成果，并结合本书研究目的和中国企业的R&D活动实际，本书将企业R&D模式分为内部R&D和外部R&D两种。企业的技术创新R&D决策主要体现在基于创新模式定位的内部R&D投入与外部R&D投入的决策。

（1）内部R&D投入决策与创新模式选择。企业内部R&D的主要模式有自主创新和模仿创新。自主创新是企业依靠自身的研发机构，通过资源的投入和自身的探索，产生技术突破，为后续创新应用和创新产出的商品化提供基础的活动过程。自主创新的最大特点是知识和技术突破的内生性，这种内生性的特点能帮助企业形成很强的技术壁垒，从而在产品和市场竞争方面形成竞争优势和核心能力。除此之外，在充分的产权保护体系下，内部R&D形成的内生性技术突破可以使企业独享技术创新的报酬，技术创新的外溢性较低，技术创新的私人报酬率水平较高，不存在或者很少存在技术创新的利益分配问题。但是，自主创新对企业的创新资源、创新基础设施以及其他方面的要求较高，具有高投入和高风险性。自主创新根据创新自主性程度的高低，可以进一步区分为原始创新、消化吸收再创新和集成创新。

原始创新活动是最具有原创性和内生性的自主创新活动。一般来说，原始创新主要存在于知识创新范围，如基础科学和基础技术研究领域，是基础知识创造和积累的过程。消化吸收再创新是对已有知识和技术的具有改进性质的创新行为。消化吸收再创新一般包括两个阶段：一是对原始创新核心技术的消化吸收，二是在消化吸收基础上进行进一步的改进和完善，技术的跟随性特征较明显。消化吸收再创新避免了原始创新活动中的大量风险投入，企业能够集中主要创新资源进行技术的改进和再开发环节，从而降低了原始创新的高风险性，降低技术创新的边际成本。

集成创新可以区分为狭义的集成创新和广义的集成创新。狭义的集成创新是对现有各种相关技术的有效集成，从而形成有市场竞争力的新技术和新产业。广义的集成创新不仅指创新方式的集成，还包括创新思想方法的系统集成、创新过程的集成管理，是一种系统的、从上到下的创新模式。广义的集成创新依据系统的思想方法，将现有的各种技术、创新资源以及创新要素、创新内容进行综合考虑和优化集成，以最合理的结构方式将各种创新资源和创新要素结合起来，形成技术创新的有机整体，其本质是创新资源、创新要素和创新内容的有效融合。集成是将现有相关创新资源和创新要素进行选择搭配的过程，使相互之间形成最合理的融合形式，从而通过融合形成创造性。集成创新比较注重创新的效果和持续性，是技术融合的进一步延伸。国家创新系统、区域创新体系以及中国目前积极推行的产学研结合创新模式，都是广义集成创新的有效实践。

模仿创新模式是对创新领导者的创新行为的学习和模仿，通过学习和模仿吸取创新领导者的经验教训，或者通过引进、购买创新领导者的技术创新成果，在此基础上进行进一步的开发创新。模仿创新并不是一味地照抄照搬创新领导者的创新成果和创新行为，而是通过投入自身的研发力量，在创新领导者的技术创新基础上的渐进性的创新行为。有效的模仿创新有助于企业通过对既有技术的模仿获得技术创新的后发优势，并有效回避基础创新带来的高风险和高投入。与自主创新相比，模仿创新是一种低风险的创新策略。与自主创新不同的是，在存在产权保护的情况下，模仿创新会受到技术壁垒的影响，使得进行模仿创新的企业处于比较被动的创新地位，而且，在技术引进环节，也可能会受到创新领导者的技术保护策略的影响。模仿创新对创新基础条件水平较低、创新资源有限的中小企业来说，不失为一种有效的技术创新模式。

企业进行内部R&D时，在自主创新和模仿创新的方向选择时需要考虑企业研发能力、创新资源条件和创新吸收能力等企业自身要素条件。企业进行原始创新，在产权保护充分的情况下，可以帮助企业形成技术壁垒，从而保护企业独享创新活动的收益，并有效形成自身的创新能力和核心竞争力。进行原始创新的企业，能有效地抑制创新成果的外溢，从而独享技术创新带来的收益，其主要的决策出发点在于企业自身的需求以及私人报酬率，不需要或者很少考虑与其他创新主体的利益分配和共享。虽然由于技术外溢受到产权保护的影响而得以降低，原始创新的私人报酬率要高于社会报酬率水平，但是，原始创新需要较大的人力、物力和财力的投入，且创新周期长，创新的不确定性和风险性大，比较适合有一定R&D硬件基础、财力雄厚的大型企业。消化吸收再创新属于对现有创新进行改进的创新行为，企业一方面需要消化吸收或者破译原始创新的核心技术，另一方面需要对原始创新技术做进一步的完善和开发。消化吸收再创新的风险性较小，但是这种创新模式容易受外部创新主体和创新资源的影响。

（2）外部R&D投入决策与创新模式选择。外部R&D主要是指部分或者全部依靠外部研发机构来完成本企业的R&D活动，其主要形式包括合作研发和委托开发两类。合作研发是一种联合创新方式，是企业之间、企业与其他创新主体之间的合作创新行为。合作创新行为的合作者一般是基于共同的创新目的和利益，合作伙伴之间具有共同的合作目标、确定的合作规则和利益分配机制，以资源共享和优势互补为基础，在技术创新的全过程或者某些阶段共同投入、共担风险、共享利益。合作研发的主要优势在于可以实现资源共享和优势互补，从而提升整体的创新资源利用率。合作研发一般集中于新兴产业和高技术产业，合作各方充分利用自身的创新基础条件，分工合作，可以有效缩短创新时间和创新周期，降低合作研发各方的创新成本，并分散创新风险。当前创新竞争愈加激烈，企业面临的创新环境也日趋复杂，面对的技术问题也越来越多，使得单个企业完全依靠自身创新资源和能力取得创新成果越来越难。因此，企业之间以分工合作的方式进行技术创新，可以实现外部资源的内部化。充分利用其他合作者的创新资源和创新优势，有效地降低创新合作者的创新成本，已经成为新形势下企业技术创新的重要模式。从整个社会层面来看，合作研发可以有效地整合社会创新资源，提高创新资源的利用水平；从企业层面来看，合作研发可以实现外部创新资源的内部化，从而弥补企业创新资源方面的不足，降低创新风险。合作研发可以帮助中小企业参与到行业创新中去，对于大多数缺乏技术创新所必需的条件和能力的中小企业而言是一种重要选择。

合作伙伴的利益和资源的共享与互补是合作研发形成的基础，合作伙伴之间通常规定有明确的合作目标、合作规则，在R&D活动的全过程或某些环节共同投入，共同参与，共享成果，共担风险。由合作研发的特点可以看出，企业在确定合作研发项目、选择研发对象、确定研发投入方式和利益分配机制等环节，都需要考虑区域创新网络内其他主体的反应以及其他主体所拥有的创新资源对其R&D活动的影响。企业理性的合作研发决策是各种因素共同作用的结果。委托开发是指企业将R&D活动以委托的方式交由外部研发机构如高校、科研院所等进行研发，研发成果的所有权、使用权与处置权归企业所有的R&D活动模式。这种模式下，企业可以部分或全部地将研发的风险转嫁到其他研发机构，又可以享有研发成果的所有权，具有技术购买的性质。

内部与外部两类R&D基本活动都具有一定的外部性和公共产品属性，尤其是在基础研究和应用研究方面，而这两类研究又是试验发展以及企业科技成果产业化的基础。R&D活动的这种特性决定了其具有高投入和高风险的特点，也决定了企业在进行R&D决策时，更需要从风险和收益两个方面进行综合性权衡。如果企业预期良好，进行R&D活动的财力、物力、人力充足，且企业R&D活动受区域创新网络其他主体本身以及其他主体所拥有的创新资源的影响较小，企业可以选择自主R&D活动。如果R&D的风险过高，企业难以独自承担研发失败的风险，或者区域内其他创新主体拥有企业进行R&D活动所需要的创新资源，则企业更可能倾向于选择与外部研发机构合作或者委托的方式来分散研发风险，甚至从政府获得创新资源的支持。

4.1.3 科技成果转化中的企业创新决策

企业R&D活动所创造的基础研究成果要运用到试验和生产阶段，还需要解决如何进行科技成果转化的问题。科技成果转化活动正是在实际运用中将基础研究成果投入生产的系统性过程。企业科技成果转化活动包括对初步成果的小试、中试、产业化小批量生产以及商业化等几个阶段，科技成果转化活动的创新程度较R&D活动低。广义的科技成果转化包含前后连接的三个环节：第一是科技成果的立项和初步研发阶段；第二是初步研发成果中间试验和工业化试验阶段，这个阶段主要是科技成果向科技产品的转移；第三是科技成果的大规模产业化和应用阶段（李孔岳[①]，2006）。

本书所述的科技成果转化，主要依据1996年颁布实施的《中华人民共和国促进科技成果转化法》中的定义：为提高生产水平，而对科学研究与技术开发所产生的具有实用价值的科技成果进行的后续试验、开发、应用、推广，直至形成新产品、新工艺、新材料、新产业等一系列活动。科技成果转化也就是将科技成果应用于生产领域、转化为现实生产力并产生出倍增放大经济效益的过程，涉及科技和经济两大领域。科技成果转化活动内含两大转移：一是科技成果形态的转移，二是科技成果由实验室阶段到市场化的空间转移。

从科技创新主体参与科技成果市场交易来看，虽然科技成果转化相对于R&D活动其结果的不确定性和风险性较小，但是科技成果转化仍然具有一定的难度和不可控性，而且科技成果转化各个环节所需要的科技投入也很大。所以在面对激烈的市场竞争时，企业往往需要综合考虑内部以及外部环境因素，既要对当前相关企业的科技成果转化活动进行分析，又要关注其他创新主体的科技成果转化进展。由此，很多企业会选择“两条腿”走路，即一边进行科技成果的自主开发，一边积极参与到科技成果的交易活动中，通过技术市场交易购买科技成果，包括从公共研发机构购买以及技术引进。这种科技成果转化决策对提高科技成果产品化和市场化的速度有极大优势。另一方面，企业参与科技成果市场交易，也面临着初级成果交易和最终成果交易的决策，如何平衡自我科技创新与购买科技创新成果

---

① 李孔岳. 科技成果转化的模式比较及其启示［J］. 科技管理研究, 2006 (1) : 88-91.

的关系，如何合理地安排科技投入资金的使用等，对企业内部科技投入来说都是重要的决策内容。

企业在科技成果产业化和市场化的过程中，不仅涉及购买科技成果的问题，还需要面对自用技术或者转让技术的选择。企业不仅可以作为科技成果转化的主体，也可以作为科技成果拥有者进行技术交易。企业对自用技术进行科技成果的产业化和市场化，有利于企业迅速形成创新能力，同时，科技成果转化如果有产权保护措施，可以形成企业独特的竞争优势。但是，自用技术具有一定的风险性和不确定性，企业无法准确预知将技术进行产业化和市场化后的前景，风险较高。企业若将科技成果进行技术转让，一方面可以迅速获得科技成果研发的报酬，降低科技成果进一步产业化和市场化的不确定性，有利于企业规避市场化失败的风险；另一方面，从政府区域创新管理来看，企业技术转让可以增进区域内技术交流和技术扩散，有利于降低技术壁垒。但是，技术转让可能不利于企业形成的专有性的技术优势。

4.2　政府科技投入影响企业技术创新原理

4.2.1　政府科技投入与企业技术创新基本关系

（1）科技创新资源配置中的政府机制。区域创新网络是区域内各技术创新单元的网络化构成，这些创新单元包括企业、高校及研究机构、政府、中介组织、金融机构等技术创新群体。政府科技投入不仅是政府参与创新链运转、支撑和保障创新网络的主要手段，也是企业技术创新领域内政府发挥调控作用的主要方式，是创新资源配置中的政府机制。

对创新领域政府科技投入目标的界定是理解科技资源政府配置机制以及企业技术创新与政府科技投入基本关系的基础。世界很多国家都将政府科技投入的目标与国家科技发展战略相结合。张晓玲①（2006）认为中国政府科技投入目标可以概括为六大方面：在市场机制存在缺陷的基础研究和公益科技研究领域，发挥政府机制作用，解决科技投入问题；培养具有高水平和高素质的创新人才；利用科技创新，增强中国国家安全，提升中国的国防防卫能力；增加中国战略性技术资源的储备和加快形成中国核心技术的自主知识产权；推动科技创新水平提高和科技成果转化；促进产业

① 张晓玲.论政府科技投入的形式、性质、目标和功能［J］.长江论坛，2006（6）：56-60.

结构的优化，加快企业技术升级。徐晓雯[①]（2011）认为政府科技投入目标的确立应把科技放在多维空间进行思考，既要体现政府支持科技的目的，以科技创新促进经济增长，以经济增长带动科技发展，又要通过科技投入促进科技的发展，使科技成为推动经济、社会、生态可持续协调发展的加速器。由此，徐晓雯将科技投入的目标划分为直接目标和最终目标。其中，直接目标是指具体的科技方面的目标，包括提高科技自主创新能力、促进科技成果财富化、增强公益科技产品供给和提升科技服务水平四大目标。最终目标是指政府通过支持科技发展促进科技进步，进而实现中国科技发展的最终目的。

区域创新网络下，政府科技投入的目标要在区域内紧紧围绕着区域经济社会发展和产业企业的创新需求和特点进行，企业的创新需求和产业发展的需求是政府科技投入的重要出发点。由此，基于创新网络视角，政府科技投入的目标可以进一步划分为三个层次：微观目标、宏观目标和最终目标。其中，微观目标即引导区域内企业技术创新方向、提高区域内企业技术创新能力、促进企业科技成果转化、提高企业科技服务能力等；宏观目标包括促进区域内产业技术外溢与扩散、提高整个区域的技术创新能力，从而达到促进区域科技进步的目的。政府科技投入的微观目标和宏观目标虽然层次不同，但都以提升企业自主创新能力为基础，服务于促进区域经济增长的最终目标。

企业技术创新是区域创新网络内的主要创新活动，也是区域创新水平提升和经济发展的主要动力。政府通过不同的科技投入手段，支持、引导区域内企业的技术创新活动，从而构成了创新领域资源配置的政府机制。同时，企业是市场的主体，其自身的经济目标意味着企业在创新资源配置领域具有能动性，技术创新中的企业本身代表着一种资源的市场配置方式，企业技术创新与政府科技投入的关系集中地体现出科技资源配置领域市场机制和政府机制的相互关系。

（2）科技资源配置中市场机制与政府机制的关系。现代经济中政府与市场作为两种基本的制度安排，二者的性质不同，表现在以下三个方面：从交易对象看，政府机制的作用多存在于配置公共产品领域，而市场机制则更多地在私人产品领域发挥作用；从交易方式看，政府机制实现资源配置的方式带有强制性，而市场机制则是通过平等当事人之间进行的自愿交

① 徐晓雯. 中国政府科技投入：经验研究与实证研究［M］. 上海：上海三联书店，2011：98.

易来实现资源配置；从交易目标看，政府机制基于社会报酬率最大化的社会目标，而市场机制则基于私人报酬最大化的目标进行“自主选择”。因此，就科技投入而言，政府机制与市场机制在目标、领域、对象方面也都有很大的不同。具体表现在以下三个方面：一是根据政府科技投入目标，政府科技投入属于公共支出的范畴，是政府履行社会公共职能、弥补科技领域市场机制失灵的一种重要方式，基于社会公共利益的社会目标；市场性科技投入更多的是基于私人利益，如企业投入产出效益、金融机构贷款收益等，对社会效益的关注较少。二是从科技投入范围来看，政府科技投入主要界定在市场失灵的范围内，即具有公益性、战略性的研究和基础研究领域，该类项目的产出具有明显的纯公共物品属性；市场科技投入主要在产品市场和竞争性较强的技术开发与应用项目上，集中在私人产品性质的科技领域。三是从科技投入对象来看，政府科技投入的目的是弥补市场机制的失灵，因此政府科技投入主要集中在市场机制无法有效配置资源的大学、科研机构及中小企业等；市场科技投入则主要集中在企业自有的研究机构或者企业委托的公共研究或者科技服务机构。

在经济资源方面，市场机制无疑是最有效的配置机制。同样，在科技创新领域，市场需求仍然是技术创新的原始动力，适应于市场需求的创新产出才会有生命力。创新活动的公共产品属性和外部性特征导致市场的资源配置功能在创新领域失灵，进而导致创新资源在区域内流通不畅，创新资源的配置效率和利用效率低下。政府机制则可以为创新资源流动提供桥梁和纽带，协助克服市场的失灵现象（Cooke等，2003）。政府是区域创新网络的重要主体，也是区域创新的重要参与主体，政府作用力与市场作用力的协调可以把市场的力量和政府的作用较好地结合，有效地发挥政府在提供创新资源、培育创新主体、克服知识流动障碍等方面的职能。政府机制和市场机制的互补性能够促进资源配置效率的提高。

政府作为区域创新体系中的重要主体，在对区域创新资源的分配上，是以市场机制为基础，自身发挥辅助和支持作用，保持和维护好政府机制与市场机制的协同关系。政府与市场既要保持协调，又要保证两种作用力在各自的作用边界内运用和发挥，防止两种作用机制的冲突和对立。政府机制与市场机制的统一性体现为二者具有多种协同关系。一是政府作用与市场作用的共生关系。在市场经济体制下，市场机制在资源配置中应当发挥基础性和主要的作用。政府看得见的手的作用大部分是调控性的、互补性的。政府机制与市场机制都是社会必需的，政府机制和市场机制不是矛盾对立的，不存在二者选其一的问题，只存在两种机制何时发挥作用以及孰为主、孰为辅的问题。二是政府作用与市场作用的替代关系。政府与市场的替代主要表现在两个方面：政府能够通过行政手段和经济政策的力量，调节市场的作用力，改善区域技术创新的市场环境，如建立区域市场规则等；市场也可以通过自身的力量来改变政府职能，如将市场机制引入政府控制的公共产品领域，可以有效地提高资源的配置效率，改变低效运行状态，促使政府作用效率的提升。三是政府与市场的互补关系。在实现区域交易活动的不同功能时，政府与市场存在互补关系。政府机制和市场机制作为配置资源的两种基本制度安排，单独依赖一种机制是不完善的，政府作用和市场作用都不是万能的，“看得见的手”和“看不见的手”需要协调安排，既要保证市场机制的基础配置功能和在私人产品领域的主导作用，又要兼顾公共产品领域市场机制的失灵，以政府机制弥补市场机制的缺陷。在区域创新体系下，政府机制和以企业为基础运转的市场机制存在着较为宽泛的边界，同时又相互密切协同。发达国家的实践经验证明，政府机制和市场机制虽然存在区别，但不能将二者对立起来。良性区域创新系统运转的基本保证是科技创新领域市场调节的基础作用、企业与政府双方的有效互动。

因而，企业技术创新中，市场机制和政府机制可以协同存在，但是二者的定位和作用不同。市场机制仍然是最具基础性质和主导性质的创新资源配置方式。政府通过科技投入干预区域技术创新活动，并不是对市场机制的简单替代和否定，而是坚持发挥市场机制的基础性作用。从政府机制与市场机制的分析来看，政府科技投入影响的基本原理就是弥补市场失灵领域并激活和保障市场有效领域，其核心是基于发挥企业创新能动性而又兼顾区域产业系统整体性创新绩效的提升。同时，政府科技投入的方式、对象不同，政府机制发挥的作用也就不同，政府机制和市场机制的协同关系也会有所不同。如果政府选择间接科技投入，能降低企业技术创新活动的边际成本，间接科技投入可以给企业主动选择科技研发项目和如何进行研发活动的权利，具有市场作用的效力，也有利于突出企业研发的主体地位。

4.2.2 创新链上的政府科技投入影响原理

创新链是一系列创新活动的集合，也描述了创新资源配置和利用的各个环节。由于创新链在资源配置领域存在市场缺陷，如市场失灵、上游知识产出的公共产品性质以及创新链各个节点知识产出的外部性特征等，创新链的特定环节包含着风险因素以及资源配置效率低下的可能性。对此，创新链上的政府科技投入将会在以下方面发挥作用，并进而影响企业技术创新：

（1）弥补创新链上资源的市场配置失灵。创新资源配置中的市场机制是基础性机制，是在基本经济规律主导下市场规律体系的作用形式。市场上各种创新信息在不断地流动，每一个主体都可以根据自己获得的信息进行自己的判断，采取不同的策略，作出有利决策，使得创新策略呈现多元化特征，市场机制配置创新资源的优点是市场反应灵敏。但是，市场自身也存在一定的缺陷，如自发性、盲目性、滞后性等，会造成市场机制运行的失灵，即“市场失灵”。具体表现在无法提供公共产品、存在外部性、产生垄断性、信息不对称、收入分配不公、市场波动与经济不稳定性等方面。在创新链上，由于市场失灵现象的存在，完全靠市场机制进行科技资源的配置必然会导致低效率。阿罗①（Arrow, 1962）指出，由于市场机制在技术创新方面的失灵，才有了政府在这一领域进行干预活动的理论依据。由于企业技术创新需要高额的成本投入，在不能得到充分补偿的情况下，私人往往会选择接受创新链产出的溢出，而不进行自主创新，若所有人都选择这种自认为是最优的创新策略，就会导致创新链的断点，造成企业创新链的市场失灵。因此，在市场机制引起创新资源配置的功能扭曲时，为协调个人利益和社会利益，政府需要通过财政手段给予创新以必要的扶持，以弥补市场机制的缺陷。

（2）合理提供创新链上游的公共知识产品。从创新链的不同阶段和不同活动的产出特征来看，可以将创新链的产出分为知识产品、技术产品和经济产品。知识产品和技术产品具有一定程度的公共产品的性质，表现为两点。一是有使用上的非竞争性。知识产品和技术产品可以重复使用，任一消费者对知识产品的使用不会妨碍另一个消费者对该知识产品的使用，即消费边际成本为零。二是具有消费上的非排他性。虽然知识产权保护制度在一定程度上解决了知识产品和技术产品的外溢性和排他性，以及知识产品的“搭便车行为”，但是现实中知识产权制度并非可以完全覆盖所有的知识产品和技术产品。知识产品的高度外部性使排他成本很高，知识产品的外部性特征使其具有消费上的非排他性，创新者可能无法直接得到创新回报。因此，创新链的产品既包含了公共产品性质，又包含了准公共产品和私人产品性质。创新链的产品创造是一个极其复杂的投入产出过程。

① Arrow K J. The Economic Implications of Learning by Doing [J]. The Review of Economic Studies, 1962, 29(3): 155-173.

一般来说，创新链的产品越是接近商业化阶段就越具有私人产品性质，越是基础性的、运用基本原理的就越具有公共产品的性质，而介于二者之间的创新链的产品，既具有公共产品性质又兼有私人产品性质，是典型的准公共产品。创新链产生的非公共产品可以使用知识产权和专利保护制度保护，而创新链上游产出的公共产品使得企业难以独享创新的全部收益，降低企业进行创新活动的积极性。而政府科技投入成为弥补这一缺陷的有力机制。政府科技投入对创新企业进行直接或间接的资助和支持，可以降低企业创新成本，间接提高创新企业的私人收益水平，激发企业技术创新的动机。同时，政府在创新链上游进行科技投入，支持基础性研究和基础应用性研究，也有助于促进基础知识产品的创造、积累，为企业在创新链上的其他活动提供必要的知识储备。

（3）优化创新链上技术和知识产出的外溢效应。创新链上的成果如果得以产业化应用和推广，往往能够带来极大的社会效益和经济效益，并通过其外溢性特征使区域内其他社会成员、创新主体等所共享，带来可观的社会报酬。企业创新链的外部性主要体现为创新产出具有“溢出效应”，非创新者往往会对扩散的创新成果信息进行模仿和学习，从而从创新成果的扩散中获得收益而不需要支付相应的报酬。对于非创新者来说，通过科技成果的扩散，进而模仿创新者生产的产品，不仅节省了市场开发成本，而且避免了科技投入失败的风险。创新链的外部性对现实所产生的社会经济效应主要体现在两个方面。一方面是正效应。投资者在为自己的利益进行技术创新时，将会给社会创造更高的边际收益。区域内部创新的追随者通过获取创新者创新成果的溢出效应，可以极大地降低自身的创新成本和创新风险，提高自身的创新能力水平，而创新能力的提升又可以进一步通过溢出促进科技成果的扩散和整个社会创新收益的增加。另一方面是负效应。由于创新链上各创新活动的外部性特征和溢出效应的存在，创新活动的原始投资者难以获得创新活动的全部创新收益，加之创新活动的投资者需要承担较高的创新成本和风险，投资者进行原始创新活动的动机会降低，更多地会依靠其他创新者成果的溢出效应，这种等待创新的创新策略严重降低了创新者原始创新的积极性，降低了整个社会的创新效益。创新链外部性的正效应和负效应决定了政府需要进行有效的干预，通过科技投入控制创新溢出的负效应，刺激创新活动原始投资者的创新积极性和主动性，使创新供给达到社会最优水平。

（4）管控创新链的风险因素。企业创新链上的创新往往是一项没有先例也无经验可循的探索性开创活动，它涉及探索、发现、试验、开发、模仿及采用新产品、新工艺和新的组织结构，以及新技术的商业化等，这个活动的各个环节都包含了一定的不确定性，主要包含三个方面。一是创新的复杂性。随着科技的进步，创新活动也越来越复杂，需要的科技投入越来越多，技术水平要求也越来越高。二是市场的不确定性。科技产品的更新速度越来越快，加之替代品的不断涌现，使得市场需求具有极大的不确定性。三是收益存在不确定性。由于科技创新溢出效应的存在，科技创新活动的全部报酬并不能为创新者所全部占有，创新收益的分配比例也不确定。科技创新的不确定性直接导致了科技创新的高风险性，科技创新的高风险性往往导致企业对科技创新的投入不会达到最优水平，这就需要政府采取各种形式加以干预，直接或间接地分散、分担科技创新的风险，提升技术创新动力。

综上来看，政府通过直接与间接投入，积极参与、推动、整合、协调企业技术创新，能够弥补创新链的缺陷与不足。其具体作用主要表现在以下五个方面：一是基于区域创新以及区域经济发展的需求，有计划、有目标地开展重大创新项目和创新技术的研发活动，通过政府科技投入引导区域内的创新资源向创新项目集聚，充分利用各种创新资源进行创新活动，促进区域内各创新主体的创新合作、共同研发。二是利用政府科技投入改善区域创新环境。如政府直接投资于公路网、铁路网、电话网等基础设施的建设，可以显著改善区域创新活动与区域经济发展活动的环境。三是建立并维护区域内技术创新产品的公共市场，充分利用市场机制引导企业有序开展竞争与合作，为区域创新创造良好的市场环境。四是投入于区域内高校和科研机构的人才培养，为企业技术创新提供最基本的人才储备。五是根据产业发展和产业结构调整的需要，通过引导资金等不同政府科技投入措施推动创新资源向新兴产业、萌芽产业和高新技术产业汇聚。

从以上分析来看，政府科技投入的领域主要界定在创新链上资源配置的市场失灵范围，如公共产品领域和准公共产品领域。在创新链的前端，即知识创造阶段，主要是基础研究，具有完全公共产品属性，私人不愿意对其进行投入，政府科技投入是该阶段科技投入的主要来源。在应用研究阶段，由于产业共性技术的存在，该研究能够为多项产品和相关技术的发展提供支持，具有高度的外溢性，属于准公共产品。试验发展和产业化阶段是技术转移和技术应用、产生价值增值和创造财富的阶段，具有私人产品性质，可以进入市场由企业或者其他机构进行投资，政府进行合理引导。由此，对创新链中政府投入的作用原理建立了基本认识。

4.2.3 企业创新网络中政府科技投入的影响原理

区域创新网络是在一定的区域范围内，由政府、企业、大学等主体因创新而发生交互作用，彼此间建立起来的各种稳定的正式或非正式关系的总和①，是以区域内企业为主要力量，企业技术创新为基础，在政府、高校、科研机构的积极有效参与、共同运作下建立起来的地域经济社会发展联合体。

企业、政府、高校、科研院所、科技类中介组织等创新主体，以创新为目标，以合作和交流为形式，形成了连接各创新结点的关系链条。创新主体和创新主体之间的关系形式构成了创新网络的两大基本要素。各类创新主体，如企业、政府以及科研院所等，它们之间通过长期且频繁的交流合作为创新网络内人才、技术等创新资源提供了基本流通路径。创新网络内人才、技术、资金等创新资源在网络内的流动可以提升各创新结点的资源共享和优势互补水平。实现创新合作，分散单个创新主体所承担的创新风险，提高区域网络内创新资源的利用率。区域创新网络为政府科技投入促进区域创新水平的提高提供了重要的载体，并成为政府引导创新资源在创新网络内流动的重要平台。分析区域创新网络的关系与结构特征，是研究政府科技投入影响作用的重要手段。政府在区域创新网络中的位置如图4-12所示。

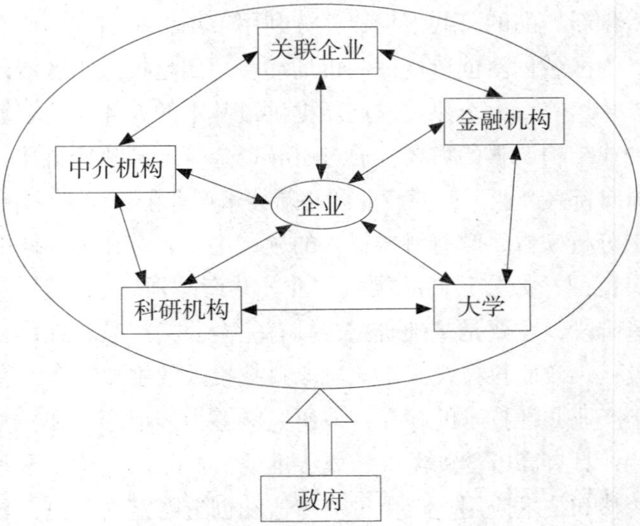

图4-12 企业技术创新的外部政府因素

① 汪良兵.区域创新网络结构与协同演化研究［D］.合肥：中国科学技术大学，2014.

Granovetter[①]（1985）认为，网络结构的特征一般可以从关系和结构两个维度来分析。关系维度特征是指处于网络中的各种关系双方之间相互信任和相互合作的程度，关系维度主要关注网络中关系双方的关系强度和关系内容。结构维度特征是指网络的各个行为主体所形成的总体结构，是网络内部结点的数量、结点的定位以及结点之间关系的演变等。企业之间，企业与高校、科研院所等研究机构之间，以及企业与政府之间、政府与研究机构之间关系连接的具体方式和关系的具体内容构成了区域创新网络的关系网络。区域创新网络可以从关系和结构维度的分析框架上进行特征分析，可以用网络关系结点间的关系内容和关系强度来表达关系维度，以主体数量和关系密集度表达结构维度（陈学光[②]，2007；于明洁[③]，2013）。

（1）区域创新网络关系和结构特征对政府科技投入影响作用效果具有制约性。从区域创新网络关系维度看，拥有不同创新资源和创新禀赋的创新主体之间的关系连接构成了区域内各种创新资源流通和传递的重要渠道。然而，由于创新主体之间关系连接的方式和内容、目的不同，以及主体之间网络关系的频率和关系的紧密程度不同，区域创新网络内的关系复杂多样。频繁的互动和稳定的合作关系对创新活动具有积极的影响。胡枭峰[④]（2011）认为，创新主体间的关系连接既是知识、信息扩散的渠道，也是技术成果外溢、实现创新价值增值和创新社会报酬率的途径。网络内部关系链条的数量和强度是促进区域创新价值实现和创新主体功能发挥的关键，也成为政府科技投入对企业技术创新发挥作用的关键。网络内部关系链条数量和强度的增加有利于政府科技投入资源在网络内的充分流动，提高企业对政府科技投入资源的利用效率，有利于政府科技投入效果的实现和发挥。从结构维度来看，网络规模是网络结构特征的主要表现。企业是区域创新网络的关键创新主体，企业承担着区域内的R&D项目，成为技术产业化和技术创新成果市场化的主体，企业数量是区域创新网络规模的指标之一。同时，区域创新网络内的其他创新主体，包括高校、科研院所等，也

---

① Granovetter M. Economic Action and Social Structure: The Problem of Embeddedness［J］. American Journal of Sociology, 1985, 91(3)：481-510.

② 陈学光. 网络能力、创新网络及创新绩效关系研究——以浙江高新技术企业为例［D］. 杭州：浙江大学，2007.

③ 于明洁，郭鹏，张果. 区域创新网络结构对区域创新效率的影响研究［J］. 科学学与科学技术管理，2013（8）：56-63.

④ 胡枭峰. 区域创新网络结构特征对区域知识流动的影响研究［D］. 杭州：杭州电子科技大学，2011.

很大程度地参与到R&D和创新链的其他环节中，为创新活动提供资金、人才信息等创新资源。高校、科研院所等机构的数量和参与度也是测度区域创新网络规模的重要指标。多样化创新主体的参与也将带动更多的创新资源和创新要素融合到创新网络中，增加区域创新网络中的知识存量，促进网络内各类创新主体之间资源的互补（李烁[①]，2012）。同时网络规模越大，网络内主体之间建立关系连接的机会更多，也就为网络中的技术、知识、信息等创新资源的流动提供更多的路径，有利于激活网络内的资源利用功效。网络规模的扩大和结构的优化有利于政府科技投入促进网络内主体之间建立更加丰富和密切的交互关系，有助于政府科技投入资源更多地渗入创新网络的各个节点。

（2）政府科技投入可以改变区域创新网络关系与结构的特征。区域创新网络中，企业与其他创新主体之间形成的每种关系链条都具有不同的关系内容、强度、模式和功能，如基于资源互补和共享的目标而建立的产业技术创新联盟即是一种关系链条模式，这种关系链条为互补资源的流动提供了前提条件。政府作为区域创新网络内的重要作用主体和公共资源占有者，能够利用其独特的地位形成、强化和优化区域创新网络内各创新主体间的复杂关系。企业与区域创新网络内的其他创新主体往往基于其自身条件和局部性利益建立关系链，企业、高校、科研院所等也可能基于自身利益而对自身拥有的创新资源设置壁垒，弱化甚至阻碍关系链的建立，不利于创新资源在区域内的配置。这种知识创新扩散的阻隔问题客观上需要借助也能够借助政府发挥“看得见的手”的作用从宏观整体性的角度改善和优化区域创新网络的结构。政府科技投入的本质就是通过改变创新主体之间各种关系内容、形式和关系结构来实现的。政府利用科技投入手段，既可以建立新的关系链条，也可以加强已有关系链条的强度，甚至可以打破关键的瓶颈关系链条。

4.2.4 企业创新决策中政府科技投入的影响原理

本节将进一步构建出考虑政府科技投入因素的企业技术创新决策（R&D）模型，描述企业技术创新决策中政府科技投入的影响原理。

（1）政府决策行为模型。政府基于特定的政策目标，将政府科技投入在不同时期、不同产业和不同规模的企业及不同性质的公共科研机构中进

---

① 李烁. 区域知识存量、知识扩散对科技创新能力的影响研究——以山西省为例［D］. 太原：太原理工大学，2012.

行分配。政府科技投入的决策是在企业创新决策和模式选择基础上进行的。

①政府决策矩阵。政府的两大主要投入方向为工业产业科技投入和公共科技投入。在一定时期和特定产业中，工业方向的科技投入区分为对大企业的投入（IB）和对中小企业的投入（IS），公共方向的科技投入区分为对公共研发机构的投入（PU）和对其他科技服务机构的投入（PI）。

政府对i时期、j产业、大企业（或中小企业）的工业科技投入表示为IB_{ij}（或IS_{ij}）。政府对i时期、j产业、公共研发机构（或公共科技服务机构）的公共科技投入表示为PU_{ij}（或PI_{ij}）。由此，构建的政府科技投入决策矩阵如表4-1所示。

表4-1　　　　政府科技投入决策矩阵

	产业1		产业2		……	产业N	
时期1	IB_{11}	IS_{11}	IB_{12}	IS_{12}	……	IB_{1n}	IS_{1n}
	PU_{11}	PI_{11}	PU_{12}	PI_{12}	……	PU_{1n}	PI_{1n}
时期2	IB_{21}	IS_{21}	IB_{22}	IS_{22}	……	IB_{2n}	IS_{2n}
	PU_{21}	PI_{21}	PU_{22}	PI_{22}	……	PU_{2n}	PI_{2n}
……	……	……	……	……	……	……	……
时期T	IB_{t1}	IS_{t1}	IB_{t2}	IS_{t2}	……	IB_{tn}	IS_{tn}
	PU_{t1}	PI_{t1}	PU_{t2}	PI_{t2}	……	PU_{tn}	PI_{tn}

此外，政府科技投入总量是确定的常量，是政府工业R&D投入+政府公共R&D投入，即约束条件的表达式为$\sum_{i=1}^{T}(IB_{ij}+IS_{ij})+\sum_{i=1}^{T}(PU_{ij}+PI_{ij})=C_j$。

②政府科技投入决策目标。政府科技投入的根本目标是促进区域科技经济发展。企业收入是区域经济增长的核心因子，知识存在社会价值形态，政府科技投入可直接通过推动企业技术创新产出的增加实现根本目标。因此，首先政府科技投入决策目标可以表示为在决策期间内，企业技术创新实现的价值最大化（O_1）。BR_{it}（或SR_{it}）表示大企业（或中小企业）i在时期t获得的创新收益，I_t表示t时期创新项目的加权风险指数，则O_1可表示为

$$O_1=\max\sum_{i=1}^{N}\sum_{t=1}^{T}\left(\frac{BR_{it}}{I_t}+\frac{SR_{it}}{I_t}\right)$$

从企业技术创新投入-创新产出的技术知识价值转化层面上考虑，BRD_{it}（或SRD_{it}）表示大企业（或中小企业）i在时期t获得的创新R&D总

投入，I_t表示t时期创新项目的加权风险指数。企业技术创新投入的政府科技投入决策目标O_2可表示为

$$O_2 = \max \sum_{i=1}^{N} \sum_{t=1}^{T} \left(\frac{BRD_{it}}{I_t} + \frac{SRD_{it}}{I_t} \right)$$

（2）大企业技术创新决策模型。从创新投入角度分析大企业技术创新决策要素，除政府科技投入的影响外，也需要考虑上下游其他行业及同行业其他企业的影响因素。大企业一般有较为成熟的内部R&D部门，其R&D投入以内部投入为主，同时其也存在外部R&D投入的部分，主要为提升内部研发部门创新能力及弥补部分能力的缺失。企业内部研发能力对外部R&D投入的影响不确定。大企业技术创新R&D投入决策因素关系以下列4个环节表示。

①总R&D投入量。某工业产业的大企业在某时期总的R&D投入（RDB_{it}）包含内部R&D投入（$RDIB_{it}$）和外部R&D投入（$RDOB_{it}$），其投入量为二者之和，可表示为

$$RDB_{it}=RDIB_{it}+RDOB_{it}$$

②外部R&D投入。某工业产业的大企业在某时期总的外部R&D投入（$RDOB_{it}$）包含企业对公共研发机构（$RDOUB_{it}$）的投入和对其他科技服务机构（$RDOIB_{it}$）的投入，其投入量为二者之和，可表示为

$$RDOB_{it}=RDOUB_{it}+RDOIB_{it}$$

③内部R&D投入。某工业产业的大企业在某时期总的内部R&D投入（$RDIB_{it}$）来源于两种重要来源，即企业自有R&D投入（$RDBO_{it}$）和政府对大企业工业R&D投入（$RDBG_{it}$），另以ζ表示R&D投入的其他来源，表示为

$$RDIB_{it}=RDBO_{it}+RDBG_{it}+\zeta$$

④自有R&D投入。某工业产业的大企业在某时期自有R&D投入（$RDBO_{it}$）受到上游产业大企业R&D投入（$RDBU_{it}$）、下游产业大企业R&D投入（$RDBD_{it}$）、同行业大企业R&D投入（$RDBP_{it}$）及政府科技投入的影响（GI_{it}）作用，另以ζ表示其他影响因素，α、β、γ等为对应变量影响强度，表示为

$$RDBO_{it}=\alpha RDBU_{it}+\beta RDBD_{it}+\gamma RDBP_{it}+\lambda GI_{it}+\zeta$$

（3）中小企业创新决策模型。中小企业内部机构较为精简，多数没有设置专门R&D部门，其R&D支出主要是为获取技术的外部R&D支出。中小企业技术创新R&D投入决策因素关系以下列4个环节表示。

①总R&D投入。某工业产业中小企业在某时期的R&D投入（RDS_{it}）

主要由外部R&D支出（$RDOS_{it}$）构成，其内部R&D支出（$RDSIS_{it}$）的比重较小。

$$RDS_{it}=RDOS_{it}+RDIS_{it}$$

②外部R&D投入去向。某工业产业中小企业在某时期的外部R&D投入（$RDOS_{it}$）主要包括企业对公共研发机构（$RDOUS_{it}$）的投入、对其他科技服务机构（$RDOIS_{it}$）的投入以及对大企业的投入（$RDOBS_{it}$），另以ζ表示对其他对象R&D投入，表示为

$$RDOS_{it}=RDOUS_{it}+RDOIS_{it}+RDOBS_{it}+\zeta$$

③外部R&D投入影响因素。某工业产业中小企业在某时期的外部R&D投入（$RDOS_{it}$）主要受到上游产业企业R&D投入（RDU_{it}）、下游产业企业R&D投入（RDD_{it}）、同行业企业R&D投入（RDP_{it}），以及政府对本行业R&D投入（GI_{it}）和对本行业公共科技机构的投入（GP_{it}）的影响作用。另以ζ表示中小企业外部R&D投入的其他影响因素，表示为

$$RDOS_{it}=\alpha RDU_{it}+\beta RDD_{it}+\gamma RDP_{it}+\lambda GI_{it}+\mu GP_{it}+\zeta$$

④内部R&D投入影响因素。某工业产业中小企业在某时期的内部R&D投入（$RDIS_{it}$）主要受到政府对本行业R&D投入（GI_{it}）、政府对本行业公共科技机构的投入（GP_{it}）以及大企业的R&D投入（RDB_{it}）的影响。另以τ表示中小企业内部R&D投入的其他影响因素，表示为

$$RDIS_{it}=\varpi GI_{it}+\vartheta GP_{it}+\theta RDB_{it}+\tau$$

4.3　政府科技投入影响企业R&D活动机制

政府科技投入的目标是促进整个区域的技术进步和经济增长，科技投入的过程和方式是区域创新网络内政府与企业的决策博弈过程。因此，分析政府科技投入的影响机制，需要基于企业技术创新决策特征，将创新链映射到区域创新网络的框架内。本节根据区域创新网络的层次结构来讨论企业在创新链R&D活动中的政府影响作用机制。区域创新网络根据创新主体的地位不同，可以分为核心层、社会层、环境层三个层次系统（图4-13）。政府作为区域创新网络中环境层的重要主体，对区域创新网络的形成及各种机制的运行有着重要的宏观调控作用，而科技投入是这种影响作用的关键手段。政府通过对核心层中各企业主体和辅助层中其他创新主体进行资源投入的影响来实现政府的核心目标。政府科技投入的对象可以是区域创新网络内各类创新主体，根据该对象所属网络层次的不同，将政府科技投入的作用机制划分为直接作用机制和间接作用机制：对区域

创新网络中核心层企业主体的投入作用机制为直接作用机制；对社会层中其他创新主体进行科技投入，进而通过技术外溢和扩散等影响企业的作用机制为间接影响机制。政府科技投入对企业技术创新存在直接作用机制和间接作用机制。

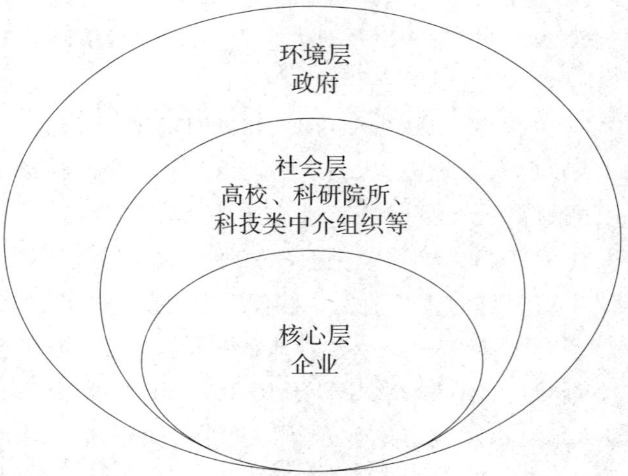

图4-13 区域创新网络的层次

能够直接获得政府科技投入的R&D项目，直接或间接地向市场传递了政府政策的支持方向和支持对象，也表明政府比较重视该项目科技成果的市场前景。因此，获得政府科技投入的企业，该R&D成果能够更容易地获取较好的市场业绩（唐清泉等[①]，2008）。相比之下，政府对特定R&D项目进行间接投入，对于创新企业来说，其拥有根据市场需求选择创新项目与创新活动的主动权，企业要充分考虑市场竞争因素以及R&D项目产出的市场前景因素，来确定是否选择获取政府的间接科技投入。除此之外，在社会公共品领域，创新技术具有相当高的外部性，其创新私人收益远远低于社会收益，创新资源的利用率低，企业或者产业创新的主动性和积极性严重不足。这种情况下，政府采取直接科技投入方式，可以达到直接刺激和诱导从事与公共品有关的产品生产的企业或者产业增加R&D投入的积极性的目的。因此，政府进行科技投入的不同方式的选择是基于不同的目标和不同的支持对象的。比如，间接科技投入更多地适用于政府利用市场机制刺激企业的创新行为，但如果政府科技投入的对象为公共品领域，

① 唐清泉，卢珊珊，李懿东. 企业成为创新主体与R&D补贴的政府角色定位［J］. 中国软科学，2008（6）：88-98.

则一般采取直接补贴的方式来激励企业进行国家所需要的公共品的R&D活动中来。

由此可见，政府科技投入的直接影响和间接影响对企业的战略目标和创新绩效会产生不同的作用。其中，直接作用机制根据产业链的不同作用范围，又可以区分为直接垂直作用机制和直接水平作用机制。

4.3.1 直接垂直作用机制

在区域创新网络的核心层中，根据核心层内企业之间关系内容的不同，可以进一步划分为垂直网络关系链条（如供应商、用户关系）和水平网络关系链条（如企业间竞争合作与互动）。政府通过对核心层内垂直网络关系中的某一创新主体进行科技投入，进而带动该创新主体的上游或下游企业进行创新，这种作用机制即为政府科技投入的直接垂直作用机制。

政府对企业的直接科技投入一般是财政科技投入的形式，包括财政直接拨款、税收优惠、政府采购、贷款担保等。政府通过对区域创新网络中产业内的上（下）游企业的R&D项目给予相关关联的研发补助或者税收优惠、贷款担保等，可以引导产业内的上（下）游企业增加R&D投入，分散R&D项目的公共产品属性所带来的不确定性和高风险性，降低企业R&D的成本，从而激励上（下）游企业进行R&D投入。产业内具有垂直网络关系创新主体的R&D活动，可以直接地刺激和带动整个产业链条的技术创新需求，激发垂直网络关系中其他创新主体的创新动力，吸引更多的企业参与到产业技术创新活动中。更多企业的参与可以促进区域创新网络整体规模的扩大，这将意味着更多的创新资金被吸纳到区域创新网络中，知识存量也会相应增大，促进了创新资源的互补（李烁，2012）。另一方面，政府通过科技投入的手段，如对创新产业的税收优惠等，并利用区域创新网络中上下游企业的正式合作关系以及上下游企业间的交流和学习等，促进技术信息、知识信息以及资本信息通过区域创新网络内的关系链条进行扩散，上下游企业既可以通过与企业的供应商和其他合作者之间的互动来获取产业内的R&D信息，又可以通过创新资源在区域创新网络内的扩散产生上下游企业创新成果的溢出效应。同时，政府科技投入基于创新网络的信任机制和社会资本机制，可以有效地降低上下游企业的交易成本，进一步促进上下游企业的合作以及创新开放性水平的提高，增强创新网络关系强度以及创新资源在区域创新网络中的流动活力（汪良兵，2014）[①]。

如图4-14所示，政府通过科技投入扶持部分产业的特定R&D项目，并激发和利用区域创新网络中上下游企业之间的互动学习机制、合作机制、社会资本机制等，推动R&D的创新成果在产业内的上下游企业之间进行扩散，提高整个产业的R&D水平投入水平和产出水平。R&D活动是产业创新和区域创新的基础。政府的这种科技投入作用机制不仅可以达到运用“看得见的手”引导企业R&D研发方向的作用，而且可以将R&D成果迅速地在产业内和产业间进行扩散，提高该产业的整体R&D水平，这就是政府科技投入的垂直作用机制。

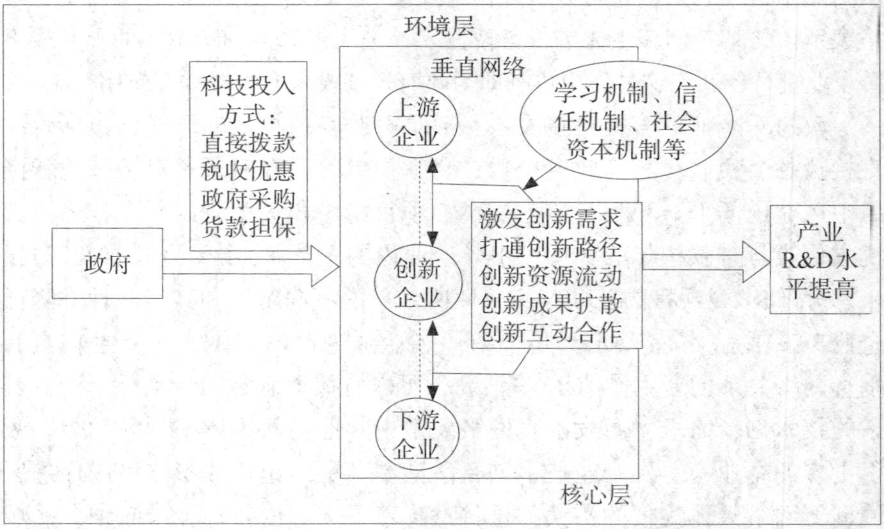

图4-14 政府科技投入的垂直直接作用机制

4.3.2 直接水平作用机制

政府通过对核心层内水平网络关系中的某一创新主体或者对某一行业不同性质主体的科技投入分配，进而带动该创新主体的协作企业或竞争企业进行创新投入，促进整个行业的创新发展和区域技术进步，这种作用机制即为政府科技投入的水平作用机制。

政府科技投入对企业R&D活动的水平作用机制主要通过区域创新网络的信息共享机制、学习机制以及信任机制建立起来。区域创新网络中核心层系统内的协作性互补企业和竞争企业间的信息共享机制，可以有效地降

① 汪良兵.区域创新网络结构与协同演化研究［D］.合肥：中国科学技术大学，2014.

低信息取得成本，同时获得互补企业或竞争企业R&D成果的外溢效益。同时，基于区域网络内的信任机制，水平网络关系中的企业能够建立起一种合作创新机制。而水平网络关系中的学习机制，主要是吸收网络中的竞争者和其他相关企业的创新成果的溢出而取得创新信息等关键创新资源，企业可以通过参照行业内互补企业或者竞争企业的R&D信息应用于本企业中，以较低成本享有行业技术进步的收益。

如图4-15所示，政府可以选择对某一行业的特定企业或者特定的R&D活动进行科技投入，也可以选择对特定行业不同性质企业的科技投入，如采用税收优惠或者财政拨款等。获得政府科技投入扶持的R&D项目，由于政府科技投入的公开性和公共性，相较于其他性质的R&D项目，会更易为行业内其他企业学习，更容易在行业内实现快速的技术扩散，提高行业内该技术的整体创新与利用水平。政府对行业R&D活动的投入也能够促进行业内创新企业的技术交流和技术合作，推动在行业内竞争企业和互补企业之间建立关系链条，提高创新网络内技术流和知识流的流动速度和频率。由此，政府对特定行业的科技投入，可以有效地降低行业内企业R&D活动的成本和风险水平，引导行业内企业的创新投入和创新行为，促进更多企业加入区域创新网络的创新竞争与合作中，扩大区域创新网络的关系规模。

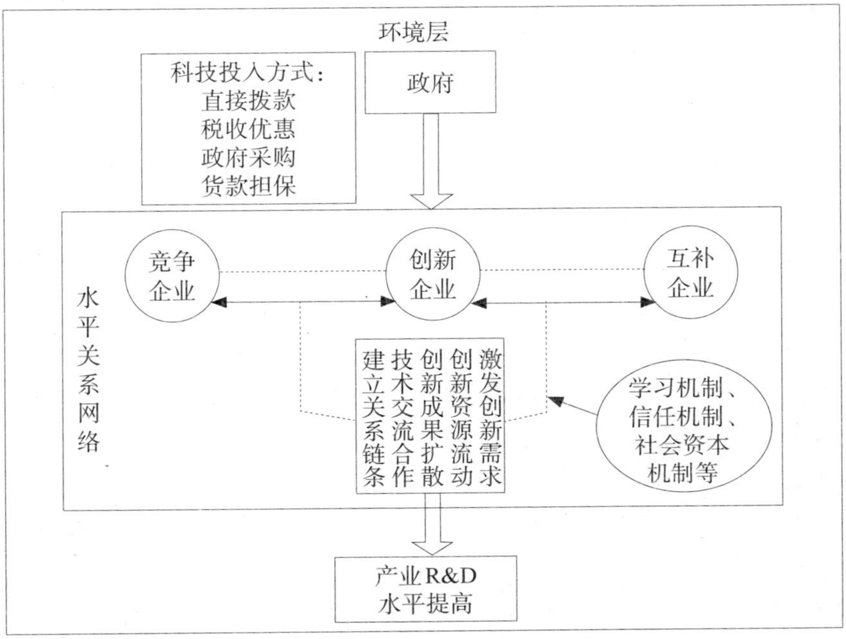

图4-15 政府科技投入的水平直接作用机制

4.3.3 间接作用机制

政府对区域创新网络中核心层企业主体的科技投入的作用结果往往局限于核心层系统内。从垂直直接作用机制和水平直接作用机制来看，政府直接科技投入所涉及的创新主体仅包括核心层系统内的上下游企业或者互补企业和竞争企业。政府在核心层内科技投入的主要目标是刺激企业对特定R&D项目的投入和创新，并通过区域创新网络的运行机制将该R&D项目的创新成果和知识创造成果进行扩散，促进产业或者行业创新水平的提高。政府对企业的间接投入为政府对网络中社会层系统内创新主体的R&D项目的科技投入，并利用区域创新网络的运行机制和要素关联方式将其他创新主体的R&D成果扩散到区域创新网络的核心层内。因此，核心层内的企业可以直接利用区域内的R&D成果，而不用承担R&D的高风险。

政府的间接科技投入给予企业选择是否进行以及如何进行R&D项目的主动权，间接地降低了企业进行创新活动的总体成本。企业需要根据市场定位以及市场前景进行创新决策，这是一种市场导向的反应。这种科技投入模式可以充分发挥市场机制在选择项目中的基础性作用，也有利于突出企业研发的主体地位，是一种充分利用市场机制发挥作用的政府干预区域创新的机制形式。

政府的间接投入方式包括对区域创新网络内高校、科研院所的R&D项目的财政投入，以及建立新型研发组织、建立完善公共研发基础设施、搭建创新服务平台、进行科技人才的培育和引进等非财政投入方式。R&D活动多属于基础研究和应用研究领域，公共产品属性使其具有高度的外部性和风险性。高校、科研院所的公益性质决定了它们将承担此领域大部分的R&D活动，而且高校、科研院所的R&D人才和基础设施比较健全，政府对高校、科研院所的R&D投入可以充分利用高校、科研院所的硬件条件，不断促进基础知识的产生和更新，更容易发挥政府财政投入的杠杆作用。区域内的创新企业可以结合市场需要和企业的创新战略来选择同高校、科研院所的合作R&D项目类别和模式，如企业可以通过区域创新网络中的技术市场交易机制直接获得高校、科研院所的R&D活动成果，共担风险，共享收益。另一方面，政府对高校、科研院所的R&D投入可以利用区域创新网络的社会资本机制促进隐性知识的传递与扩散，提高技术创新扩散的速度和效率、潜在采用者范围和采用者总量。在区域创新网络中，R&D活动的知识创造属于区域内的重要战略资源，是区域创新水平的基础，而区域创新网络的集体学习机制为网络内这种知识资源的整合与创造提供了动态实现网络式创新的基本途径（周立军等[1]，2009），即政府间接科技投入支持所激发的企业与高校、科研院所的集体学习机制，可以充分整合高校、科研院所R&D活动中创造的知识资源，为其进一步创新以及科技成果转化活动提供基础。

如图4-16所示，中介组织是政府科技投入的重要对象，区域创新网络中的各类创新主体，通过中介组织的桥梁和纽带作用，可以形成新的网络连接关系，从而为区域创新资源的充分流动和充分利用提供新的平台。科技社团、行业协会、科技类民办企业等中介机构在区域创新网络中充当着企业与大学、科研院所之间连接的桥梁。政府通过建立公共研发服务平台、搭建创新服务平台等间接科技投入手段，实际上是在区域创新网络内形成有利于知识流动的“网络簇”。“网络簇”在创新网络中的主要作用是作为创新结点的联系桥梁，促进创新资源和信息的流动，从而打破了网络内的资源和信息的个体控制性。网络中“网络簇”的数量越多，连接的主体越多，主体之间的联系越紧密，则网络关系和结构越发达。这种“网络簇”

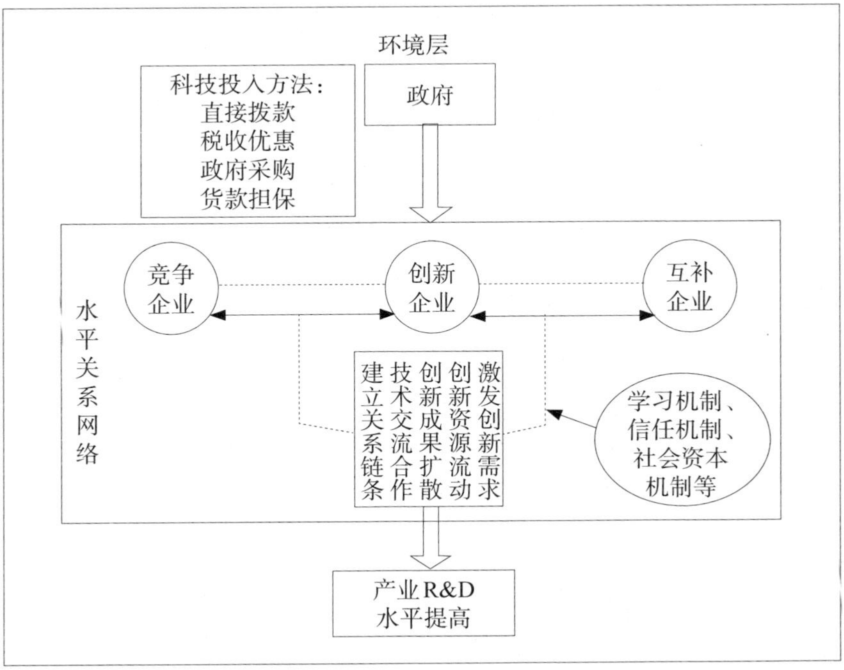

图4-16 政府科技投入的间接作用机制

① 周立军，何自力. 技术创新网络的运行研究——基于知识、学习和社会资本的综合运行框架［J］. 情报杂志，2009（3）：71-74.

贯穿于区域创新的各个环节，在不同的环节中穿针引线，为创新网络中的创新主体提供创新资源互通有无以及创新成果扩散的重要渠道。除此之外，公共研发服务平台等中介组织作为区域创新网络内的关键节点，为创新主体的创新合作和创新交流搭建了必要的关系路径，并通过该路径所承载的关系模式促进区域内的知识、技术等创新资源的积聚和传递，促进创新主体间的资源共享与优势互补。

政府科技投入的间接作用机制充分利用了区域创新网络的结构维度特征和关系维度特征，通过区域创新网络中的“网络簇”，建立创新网络内各个主体之间的广泛性联系，并为主体之间的合作和交流提供平台。各创新主体不仅根据自己的角色定位充分履行自己在创新网络中的职能，而且积极地与创新网络中的其他行为主体相互关联和学习，促进知识资源在区域创新网络中的高效流动，使区域创新网络呈现为一种动态性的知识流通网络。间接投入的一大优势是充分发挥了市场机制的基础资源配置功能。企业不再被动地接受政府投入的创新资源，而是在市场机制和社会机制的主导下，主动地参与到创新活动中来。政府机制在市场机制的基础上，用“看得见的手”有力弥补了市场缺陷。

4.3.4 影响机制特点比较

如表4-2所示，政府对企业R&D的直接和间接作用机制在作用对象、作用方式、作用原理、区域创新网络运行机制以及作用结果等方面都存在差异。

表4-2　政府对企业R&D的直接作用机制与间接作用机制比较

内容	直接作用机制	间接作用机制
作用对象	核心层内的企业	社会层中的高校、科研院所、中介组织等
作用方式	基于企业原有合作打通企业间的创新关系链条	建立企业与社会层内创新主体的关系链条
作用原理	创新网络的关系维度原理	网络优化原理
运行机制	市场机制为主、政府机制为辅	政府机制、市场机制、社会机制相辅相成
作用结果	R&D主体集中于企业，创新网络规模较小，资源流动方向单一	R&D参与主体广泛，创新网络规模大，资源流动方向多元

直接作用机制和间接作用机制阐释了政府运用科技投入手段影响企业技术创新作用的过程。政府投入方式和作用机制的选择往往取决于R&D项目的特点、区域内的产业特征和行业特征、创新企业的规模、区域资源禀赋条件等微观或宏观因素。此外，政府科技投入的作用也在于防止创新资源垄断和隔离，通过对其他企业或创新主体的科技投入，促进创新资源的互补和平衡流动，达到激活广大创新主体创新活力的目的。对此，政府通过科技投入，一方面能够发挥区域创新网络内高校、科研院所等科研机构基础研究的优势，通过间接科技投入，建立科研机构与企业间的关系链条，促进R&D项目的知识产出向区域创新网络内的企业流动，为企业进行创新链的其他创新活动提供知识基础；另一方面能够通过直接科技投入促进区域内的大企业更多地竞争和承担行业共性、关键和重大R&D项目，积极带动大中小型企业的创新协同，促进R&D项目成果的共享性。

4.4 政府科技投入影响企业成果转化活动机制

R&D活动的成果一般是知识资源或者初级科技成果，这种知识资源是企业技术创新的直接成果。但是，技术创新的关键阶段是将R&D活动的成果应用到实际的生产活动中，进行产业化和市场化的过程，即科技成果转化。科技成果转化活动同R&D活动的不同之处在于科技成果转化具有较为完全的私人产品性质，不属于纯公共产品领域。政府对科技成果转化活动的作用机制与R&D项目有很大的相似之处，也存在不同，主要表现为相对其他主体，企业在科技成果转化活动中具有不可替代性和主导性。

科技成果转化活动过程中，政府科技投入也可划分为直接投入和间接投入两种方式。直接投入是指政府对企业的科技成果转化活动进行财政支持，直接支持企业科技成果转化阶段的研发活动、中试活动、产业化、市场化等。而间接投入是指政府科技投入的支持对象为高校、科研院所等公共研发机构，由公共研发机构根据政府政策导向、企业需求来进行科技成果转化的研发活动甚至中试活动，最终企业直接购买公共研发机构的科技成果，进行产业化和市场化活动。因此，在企业的科技成果转化活动过程中，政府科技投入的对象不同，对科技成果最终的产业化和市场化的作用机制也会不同，存在着直接和间接作用机制的区分。

4.4.1 直接作用机制

政府将财政科技经费等投入区域创新网络中的企业，一方面，既可以利用财政支持手段引导企业的科技成果转化活动向政府期望的方向进行，又可以降低企业依靠自身投入进行成果转化的成本；另一方面，科技成果转化活动虽然具有私人物品的属性，但依然具有风险性特征，很大程度上降低了企业进行科技成果转化的积极性。政府直接科技投入在市场中传达了对科技成果转化产出的关注，为科技成果转化产品产业化和市场化提供了利好的市场信息，利用市场机制发挥了政府机制的调控和引导作用。

企业的科技成果转化活动涉及企业研发、公共研发、技术引进的决策，还涉及是否购买科技成果以及如何利用（转化或者转让）科技成果的决策。首先，政府对成果转化直接投入的支持带来企业内部与外部技术转化与转让的相对成本和风险的变动性，企业内部创新成本控制机制、风险评价机制和创新受益预测机制将综合影响企业的技术战略选择。企业在科技成果转化前端接受的政府直接科技投入刺激企业自主进行科技成果研发的积极性；企业在科技成果转化的后端接受政府的科技投入，引导企业加速科技成果的自主产业化或者市场化的决策选择。政府资金的介入，降低了企业技术创新的市场风险，有利于提升企业将新产品投入市场的动力。同时，在政府成果转化资金的支持和要求下，基于产业链的水平和垂直信任机制，企业也会选择技术转让，部分企业向其他企业转让技术的动力增强，以同区域创新网络中的竞争企业或者互补企业建立合作机制，共享科技成果转化带来的行业效益，促进行业内技术扩散的强度。

4.4.2 间接作用机制

间接作用机制主要体现在对产学研合作的影响上。《中华人民共和国科学技术进步法》以法律形式把产学研合作的技术创新模式明确下来，并强调该种模式下，要充分发挥企业的主体作用和市场的导向作用。这种法律规定为科技成果转化创造了良好的制度环境，有利于促进企业、高校以及科研院所的创新合作，从而快速整合区域创新资源，提高创新效率。在区域创新网络中，鉴于产、学、研等创新主体对科技成果转化的重要作用，有必要将各创新主体都纳入科技成果转化活动中来。

政府在企业科技成果转化活动过程中进行间接投入，就是充分考虑了区域创新网络中各行为主体的作用。如政府通过建立和完善科技创新的公共服务系统、设立一系列基金项目等，为科技成果转化中产、学、研各方的合作搭建平台，促进高校、科研院所等公共研发机构科技成果的转化。同时，产学研合作机制也有利于从企业需求出发进行基础研发活动，使高校、科研院所的研发活动能够适应市场需要。产学研各方通过建立信息共享机制以及互动学习机制，可以及时沟通反馈科技成果转化的有关信息，这种及时的沟通、反馈，使创新信息等创新资源通过网络进行流通和扩散，加速创新资源的流动，促进科技成果转化效率的提高。

政府的间接科技投入对企业的科技成果转化决策产生重要影响。创新企业会根据政府间接投入的方向和对象调整自己的科技成果转化方式。由于科技成果转化的私人报酬比较高，外部性较低，一般情况下，企业进行自主科技成果转化的意愿比较强烈，而且，科技成果转化过程越接近市场化阶段，即越接近效益产生的阶段，企业投资的意愿就越强烈。但在政府间接作用机制的影响下，企业转化的技术来源扩大了，获取技术的相对成本发生较大的变化，促使企业需要在自有技术转化和外部技术引进转化间进行抉择。在政府间接投入机制的作用下，企业技术来源空间将扩大，企业进行自主科技成果转化的意愿会有一定降低，会更多地选择购买其他创新主体的科技成果，同其他创新主体进行合作的意愿会增强，同其他创新主体进行的技术交流更加频繁，企业技术创新的网络效应必将得到有力的提升。

4.4.3　影响机制特点比较

科技成果转化活动中，直接作用机制和间接作用机制在作用对象、投入环节、作用方式、运行机制以及作用结果上，都存在很大的不同，如表4-3所示。

表4-3　政府对科技成果转化活动的直接作用机制与间接作用机制比较

内容	直接作用机制	间接作用机制
作用对象	企业	社会层中的高校、科研院所、中介组织等
投入环节	可以是科技成果转化的整个过程	主要集中在科技成果转化的前端
作用方式	扩大了企业转化技术的来源和去向的选择空间，降低了企业科技成果转化的成本	扩大了企业转化技术来源的选择空间，优化了整体创新网络
运行机制	以市场机制为主	政府机制、市场机制、社会机制相辅相成

（续表）

内容	直接作用机制	间接作用机制
作用结果	科技成果转化的主体主要为企业，企业新产品的市场风险降低，企业作为技术输出和供给者的动力增强（外部转化）	科技成果转化参与主体广泛、企业技术创新网络规模大，企业作为技术吸纳和需求者的动力增强

4.5 政府科技投入影响企业技术创新模式

本节基于企业技术创新中的政府科技投入影响机制分析，聚焦政府科技投入影响下的企业行为模式。从企业、政府和公共研发机构三方关系上提炼和抽象出直线、三角和三铰链三种政府科技投入影响模式。

4.5.1 直线模式

直线模式主要是指企业借助政府直接投资、补助、资助等方式吸收资金、人才等要素，以促进企业的研发和产业的发展（见图4-17）。直线模式具有以下优点：企业能够在最短的时间获得这种支持，用于促进技术研发活动和产业发展，解决创新资金的短缺问题，充分发挥创新投资的直接有效性；降低或者分散企业创新风险，激活企业内在的创新动力；对于政府来说，直线模式需要考虑的因素较少，简单而容易操作。直线模式也存在着明显的风险性。一是由于只有特定产业和企业才能获得投入支持，存在着其他产业和企业感受到的科技投入支持“不平等”，在获取政府科技投入的动机下，其他行业企业可能会大量进入该行业，加剧技术和产品的市场竞争，增加企业创新的市场风险。二是作为一种外部政府的“创新奖励”或者“创新激励”，企业并非直接无偿获得这种投入，与市场融资相比，虽然其直接成本较低，但企业需要在技术创新方向、创新组织机构（如国家对企业中心认定）、创新战略等方面同政府科技投入的政策支持方向进行调整并保持一致性，创新决策的弹性空间会受到限制；而在R&D资金配比上，政府投入容易产生对企业资金的“黏”性，企业创新投入的灵活性降低；企业也可能产生对政府直接资助的依赖性，对投入产业和企业自有创新投入存在着“挤出”性，反而降低企业的创新动力和创新效率。三是直接的科技投入也需要政府拥有良好的筛选机制和监督措施，并且能够及时处理企业反馈的多方面信息，有着“寻租”不公平问题和政府资金浪费、低效率等风险。

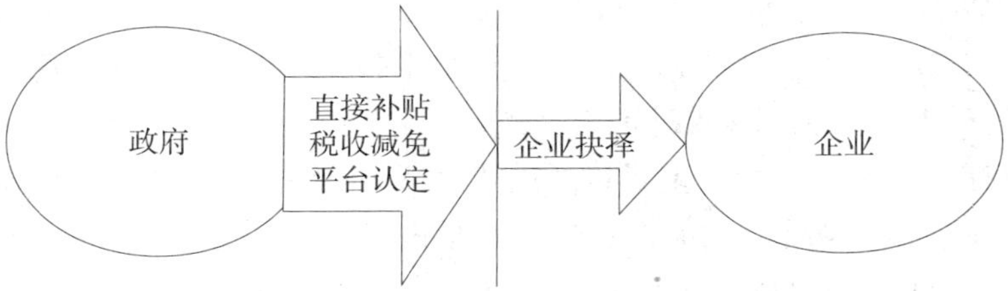

图4-17 政府-企业直线模式

从技术供给与需求的角度上看，直线模式涉及的企业有两类。一是科技创新供给与需求内部化的企业，也就是一部分拥有自主产权、核心技术或者知名品牌，技术基本能够自给自足的创新型企业。此类创新型企业大多拥有自己的研发机构，通过一体化科技创新战略降低外部研发的交易成本，提高创新投资的利用率和产出效率。这类企业可以通过政府科技投入凝聚智力资源，打造较为高端、高效的技术创新平台。二是创新创业型企业、科技型中小企业等。这些企业倾向于利用政府针对中小企业的专项风险投资资金，减小创新创业风险，有效跨越创新前期的高投入门槛。

直线模式是世界上众多国家的企业吸收政府科技投入的主要模式。例如丹麦政府在2009年就已拨款5亿克朗用于国家风险投资基金，并且在2010年又宣布增加2亿克朗，为大批企业尤其是创新型企业提供了风险投资；新西兰政府也将从知识产权收费和新西兰退休金基金中抽出一部分资金，来支持将开拓创新型企业这一提案写入国家发展“白皮书”等。早在改革开放之前，中国就存在直线模式，那时由于体制的限制，企业的经营决策受政府控制的程度强，企业的研发和创新也完全取决于政府的需要。改革开放之后，尤其是近些年随着市场经济的发展，政府对企业研发的投入从方式和力度上都有了很大的变化。例如2006年国家开展创新型企业认定工作，对具有较强能力的企业进行筛选，采取投资、扶持、项目联合开发等各种举措来促进其发展。截至2013年，中国共遴选出国家级创新型（试点）企业676家，省级创新型企业8400多家，仅2013年全国对创新型企业的资助总额就高达43.2亿元，这对中国企业优化创新决策、降低创新的技术与市场风险起到了积极的推动作用。

4.5.2 三角模式

相对于直线模式，三角模式结构有了较大变化：企业不仅吸收政府直接科研投入，而且可以从创新网络的另一重要节点——公共研发部门（大学、科研机构等）获取创新支持，通过同公共科研机构建立的间接路径借助政府科技投入资源（见图4-18）。对于企业如何同公共研发机构建立联系，则由技术市场供需方面的因素和企业技术创新的研发与成果转化上的战略选择决定。这种模式对于企业也具有不同的影响。积极影响主要有：不具有自主研发能力的企业可以通过技术市场同科研机构建立委托开发的关系，或者直接吸收公共研发机构的成果进行转化，这实际上是通过市场机制实现的企业R&D部门的外部化，有利于拓展企业外部创新链高端资源的可获得性，在创新竞争中争取主动；转化产品的周期大大缩短，降低了市场风险，而且一般企业获得的是技术成品，也可以降低企业的技术研发风险，且通过市场供需关系，企业通过多方询价和比较，可获得较优的技术投入成本。该模式的不利方面也比较明显，主要有：容易产生技术依赖性，由于技术外部获取，企业自有研发动力降低，从长期看，如果不能有效地消化吸收，将难以形成自身的核心能力；企业难以拥有专有性技术，由于外部技术供给具有开放性，公共机构的同类或者相似技术开发与转让可以面向众多企业，企业的控制性较差，不利于获取较长时期的创新垄断。

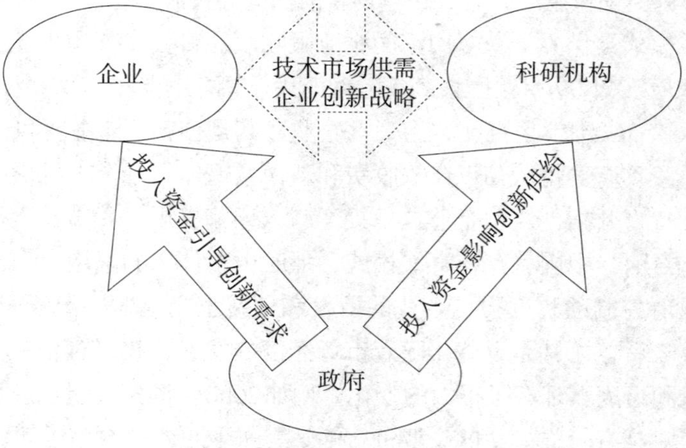

图4-18　三角模式

在社会经济发展和分工不断细化与深化的背景下，专业的创新技术供给部门（如公共研发部门）和专业的技术创新需求企业，尤其是一些不具有专门研发机构的中小型企业不断产生。从供给需求的角度看，三角形模型是企业技术创新的供给部门与需求部门外部化，即分离后产生的模型。这些专业化技术需求企业由于受到自身规模和科研水平的限制，以及外部技术创新交易成本的制约，将研发工作外包给专业的研发机构进行。政府在研发投入上兼顾了创新的需求方（企业）和创新的供给方（公共研发机构），企业能够在技术市场上依据创新战略需要进行产学研合作，满足自身技术需求。目前，中国企业吸收政府科技投入的三角模式大体有两类情况。一是独立型。技术创新需求的方面，如中小型企业通过吸收政府创立的中小型企业创新基金、项目合作投入等提高企业从外部（如大企业、公共研发机构等）获取创新资源以满足创新需求的能力；技术创新供给方面，如通过同科研机构的合作间接获取国家自然科学基金、创新项目基金等对创新的支持，间接推动创新链下游研发和企业创新发展。二是结合型。如政府的产学研合作基金，特别是针对一些基础性学科、风险高的项目或者发展水平较低的产业技术，政府大力投入公共科研机构，推动相关创新取得突破或者发展，同时又有针对性地引导和带动相关技术的产业化和市场化。

4.5.3 三铰链模式

三铰链模式是在三螺旋模型基础上发展出来的企业吸收政府科技投入的影响模式。三螺旋创新理论是继三元理论、国家创新系统之后新出现的理论模型。1997年，美国学者亨利·埃茨科威兹（Henry Etzkowitz）提出了以“大学－产业－政府”三螺旋相互作用为核心的系统模式，用以分析三方之间的互动关系。Etzkowitz[①]（2000）对“三螺旋”作了进一步的阐释。该理论主要强调大学、产业和政府之间的合作关系能够实现每个个体的利益和社会价值，并不刻意强调在系统模式中谁是主体。相反，该理论认为三方都是该动态体系的参与者、组织者和领导者，它们之间是相互作用、互利共赢的关系，在运行过程中每一方在系统中除保持自身的特有作用外，对他方可以起到影响或者推动的作用。Etzkowitz[②]（2011）从国际视角指出三螺旋对创业、经济和社会发展的贡献；Nakwa[③]（2012）、Sunitiyoso[④]（2012）等学者提出通过三螺旋中间机制的发展来强化三螺旋关系。三螺旋理论克服了传统的产学/产学研合作模式忽略政府层面的不足。三铰链模式是在吸收三螺旋理论基本思想基础上发展的一种扩展和深化模式，是指公共科研机

---

① Etzkowitz H, Webster A, Gebhardt C, et al. The Future of the University and the University of the Future: Evolution of Ivory Tower to Entrepreneurial Paradigm [J]. Research Policy. 2000, 29 (2) : 313-330.

② Etzkowitz H. The Friple Helix: Science, Technology and the Entrepreneurial Spirit [J]. Journal of Knowledge-Based Innovation in China, 2011, 3 (2) :76-90.

③ Nakwa K, Zawdie Q, Intarakumnerd P. Role of Intermediaries in Accelerating the Transformation of Inter-firm Networks into Triple Helix Networks: A Case Study of SME-Based Industries in Thailand [J]. Procedia-Social and Behavioral Sciences, 2012, 52: 52-61.

④ Sunitiyoso Y, Wicaksono A, Utomo D S, et al. Developing Strategic Initiatives through Triple Helix Interactions: Systems Modelling for Policy Development [J]. Procedia-Social and Behavioral Sciences, 2012, 52: 140-149.

构、政府、产业三方在创新过程中密切合作、相互作用、相互促进。政府在科技投入支持企业时，充分考虑投入对科研机构和企业的综合性影响，以及科研机构与企业的相互作用关系，目的是建立三者相互促进、相互作用交替上升的状态，以形成完善的创新体系（见图4-19）。三铰链模式利用一个铰链形的创新模型（区别于传统的线性创新模型）描述了在知识商品化的不同阶段，不同创新机构（公共研发部门、企业、政府）之间的多重关系。在三铰链中，公共创新机构、产业、政府三方都可以是创新的组织者、主体和参与者。无论以哪一方为主，最终都是要形成动态三铰链，推动各种创新活动的深入开展。在这个过程中，三方各自发挥独特性作用，但和谐地相互作用、协作创新。三螺旋理论强调大学、产业、政府的互动，而三铰链模式将大学扩展为公共科技机构（包括研发服务、成果转化服务等），更适合中国国情。

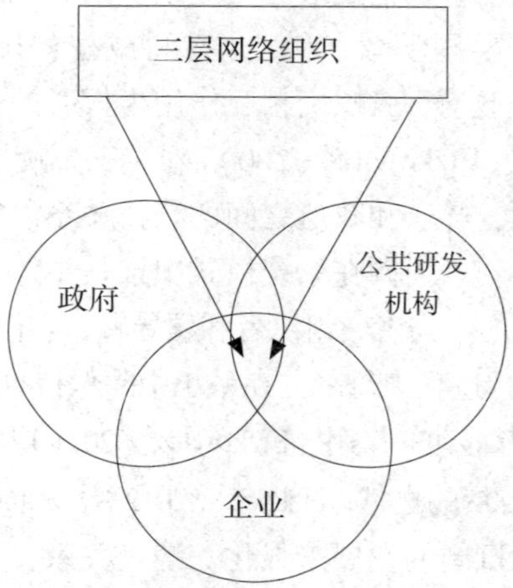

图4-19　三铰链模式

在实际经济运行过程中，三铰链模式表现出多种形式，其中产业创新联盟和产业技术研究院是三铰链模式的两种典型形式。产业创新联盟（industry innovation alliance）是企业之间形成的为了实现创新资源整合的一种合作模式。该合作模式的基础是在确保合作各方市场优势的前提下，以资源共享和优势互补为目标，寻求创新合作以应对共同的竞争者或者将业务推向新的领域。产业创新联盟内的联盟成员可以是属于同一行业的企业，也可以是跨行业的企业，联盟成员间一般没有资本关联，各成员地位平等、独立运作。产业创新联盟又可以根据不同的合作形式和作用分为创意合作产业联盟、研发合作产业技术联盟、产业链合作产业联盟、市场合作产业联盟和技术标准产业联盟。每个产业创新联盟都是政府、科研机构、企业三者相互推动的结果。由于产业创新联盟在促进技术扩散、减少重复研究、实现规模经济等方面的优势，政府有理由支持这种企业间联盟的合作研发活动（冷民[①]，2008）。

企业技术创新吸收政府科技投入的三种具体模式并不具有明显的界限，三种模式是共同存在、相互交叉的关系。企业应根据自身所处的产业特点和外部条件，选择最为合适、最为有效的发展模式。

4.6 政府科技投入对企业技术创新影响效应

合理利用政府科技投入能够放大企业自有资金的投入效应，通过外部因素提升企业创新实力。但用政府科技投入替代企业自身创新投入，也会对企业创新带来消极影响。就大多数企业而言，政府科技投入有利于产业内企业间以及产业间的技术扩散，并有助于打通企业创新链的上下游各环节。综合政府科技投入影响企业技术创新的作用机制和实现模式，对企业技术创新受到政府科技投入影响的潜在性效应进行解析，从企业个体、企业群体、创新网络集群的角度，分别提出企业个体正效应（放大与激励）、企业个体负效应（挤出及替代效应）、企业群体效应（产业效应、关联行业波动效应）和企业创新网络集群效应（网络整体优化效应）。

4.6.1 企业创新放大与激励效应

从弥补技术创新的“外部性”、降低创新风险等方面，政府外部的直接资助能够发挥激发企业创新投入的积极性作用。政府宏观科技创新的大方向是政府在掌握全面信息基础上做出的，具有更强的前瞻性和总体性，而政府对公共科技服务机构的投入支持也能够为企业在创新链各环节的决策选择拓展空间。政府的科技投入可以起到促进企业科技投入的作用（Mamuneas[②]，1996）。一方面，政府科技投入可以降低企业技术创新的成本，降低R&D活动的风险，强化企业投资R&D动机，引导和诱致企业增加R&D投资，从而促进企业增加科技投入进行技术创新，促使产生新的科学知识进而延伸企业的知识基础。另一方面，政府科技投入如果用于帮助

---

① 冷民.北京产业技术联盟展现活力［J］.科技潮，2008（4）：12-18.

② Mamuneas T P, Nadiri M I. Public R&D Policies and Cost Behavior of the US Manufacturing Industries［J］. Journal of Public Economics, 1996, 63 (12) : 57-81.

企业建立或者更新现有的研发设备等基础硬件，则会有助于企业降低相关研究项目固定成本的投入。除此之外，政府的科技资助如果被企业所接受，将会刺激企业提高科研开发能力，直接促进国家创新水平的提高，有利于实现政府自身目标，满足政府的公共需要。同时，政府科技资助项目产生的科技成果的外溢，也会促进其他创新主体获取知识溢出并增加其他研究项目成功的概率，产生可观的社会收益。政府科技资助对私人部门的创新一般有着直接、明显的促进作用。

政府的科技投入与企业自有资本的创新投入相比，具有以下几个方面优势：第一，政府拥有比较充分的相关技术发展信息，对重大科技发展方向和共性、关键技术研究项目的选择，相对于企业，拥有一定的比较优势；第二，直接资助通常发生在企业R&D活动之前，是一种事前支持方式，强度大，促进企业R&D的激励效果好；第三，这种方式要求受资助企业必须配套一定资金，使得直接资助政策具有较好的杠杆作用，能迅速推动重大项目的研发；第四，财政科技投入具有诱导效应，主要是指政府将财政资金投资于创新体系中的基础性研究，以及共性技术的应用性研究阶段，以为企业的商业性研发活动提供知识保障与技术支持，降低企业创新研发的风险和不确定性，诱导企业的后续研发投入，带动整个社会科技投入的增加。

4.6.2 企业创新挤出及替代效应

政府科技资助在特定条件下也会对企业的R&D投入产生一定的负面作用。政府科技投入很大程度上由政府主导，并选择科技投入项目、资助的企业以及资助条件等，这是一种非市场机制的资源配置方式。这种由政府主导的资源配置方式的有效性比市场机制要低，资助政策可能影响研发领域的资源配置（David[①]，2000）。这主要表现为两点：第一，降低实际R&D投入。由于价格机制的作用，R&D总量名义上增加，但R&D的实际水平却可能降低。政府科技投入促进了企业R&D总量的增加，也增强了对稀缺R&D资源的需求，这些效应可能会导致R&D价格上升，如研究人员的工资。在总的R&D支出中，研发人员工资占了将近一半。研究人员工资上涨导致企业R&D总量增加的价格上升，并非真正的R&D总量增加。由于价格上涨，R&D总量只是从名义上有所增加，R&D的实际

① David P A, Hall B H, Tool A A.Is Public R&D a Complement or Substitute for Private R&D?［J］. Research Policy, 2000: 497-529.

投入水平却可能降低（Goolsbee[①]，1998）。而且，随着研发人员工资的上升，研发成本提高，企业有可能会放弃研究项目，即对企业R&D投资有挤出效应。这种挤出效果在科技资源稀缺的国家尤为严重。第二，政府科技资助对企业R&D投资的直接替代。一般来说，政府资助的项目也是企业准备实施的，企业科技投入和政府科技投入的方向基本一致，企业如果获得了政府的科技拨款，往往会对企业自身的R&D投入产生挤出效应，则政府科技投入没有增加社会的R&D总量。如果企业的R&D项目与政府资助的R&D项目不一致，获得R&D资助的企业可能会调整自身的R&D计划，开展获得资助的R&D项目，放弃企业原本的没有获得政府科技投入的研发项目，这样，实施资助的研发项目就挤出了其他非资助项目的研究。

由此看来，挤出效应问题的关键点在于企业对政府科技投入研发资助的合理定位上。如果企业在没有外界资金支持也会进行的创新项目中获得财政资金支持，企业就有可能将自身的研发投入挪作他用，政府财政科技投入会对企业科技投入产生替代效应。

4.6.3 企业创新溢出与扩散效应

在新经济增长理论中，Romer[②]（1986）等人发现并证实了R&D的溢出效应是内生经济增长的重要机制。从区域内部来看，R&D溢出主要通过区域内贸易、人员交流、技术合作以及人力资本的流动等途径。知识资源具有稀缺性，不可能均匀地分配到各个主体之中，需要通过交流和交易才能实现其价值。政府作为宏观政策的制定者，往往掌握着更广泛的经济发展信息和技术信息，拥有相关资源，更有可能发现技术增长的“潜力股”。因此，政府在一定的制度空间下，相对于企业来说，在目标技术的决策、技术标准以及发展计划的制订、R&D项目的投资方面有一定的优势。而一项新技术产生后，必然受到旧的生产方式和技术的抵触和排挤，再加上市场推广和新市场的开拓都需要大量的成本和时间，会影响产业升级和经济发展的速度。政府会通过直接购买和投入引导等手段，加速社会接纳新技术，通过对部分体现“技术增长点”的产业和企业的直接科技投入支持，有利于加速各种创新资源从低效率的企业或产业

---

① Goolsbee A. Does Government R&D Policy Mainly Benefit Scientists and Engineers [J]. American Economic Review, 1998(2) : 298-302.

② Romer P M. Increasing Returns and Long-Run Growth [J]. Journal of Political Economy, 1986, 94 (5) : 1002-1037(2) : 298-302.

向高效率的企业或产业流动；同时，政府通过对一般性科技人才培养以及科技基础设施建设的投入，满足社会各方面需求，促进整个社会的知识流动和扩散。如果政府直接资助的对象是企业有较高创新溢出的项目，政府的直接资助会激励企业增加技术创新投入，政府对特定项目的资助也会直接引导产业技术创新的方向，达到提高区域技术创新水平、调整产业结构的政府目标。

企业承担的政府投入项目具有非常强的目的性、先导性、示范性和高溢出性，政府对特定企业的投入支持必定潜在地考虑了如新兴产业培育、共性技术共享、技术转移等方面的因素。在实施政府资助R&D项目的过程中，企业会通过实施该R&D项目产生新的知识和技术的积累，首先受益的无疑是接受投入的企业或者产业。但经济是一个整体，各企业间以及各产业间都有着千丝万缕的联系，创新网络中的一个企业在接受政府的科技投入后，刺激或者加速了其对创新产品的需求，而网络中与企业创新相关的组织如研发机构、银行、原料供给商等，为了自身利益考虑也必然会出台相关的措施，以适应企业变化并获取更大利润。一个产业的技术发展会带动上下游产业技术创新水平的提高，这不仅有助于推动受益产业的发展，对受益产业的上下游企业和相关产业也有着促进作用。所以企业面对政府科技资助时，是直接受益企业。而同行业及上下游企业如果积极把握国家的创新支持动向，建立同直接受资助企业的协同关系，也会间接受到政府投入的扩散效应影响。如政府对行业大企业关键或者共性技术的科技支持，对其向同行业中小企业的专利授权或者转让会有明确要求，对行业中小企业是一个获取技术的重要机遇；直接受助企业的创新对上游行业产品会有新的需求或者对下游产业产品升级产生推动力，上下游企业可以考虑把握创新机遇，调整技术创新方向，同其建立密切性关联关系，充分利用政府科技资助的扩散与溢出效应。

4.6.4 企业创新网络整体优化效应

创新网络中的路径是资金、技术、商品在节点间的流动，实质是知识、信息的传播。创新网络运行过程中，网络结构的合理性保证了网络的稳定性，路径的通畅性保证了创新的高效性。政府为支持创新网络整体高效、流畅运行，积极弥补创新链的缺失，不断拓宽创新路径的广度。政府在构建区域创新网络中着重考虑网络的层次性、复杂性和中心性等。层次性是指区域创新网络不仅包括大学、科研机构或者企业中的研发和创新链上游的技术供给过程，创新在科研机构、企业中的扩散、商业化、生产、销售等创新链下游的需求过程，也包括创新产品价值实现后社会对创新的信息反馈和创新链对反馈的调节、改进、再创新过程，以及创新在同水平、同行业中的竞争与扩散过程等。复杂性是指网络中节点和连接各个节点的路径数量。复杂性增加了创新网络中创新供给与需求的多样性，保证了创新的连续性。中心性是指每种创新都会有一个或多个中心主体，以一个或多个创新主体为中心，向外不断地进行技术扩散和反馈，激活整个网络，使创新技术能迅速转化为商品或服务。创新网络中的层次性、复杂性和中心性影响着整个区域创新网络的稳定性和流畅性。政府为提高网络的稳定性和流畅性，应着重从两个方面着力：一是加大初始投入力度，降低行业的创新准入门槛，增加创新网络的主体数量；二是打通各个节点间的连接路径，为各主体提供政策制度、信息、技术方面的支持。企业则通过建立同公共科技服务机构的创新协同关系（如同公共研发机构、技术交易服务机构、大学等政府直接投入支持的公共部门的合作，参与政府主导或者牵头的产业创新联盟、产业技术研究院等），利用市场外部创新资源，将企业个体创新网络同区域创新网络有力协同起来，借助政府科技投入的间接支持作用，实现了个体创新网络的优化和提升。

4.7 政府科技投入对企业技术创新影响效应模型假定

本节进一步对企业技术创新的基本特征进行分析，为模型构建提供了必要的基础假定。

4.7.1 创新的投入-产出过程

企业技术创新是一种投入-产出的线性活动过程。这一特征对于考虑政府科技投入因素影响的企业技术创新效应模型构建分析具有以下意义：使政府科技投入和企业技术创新两种事物的结构性考察分析成为可能，有助于系统地分析企业技术创新过程以及技术创新绩效，为企业进行技术创新绩效的分析以及如何提升创新效率提供指导依据。本质上，企业技术创新的线性活动过程规定了企业技术创新实施中资源投入-产出诸环节中不同活动/子过程的关系与互动，理解并描述该过程的构成要素及其关系，能够为持续动态地理解与改进这一过程提供重要基础。将企业技术创新投入与创新产出的过程特征展开和细化，可从两个角度具体考察。一是无形→有形。技术创新过程需要创新资源的投入，这些创新资源包括有形的和无形的，如创新基础设施、设备等有形资源的投入，创新文化与组织管理等无形资源的投入。企业技术创新的产出既可以是有形的，如创新产品等，也可以是无形的，如品牌提升和企业形象，但是效应的测量与分析需要基于有形的可观测的创新投入产出，需要找到无形化投入和产出的代理标的，使得无形变有形化。因此，应基于无形→有形的角度来分析和认识创新过程中的投入-产出过程。二是内部-外部。内部-外部特征，从创新投入角度来看，主要是指企业内部及外部的创新投入，如企业人力、物力、财力的内部投入，企业与其他科研机构合作带来的外部投入等；从创新产出来看，该特征意味着企业技术创新不仅会产生企业内部创新绩效，也会产生外部效应，如创新成果的扩散。

4.7.2 创新的利益相关者

企业技术创新传统上给人一种技术实施过程的印象，但从创新网络层面上看，企业技术创新则更多的是一种由众多相互作用的利益相关者（stakeholder）共同作用的过程，并在其共同作用下影响最终创新结果。技术创新过程中，不同的利益相关者具有不同的创新需求，对技术创新具有不同的理解，以及拥有不同的创新资源和创新优势，并且获得的创新实施效果也会有所不同。不同的利益相关者在一系列差异基础上相互作用，最终体验并感受技术创新结果对之所产生的影响与作用。基于上述分析，企业创新网络下的投入-产出基本创新过程模型构建如图4-20

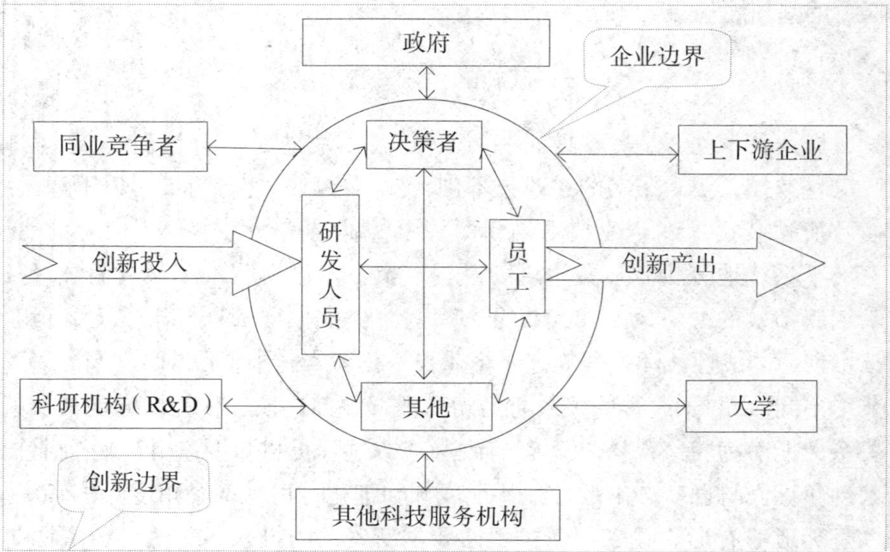

图4-20 区域创新网络视角下的企业技术创新过程

所示。由于本书研究的问题是企业创新中的政府科技投入影响作用，为了集中分析政府科技投入对企业技术创新的影响效应，从利益相关者的角度，把技术创新的参与主体主要限定为获得政府科技投入的公共研发机构。

4.7.3　创新认知与持续改进

创新认知是创新主体在特定情境下对面向创新的对象或者现象所作出的能动的、基于自身体验的判断。这种判断行为的特点在于主体通过该行为揭示其对技术创新的了解，或者告知其在技术创新参与和实施过程的判断，并根据其理解与判断对技术创新的效果做出整合性评价。企业的利益相关者认知企业的创新过程，企业则从外界的认知中获得对自身创新层次与状态的判断。在企业对相关创新要素进行有效认知和学习的基础上，对创新活动不断进行调整，使得企业技术创新的效能不断提升，具体表现为两个方面：第一，技术创新是企业的一种对外部环境变化做出快速反应的重要的战略实践活动，技术创新活动不应该独立于企业的其他活动，而应该与企业的其他活动，如生产活动、管理活动等协同一致，从而有助于企业的整体运营与管理。创新的效果不仅表现在一般性创新成果（如专利）上，更应该从其最终所展示的管理效能上进行考察（如新产品收入）。第二，技术创新评价不是一种静态与面向结果的，而是应该具有一种动态性和持续改进的分析定位。企业技术创新是一个循环反复的动态过程，本期的投入是上期的产出，本期的产出又是下个创新周期的投入基础。企业从上期的创新成败中汲取经验，不断改进流程和策略，下期的创新投入－产出关系将更加接近于创新效率前沿，整体创新决策管理效能能够获得有效的提升。

4.7.4　知识的经济价值

知识对经济发展有着极为重要的作用，知识已经成为当前支撑社会各类主体进行竞争的重要资源，知识革命的概念越来越广泛，知识是企业技术创新的重要标的和指向。知识经济是建立在知识和信息的生产、分配和使用之上的经济。[①]由于知识的特殊性，测量知识的过程有着许多的困难，主要表现在四个方面：第一，知识产品的形态各异，特征不统一。有的知识以专利、文献的形式存在，有的则物化在物资设备之中，还有的则以经

① OECD: The Knowledge-Based Economy [R]. Paris: OECD, 1996.

验的形式存于人脑之中。形态的不统一，导致了无法用统一的方法进行测量。第二，知识的效用和开发程度不同，知识的效用高低不同，并且知识由于商业化程度不同所表现出来的价值也有所不同，也就是说知识有被埋没的风险。第三，知识的折旧规律不一。知识的折旧损耗是一个动态的过程，因此无法判断知识在下一个时间段的价值。第四，一定的空间范围内的不同知识不能简单地加减，由于知识的扩散、溢出、演化等效用，不同知识间有着复杂的相关性，因此简单的加减很有可能会引起知识价值判断的失误。目前，知识（包括技术）的计量方法大致可分为直接计量和间接计量[①]，经济学研究中一般采用一些经济指标和方法来间接衡量知识带来的经济效益的变化，如总量生产函数法、技术进步水平法、投入代产出法、折合量统计法、数学模型法（生产函数）等[②③④⑤]。本书所采用的是间接的计量方法，首先假设涉及的知识（包括技术）都已经完全商业化，或者知道其商业化程度，以此可以推算出其完全商业化后的价值。

知识在创新链的不同环节拥有着不同的形态和不同的表现形式。在创新链的最初阶段即基础研究阶段，知识的表现形式是大脑中对科学知识和经验的记忆，而内部流动方式则主要通过人与人之间直接教学授课或者以书本的形式流动。在此阶段，知识能够集聚和积累，并且富有创造性。当创新出现时，知识则以论文和发明专利等形式表现出来，并进入应用研究阶段。在此阶段，知识将从论文和专利等形式向具体的实物或者从技术向试验性产品转化，知识将从无形的技术转化为有形的商品或服务。随后，知识将经历生产阶段，知识将彻底转化为具体的商品或服务。但是在此之后的阶段，知识可以通过商品的价值表现出来，尤其是新产品、新服务，知识蕴含在商品和服务之中，通过商品的销售表现出其价值。然后知识就进入销售阶段实现其价值。销售之后，市场或者消费者会对产品的质量、满意度等有一个反馈，此时的反馈信息作为一种特殊形式的知识反馈给生产及应用研究部门，使其能通过市场的反应适当地做出调整或者再创新。

知识作为创新的基础性资源，对创新有着极为重要的作用，然而并非

---

① 贺飞，韩伯棠. 基于科技人力资源的区域知识存量测度研究思路［J］. 现代管理科学，2006（7）：16–18.

② 魏和清. 关于知识测度理论与方法的思考［J］. 当代财经，2005（7）：120–123.

③ 贺卫，王浣尘. 知识经济中知识的测度问题初探［J］. 软科学，2001（3）：10–12.

④ 高新亚，邹珊刚. 知识测度的思考［J］. 自然辩证法研究，2000（2）：54–57.

⑤ 李顺才，邹珊刚，苏子仪. 一种基于永续盘存的知识存量测度改进模型［J］. 科学学与科学技术管理，2003（9）：13–15.

产出能代表所有的知识，只有被完全商业化的知识才能用产出价值进行衡量。比如一些企业或者科研机构，虽然拥有专利或者科研成果之类的知识，但是如果没有转化为新产品，没有在社会中创造新的价值，那么这种专利或者科研成果就没有实际意义。知识在创新链中不同环节的表现形式不同，但是最终都将转化为商品或服务，并以价值形式表现出来。对于本研究来说，基于知识（或技术）的社会属性，直接采用知识的最终表现形式即新产品或新服务的销售收入对知识进行测量，具有理论的合理性。

4.7.5　创新管理的双层视角

科技经济系统是一个复杂的自组织系统，该系统包含众多的变量和参数，这些构成元素之间相互影响、相互作用，进而形成了社会经济系统的多层次性和非线性。现实的科技经济系统既有宏观层面的国家经济系统，有局部的产业、区域科技经济子系统，也有企业创新子系统等。创新网络体系中，企业、科研机构是创新的基本运行单位，并且相互间存在着千丝万缕的联系，每个企业的发展带动行业的发展，进一步带动整体科技经济的发展，微观单位是宏观运行的基础，但并不是简单的加总。

企业的技术创新管理和政府的科技管理都需要着眼于宏观与微观的双重视角。政府制定科技创新政策需要从国家或区域的宏观大局出发，目的是实现区域科技经济的发展进步。但在考虑影响因素以及政策实施细节时，也需要分析微观具体情境，考虑科技政策会对行业及企业本身、上下游相关行业企业以及相关科研机构产生的影响。对政策具体实施情况的考察或者反馈也需要以微观企业或者行业为基础，进一步综合得出宏观上的判断。另一方面，政府科技投入实现的技术创新与扩散效应，能够引起上下游产业部门的创新联动，推动整个区域的创新发展。政府的宏观科技政策实施后，微观企业会对政策做出反应，而和企业创新有着密切关系的公共或者第三方的科技服务部门也会根据企业和政策的变化而调整创新的方向或者知识产出量，引起新产品产出、市场结构和利润率的复杂变化。企业创新管理决策本身也是在宏观上受到政府科技投入政策的影响作用下，不断调整微观企业的创新路径选择的。

4.8　本章小结

企业技术创新活动是在创新链上进行的，并深刻嵌入关联的网络环境。政府、高校、科研院所以及科技类中介组织等创新主体共同构成了企业技术创新的网络环境。企业技术创新决策是企业同区域创新网络其他主体，包括政府，进行相互博弈的结果。政府科技投入对企业技术创新的作用是基于对企业创新决策的引导、改变企业创新网络结构、优化创新链进行的。政府是企业创新网络中重要的影响主体，政府的作用机制要结合市场机制来发挥作用，共同协调进行创新资源的配置。在两种机制的共同作用下，企业能够最大限度地利用区域内的创新资源。根据政府科技投入的对象所属区域创新网络层次的不同，将政府影响企业技术创新的作用机制划分为直接作用机制和间接作用机制。对区域创新网络中核心层企业主体的投入，为直接投入；对创新网络中社会层内其他创新主体的科技投入，为间接投入。由此区分创新链上（R&D与成果转化）政府科技投入对企业技术创新的直接作用机制和间接作用机制，实现对政府科技投入效应模型的构建。企业技术创新是一个投入-产出的线性循环过程，这一过程不仅受到企业自身因素的影响，还受到环境中其他主体（如政府）的影响。企业吸收政府科技投入的具体模式有三种：直线模式、三角模式和三铰链模式。一般来说，政府科技投入不仅可以引导和激励企业技术创新，也可能会发挥反作用，即挤出与替代效应。除此之外，在企业的技术创新中，政府科技投入还会产生溢出效应和创新网络的优化效应。

在对上述企业吸收政府科技投入模式进行提炼的基础上，明确了企业吸收政府科技投入的主要路径；在政府科技投入影响潜在或一般效应分析的基础上，明确了企业技术创新受到的政府科技投入的综合性影响效应的性质；进一步在对企业技术创新过程、创新知识测量等假定的基础上，设置企业技术创新和政府科技投入因素变量，建立变量间关系，解析要素或变量间的具体影响效应，提出研究假设，构建出政府科技投入变量同企业技术创新变量之间关系的研究模型。

5　政府科技投入影响企业技术创新效应实证分析

本章在第4章效应模型研究的基础上，利用中国科技创新面板数据对研究假设进行实证分析，包括以下内容：吸收政府R&D投入对企业内部R&D投入的影响效应；吸收政府科技投入对企业外部R&D投入的影响效应；吸收政府R&D投入对企业创新产出的影响效应；总结综合分析结果，分析研究假设检验情况，并对实证结果从多个角度进行深入研究。

5.1　政府科技投入对企业技术创新影响效应模型

在上述三个方面研究的基础上构建政府科技投入对企业技术创新影响的效应模型，包括基本变量（企业技术创新投入-产出变量和政府科技投入政策变量）和变量的影响关系（政府科技投入政策变量对企业技术创新变量的影响关系）。

5.1.1　主要变量

基于企业技术创新的投入-产出模型，设置企业技术创新投入变量和企业技术创新产出变量。根据政府科技投入影响的特点，设置政府科技投入政策变量。

（1）企业技术创新投入变量。企业创新投入的变量主要有企业研发资金投入、研发人员的投入和已有技术。根据国家统计局文件（国统字〔2019〕47号）的规定，R&D经费支出按经费使用主体分为内部支出和外部支出。内部支出是指报告期调查单位内部为实施R&D活动而实际发生的全部经费，按支出性质分为日常性支出和资产性支出。外部支出是指报告期调查单位委托其他单位或与其他单位合作开展R&D活动而转拨给其他单位的全部经费。本书以企业内部R&D投入和外部R&D投入来描述企业创新投入。

（2）企业技术创新产出变量。在《弗拉斯卡蒂手册》中，经济合作与发展组织[①]（OECD，2010）将R&D指标划分为三类：第一类指标是投入指标，主要包含研发活动中人力、物力、财力等各种经济资源的投入；第二类是产出指标，主要是指专利、论文等研发活动的直接后果；第三类是影响指标，包括研究开发活动对经济、社会等产生的贡献与影响，如劳动生产率、工业增加值等。根据科技部统计，中国的R&D产出指标包括四类：一是三系统（SCI、ISTP和EI）收录的中国科技论文数（篇），二是专利申请量（件），三是高技术产品出口占商品出口总额的比重，四是高技术产品出口额（亿美元）。企业的产品水平、质量水平、专利数及人员素质、装备素质等也是衡量R&D产出的重要指标（张承谦等[②]，2000）。本书将企业新产品收入作为企业创新产出的基本描述变量。

（3）政府科技投入政策变量。广义上，政府科技投入资助企业R&D活动的方式主要有两种：直接资助和间接资助。根据《弗拉斯卡蒂手册》，政府对企业R&D活动的直接资助又可以分为两种：第一种是政府采购，第二种是政府以补贴的形式提供给R&D执行者。OECD成员的政府一般采用五种金融手段进行政府补贴，包括政府直接拨款或无偿性预付款、政府提供贷款、为企业贷款担保、利率补贴以及政府参股等方式。中国政府主要采用拨款、贴息和资本金投入的形式。基于企业吸收政府科技投入的不同模式，我们不仅应关注政府直接提供给企业的资助对企业投入与产出的影响，也应该关注政府的间接性科技投入对企业的综合效应，因此本书将政府对企业的科技投入和政府对公共部门的科技投入作为政府的科技投入政策变量。

政府的工业R&D投入（直接性投入）[③]，即政府科技资助，是指政府为支持企业R&D，对特定产业、特定企业的R&D项目给予一定的拨款资助。

政府的公共R&D投入（间接性投入），是指政府对公共研究部门包括科研机构和高等院校的直接拨款。

---

① 经济合作与发展组织. 弗拉斯卡蒂手册［M］. 高昌林，张玉勤，译. 北京：科学技术文献出版社，2010：1-14.

② 张承谦，张佩，陈利建. 中外企业（R&D）投入和产出的比较研究［J］. 研究与发展管理，2000（4）：31-35.

③ 政府对企业R&D投入是全部政府对企业科技投入中的核心部分，最能体现影响关系的效应，本书以政府对企业R&D投入变量代替政府对企业全部科技投入变量。

5.1.2 关系路径

根据对政府科技投入的作用力到达企业是否需要通过其他主体，将关系路径分为直接路径和间接路径。企业-政府投入的直线模式表明的是企业同政府间存在直接路径关系，而企业-公共研发机构-政府的三角模式与三铰链模式表明企业和政府间存在中间性组织（公共研发机构或者一种混合性组织），因此政府科技投入对企业技术创新的影响有直接影响（政府对企业的科技投入→企业技术创新）和间接影响（政府对公共研发机构的科技投入→企业技术创新）。由于企业技术创新包含投入和产出两组变量，实际的影响路径有4组。政府科技投入对企业技术创新的主要变量关系研究模型如图5-1所示。图中由政府科技投出引出的4条实箭线表示对企业技术创新过程的基本关系，4条虚箭线表达了政府科技投入对企业具体投入与产出变量的影响关系。其中，企业自有R&D投入包括内部R&D投入和外部R&D投入。

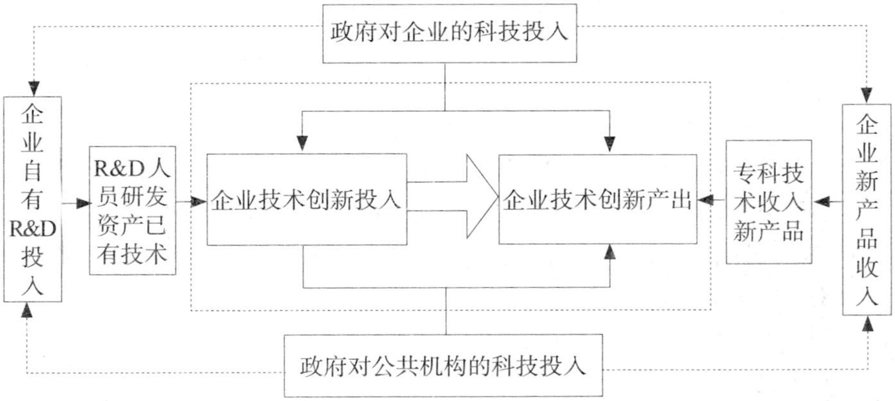

图5-1 企业技术创新中政府科技投入作用的基本模型

三组路径关系为：企业吸收的政府R&D投入对企业内部R&D投入的影响效应，企业吸收的政府R&D投入对企业外部R&D投入的影响效应，企业吸收的政府R&D投入对企业创新产出的影响效应。

5.1.3 研究假设

在前文理论研究基础上，对政府科技投入对企业技术创新的影响作用提出一些基本研究假设。

（1）吸收政府研发投入对企业内部研发投入的影响效应。虽然企业自身创新管理绩效存在差异，但从企业总体来说，由于存在技术溢出与扩散性，企业吸收政府的工业研发投入是企业直接增加创新投入的一个有利性因素，是企业面临的重要机遇。企业合理利用政府直接性科技投入，有利于降低创新风险、不确定性和外溢成本，能够提升自有技术的创新动力。但是由于不同行业的产业组织形式或技术体制差异的影响（如部分行业的技术垄断性或技术研发竞争替代性强，部分行业以大企业或中小企业居多，部分行业本身研发投入需求高或者低等），政府工业研发投入对企业技术创新的影响效应也会具有较大的差异性。

公共研发机构能够为企业提供基础性的、行业共性的知识和技术，政府对公共研发机构的支持有利于优化企业创新知识空间，提升企业创新动力和能力，有利于企业不断增加内部研发投入。

由此，提出以下假设：

H_{11}：企业有效吸收利用政府的直接性科技投入（工业研发投入）对企业增加内部研发投入具有显著性直接促进效应。企业利用政府直接研发投入的绩效会受到行业因素的影响。

H_{12}：企业有效吸收利用政府间接性科技投入（公共研发投入）对企业增加内部研发投入具有显著性的直接促进效应。

（2）吸收政府科技投入对企业外部研发投入的影响效应。企业基于创新链条进行创新决策，如果能够充分而合理地利用在直线或者三角模式下获得的政府直接资助，将在选择或者强化内部自主创新战略的同时，培养企业的创新网络建构能力和知识吸收能力，能够具有较为充分的创新资源和能力去企业外部寻求和发展技术合作。由此，企业创新的开放性程度将得到增强，企业合作创新方面的动力和能力不断得到提升。

政府对于对公共研发部门的科技投入，首先可以直接地促进公共研发机构科技产出的提高，其次对公共研发部门与企业之间开展创新合作具有主导或者引导作用。如产业技术创新联盟、产业共性技术研究院等是比较特殊的产学研合作模式，企业积极参与政府公共研发支出支持下的产学研合作，有利于降低外部研发合作的成本支出（已存在外部研发合作企业），但是对于之前不存在有关业务的企业，有利于促进其开展外部研发的积极性，所以从产业整体上看，二者关系不明确。

由此，提出以下假设：

H_{21}：企业有效吸收政府工业研发投入对企业外部研发投入具有显著性的直接正向效应，即企业对政府的科技资助资金的有效利用能够增加企业外部寻求技术资源的动力，增强外部合作。

H_{22}：从产业层面来说，企业吸收政府公共研发投入对企业外部研发投入的影响总体作用不明确。

（3）吸收政府科技投入对企业创新产出的影响。企业的技术创新过程具有投入-产出-再投入的迭代反复与循环特性，企业要不断积累失败的经验，进行R&D投入与分配的修正和优化。所以，全部企业整体的内部研发投入分配是具有效率的，是同等企业创新产出水平下的最小投入，产出也是在当前投入水平下的最大产出。企业内部研发的技术最贴近产品市场需求，一般可直接转化为创新产品，因此企业的内部R&D投入无疑对创新产出具有直接促进效应。企业的外部研发投入主要用于外部创新合作的支出，以获得新技术、新工艺和新产品。创新合作过程是企业吸纳新知识、新技术和获取新能力的过程，也是企业不断提升吸收能力和培育自有技术再创新能力的过程。企业积极拓展创新合作的外部空间能够直接性地提高创新产出。

进一步，从企业吸收政府科技投入对创新产出的关系分析。由以上分析，政府工业研发投入和政府公共研发投入对企业内部的研发投入都具有直接性促进效应，而企业内部研发投入对创新产出具有直接性促进效应，从而推断政府科技投入（包括工业R&D投入和公共R&D投入）对企业的创新产出具有间接性潜在促进效应。同时，由于企业申请承担的部分政府工业研发项目由政府完全资助，政府通过购买、研发补贴和税收减免等可以直接增加企业创新产品收入，因此政府工业研发投入对企业创新产出也具有显著的直接促进效应。

由此，提出以下假设：

H_{31}：企业内部研发投入对企业技术创新产出具有显著的直接性促进效应。

H_{32}：企业外部研发投入对企业技术创新产出具有显著的直接性促进效应。

H_{33}：企业内部研发投入是企业吸收政府工业研发投入对创新产出的影响发挥作用的中介变量，具有部分中介效应，从而企业吸收政府工业研发投入对企业创新产出具有直接及间接性促进效应。

H_{34}：企业内部研发投入是企业吸收政府公共研发投入对创新产出的影响发挥作用的中介变量，具有中介效应，从而企业吸收政府公共研发投入对企业创新产出具有间接性促进效应。

5.1.4 面板数据模型及估计与检验方法

面板数据（panel data）也称平行数据，是指对不同时刻的截面个体进行连续观测所得到的多维时间序列数据。这类数据有着独特的优点，可以整合更多的信息，是近20年来计量经济学的重要发展之一。模型能够同时反映研究对象在时间和截面单元两个方向上的变化规律及不同时间、不同单元的特性。面板数据模型综合利用样本信息，能够使研究更加深入，同时可以减少多重共线性带来的影响。将面板数据的基本假设称作齐性假设，即经济变量y由某一参数的概率分布函数$P(y|\boldsymbol{\theta})$产生。其中，$\boldsymbol{\theta}$是m维实向量，在所有时刻对所有个体均相等。违背基本假定的情况通常有参数非齐性偏差和选择性偏差。参数的非齐性包括截面单元参数$\boldsymbol{\theta}$非齐性和时间序列参数非齐性。选择性偏差主要是因为样本并非从总体中随机抽取的[①]。

一般线性面板数据模型可表示为

$$y_{it}=\boldsymbol{\alpha}_{it}+\boldsymbol{\beta}'_{it}\boldsymbol{x}'_{it}+u_{it}\ (i=1,\cdots,N;\ t=1,\cdots,T) \quad (5.1)$$

式中：α_{it}为常数项；$\boldsymbol{x}'_{it}=(x_{1it},x_{2it},\cdots,x_{Kit})$，为外生变量向量；$\boldsymbol{\beta}'_{it}=(\beta_{1t},\beta_{2it},\cdots,\beta_{Kit})$，为参数向量；$K$是外生变量个数；$N$为截面单位总数；$T$是时期总数。随机扰动项$u_{it}$相互独立，且满足零均值、同方差。

$\boldsymbol{\alpha}_{it}$、$\boldsymbol{\beta}_{it}$包括了时间和截面效应，$\boldsymbol{\alpha}_{it}$可进一步分成总体效应与个体效应之和，即$\boldsymbol{\alpha}_{it}=\alpha+\delta_i+\eta_t$。式中：$\boldsymbol{\alpha}$表示总体效应；$\delta_i$表示截面效应，$\eta_t$表示时期效应，一起构成个体效应。

（1）变截距与变系数模型[②]。假定时间序列参数齐性，即参数满足时间一致性，也就是参数值不随时间的不同而变化，模型5.1可进一步写成

$$y_{it}=\boldsymbol{\alpha}_i+\boldsymbol{\beta}'_i\boldsymbol{x}_{it}+u_{it} \quad (5.2)$$

α_i和β_i为个体时期恒量，其取值只受到截面单元不同的影响。当参数不受时间影响的情况下，截距和斜率参数存在以下假设：

H_1：斜率系数相同，截距不同，即存在$\beta_1=\beta_1=\cdots=\beta_N$。

模型为

$$y_{it}=\alpha_i+\boldsymbol{\beta}'\boldsymbol{x}'_{it}+u_{it} \quad (5.3)$$

H_2：斜率系数和截距都相同，即存在$\alpha_1=\alpha_1=\cdots=\alpha_N$，$\beta_1=\beta_1=\cdots=\beta_N$。

模型为

$$y_{it}=\alpha+\boldsymbol{\beta}'\boldsymbol{x}'_{it}+u_{it} \quad (5.4)$$

---

① 易丹辉. 数据分析与Eviews应用［M］. 北京：中国人民大学出版社，2008：201.

② 李子奈，潘文卿. 计量经济学［M］. 2版. 北京：高等教育出版社，2015：225.

模型5.2：$\bar{y}_i=\frac{1}{T}\sum_{t=1}^{T}y_{it}$，$\bar{x}_i=\frac{1}{T}\sum_{t=1}^{T}x_{it}$，$W_{xx,i}=\sum_{t=1}^{T}(x_{it}-\bar{x})'(x_{it}-\bar{x})$，$W_{xy,i}=\sum_{t=1}^{T}(x_{it}-\bar{x})'(y_{it}-\bar{y})$，参数的最小二乘估计为$\hat{\beta}_i=W_{xx,i}^{-1}W_{xy,i}$，$\hat{\alpha}_i=\bar{y}_i-\bar{x}_i\hat{\beta}_i$，第$i$群的残差平方和为$RSS_i=W_{yy,i}-W'_{xy,i}W_{xx,i}^{-1}W_{xy,i}$，模型5.2的残差平方和为$S_1=\sum_{i=1}^{n}RSS_i$。

模型5.3：$W_{xx}=\sum_{i=1}^{n}W_{xx,i}$，$W_{xy}=\sum_{i=1}^{n}W_{xy,i}$，$W_{yy}=\sum_{i=1}^{n}W_{yy,i}$，参数的最小二乘估计量为$\hat{\beta}_i=W_{xx}^{-1}W_{xy}$，$\hat{\alpha}_i=\bar{y}_i-\bar{x}_i\hat{\beta}$，模型5.3的残差平方和为$S_2=W_{yy}-W'_{xy,i}W_{xx}^{-1}W_{xy}$。

模型5.4：$T_{xx}=\sum_{i=1}^{n}\sum_{t=1}^{T}(x_{it}-\bar{x})'(x_{it}-\bar{x})$，$T_{xy}=\sum_{i=1}^{n}\sum_{t=1}^{T}(x_{it}-\bar{x})'(y_{it}-\bar{y})$，$T_{yy}=\sum_{i=1}^{n}\sum_{t=1}^{T}(y_{it}-\bar{y})'(y_{it}-\bar{y})$，$\bar{y}=\frac{1}{nT}\sum_{i=1}^{n}\sum_{t=1}^{T}y_{it}$，$\bar{x}=\frac{1}{nT}\sum_{i=1}^{n}\sum_{t=1}^{T}x_{it}$，残差平方和为$S_2=T_{yy}-T'_{xy}T_{xx}^{-1}T_{xy}$。

检验H_2的F统计量为

$$F_2=\frac{(S_3-S_1)/[(n-1)(K+1)]}{S_1/[nT-n(K+1)]}\sim F[(n-1)(K+1),\ n(T-K-1)]$$

检验H_1的F统计量为

$$F_1=\frac{(S_2-S_1)/[(n-1)K]}{S_1/[nT-n(K+1)]}\sim F[(n-1)K,\ n(T-K-1)]$$

如果F_2大于（等于）某置信度（如95%）下的同分布临界值，则拒绝H_2，继续检验，找出非齐性的来源，否则选择模型5.4；如果F_1大于（等于）某置信度（如95%）下的同分布临界值，则拒绝H_1，选择模型5.2，否则选择模型5.3。

（2）固定效应与随机效应模型。变截距模型和变系数模型存在固定效应和随机效应模型的区分。区分固定和随机效应的标准在于推论是否以样本自身个体特性为条件。以变截距模型$y_{it}=\alpha_i+\boldsymbol{\beta}'\boldsymbol{x}'_{it}+u_{it}$为例，其个体恒量$\alpha_i$代表截面单元的个体特性、反映模型中体现的个体差异，个体时间变量u_{it}代表模型中体现随截面与时序同时变化的因素的影响。固定效应模型把个体特性（α_i）或时期特性（λ_t）当作未知的确定常数，随机效应模型则把它们视为如同u_{it}一样的随机变量。当时间序列长度T很小而截面单元个数N又较大时，两种模型的结果差异可能较大，需要正确地选择模型。如果研究者仅以样本自身效应为条件进行研究，宜使用固定效应模型；如果以样本对总体效应进行推论，则应采用随机效应模型。

5.1.5 政府科技投入影响效应模型构建

（1）基本模型形式。从企业科技创新过程的投入和产出两个主要阶段考虑，进行政府工业R&D和公共部门R&D投入对企业技术创新的影响分析[①]。

① 政府R&D投入对中国企业内部R&D投入的影响分析模型。以政府R&D投入作为解释变量，以企业内部R&D自身投入、企业内部R&D国外投入和企业内部R&D其他投入作为被解释变量，构建的计量经济模型基本形式为

$$rd\_e\_ix = \mu + \beta rd\_e\_ig + \alpha_i + u_{it}$$
$$rd\_e\_ix = \mu + \beta rd\_r\_i + \alpha_i + u_{it}$$
$$rd\_e\_i = \mu + \beta rd\_e\_ig + \gamma rd\_r\_i + \alpha_i + u_{it}$$
$$i = 1，\cdots，N，t = 1，\cdots，T$$

② 政府R&D投入对中国企业外部R&D投入的影响分析模型。以企业外部R&D总投入为被解释变量，以企业政府工业R&D投入和政府的公共R&D投入为解释变量，基于不同的假定，比较分析政府科技投入对企业外部R&D影响的独立效应及综合效应，构建的三个计量经济模型[②]形式为

$$rd\_e\_e = \mu + \beta rd\_e\_ig + \alpha_i + u_{it}$$
$$rd\_e\_e = \mu + \beta rd\_r\_i + \alpha_i + u_{it}$$
$$rd\_e\_e = \mu + \beta rd\_e\_ig + \gamma rd\_r\_i + \alpha_i + u_{it}$$
$$i = 1，\cdots，N，t = 1，\cdots，T$$

③ 政府R&D投入对企业创新产出的影响分析模型。以企业新产品收入为被解释变量，以企业内部R&D非政府投入、政府工业R&D投入和政府公共R&D投入为解释变量，基于不同的研究假定，比较分析政府科技投入对企业创新的新产品收入影响的独立效应及综合效应，构建的4个计量经济模型形式为

$$e\_np = \mu + \beta rd\_e\_ie + \alpha_i + u_{it}$$
$$e\_np = \mu + \beta rd\_e\_ig + \alpha_i + u_{it}$$

---

① 政府对企业的科技投入以政府对企业R&D投入来替代，由于下文将以产业-时期面板数据进行分析，政府对企业的R&D投入、政府对公共研发部门的R&D投入两个变量分别以政府的工业R&D投入和政府公共R&D投入代替。

② 采用多个竞争模型进行比较，下文政府R&D投入对企业创新产出的影响分析模型中也采用这种分析思路。

$$e\_np = \mu + \beta rd\_r\_g + \alpha_i + u_{it}$$

$$e\_np = \mu + \beta rd\_e\_ie + \gamma rd\_e\_ig + \eta rd\_r\_g + \alpha_i + u_{it}$$

以上三组模型分别用来检验第4章的研究假设：① 组方程检验假设H_{11}和H_{12}，② 组方程检验假设H_{21}和H_{22}，③ 组方程用来检验假设H_{31}至H_{34}。

（2）相关变量及其标识。上述8个方程模型中的相关变量及其标识如表5-1所示。

表5-1　　变量名称及标识

名称	企业内部R&D总投入	企业内部R&D政府投入（工业R&D）	企业内部R&D自身投入	企业内部R&D国外投入
标识	rd_e_i	rd_e_ig	rd_e_ie	rd_e_if
名称	企业内部R&D其他投入	企业内部R&D的某种非政府投入	企业内部R&D非政府投入总量	企业外部R&D总投入
标识	rd_e_io	rd_e_ix	rd_e_in	rd_e_e
名称	政府的公共R&D投入	企业新产品收入	截距项	产业个体效应
标识	rd_r_g	e_np	μ	α_i
名称	随机干扰项	面板数据中的产业个体/时间下标	面板数据所含有的产业数目	时间序列的长度
标识	u_{it}	i/t	N	T

（3）数据来源及样本选择。本书采用《中国科技统计年鉴》（2013年、2014年和2015年）中全国规模以上工业企业的科技投入产出数据进行统计，选取企业R&D经费内部支出（政府资金、企业资金、国外资金和其他资金）、企业R&D经费外部支出、企业新产品销售收入、行业研究与开发机构的政府基金等指标。

对不同年份的产业分类进行调整，统一合并为30个产业，并根据研究需要进行编码。其中，重工业中的采掘业2个（以A标示），轻工业10个（以B标示），重工业中的加工制造业16个（以C标示），二次能源产业2个（以D标示）。产业分类及编号如表5-2所示。

表5-2 产业分类及代码

代码	A1	A2	B1	B2	B3	B4
名称	煤炭开采和洗选业	有色金属矿采选业	农副食品加工业	食品制造业	酒、饮料和精制茶制造业	纺织业
代码	B5	B6	B7	B8	B9	B10
名称	纺织服装、服饰业	皮革、毛皮、羽毛及其制品和制鞋业	木材加工和木、竹、藤、棕、草制品业	家具制造业	造纸和纸制品业	文教、工美、体育和娱乐用品制造业
代码	C1	C2	C3	C4	C5	C6
名称	石油加工、炼焦和核燃料加工业	化学原料和化学制品制造业	医药制造业	化学纤维制造业	橡胶和塑料制品业	非金属矿物制品业
代码	C7	C8	C9	C10	C11	C12
名称	黑色金属冶炼和压延加工业	有色金属冶炼和压延加工业	金属制品业	通用设备制造业	专用设备制造业	汽车制造业
代码	C13	C14	C15	C16	D1	D2
名称	铁路、船舶、航空航天和其他运输设备制造业	电气机械和器材制造业	计算机、通信和其他电子设备制造业	仪器仪表制造业	电力、热力生产和供应业	燃气生产和供应业

（4）工具软件与估计、检验方法。本章面板数据的实证分析采用EViews 8.0软件。EViews是美国QMS公司研制的在Windows下用于分析和管理数据的功能强大而又小巧玲珑的实用统计分析软件。借助EViews能够进行Panel Data模型基本问题的研究分析。由于数据时期数较短，属于短面板数据，本书采用截面加权的广义最小二乘法[①]（GLS）进行参数估计。由于仅以样本自身条件进行分析，拟全部采用固定效应模型。

① 本书分析数据为短面板数据，所以主要考虑了产业截面上的效应，采用截面加权方式消除产业截面上的异方差性。

5.2 政府R&D投入对企业内部R&D投入的影响

本节从三个层面上进行分析：吸收政府R&D投入对企业内部R&D资金吸纳的影响作用，即对企业内部R&D投入总量及结构的影响性；根据产业R&D强度的差异，将工业区分为高研发产业和低研发产业，分别考察吸收政府科技投入对不同研发强度产业企业内部R&D投入量的影响作用；根据产业获取政府科技投入的强度差异，将工业区分为高资助产业和低资助产业，分别考察政府科技投入对不同资助强度产业企业内部R&D投入量的影响作用。

5.2.1 政府工业R&D投入对企业内部R&D投入来源结构的影响

政府工业R&D投入对企业内部R&D投入来源结构的影响，分别从政府工业R&D投入对企业内部研发总投入、企业自身投入、国外投入和其他投入四个方面进行分析。

（1）吸收的政府直接科技投入对企业内部研发总投入的影响。本部分就企业接受的政府R&D资助对企业内部R&D自身投入的影响关系进行实证分析。

① 变系数模型。拟合模型后，其主要统计指标如表5-3所示。模型在F统计量下具有较强的显著性水平，拟合指数较高。

表5-3　政府直接科技投入对企业内部研发总投入的影响变系数模型检验结果

项目	数值	项目	数值
R方	0.9997	被解释变量均值	32295305
调整R方	0.9993	被解释变量标准误差	1.12E+08
回归标准误差	406817.8	残差平方和	4.97E+12
F统计量	2406.68	P值（F统计量）	0

回归系数估计如表5-4所示。煤炭开采和洗选业（A1），纺织服装、服饰业（B5），家具制造业（B8），石油加工、炼焦和核燃料加工业（C1），以及金属制品业（C9）等行业的系数为负值。采掘业中，有色金属矿采选（A2）系数显著，煤炭开采和洗选（A1）系数不显著。轻工业中，

B1、B2、B3、B6、B7、B9、B10系数显著。加工制造业呈现不平衡性特征分布，显著性系数主要为C2、C4、C5、C6、C8以及各种专用设备制造（C10、C12、C13、C14）。二次能源产业不具有显著性系数。

表5-4 政府直接科技投入对企业内部研发总投入的影响系数估计（变系数模型）

变量	系数	标准误差	T统计量	P值
C	457926.5	503349.8	0.91	0.3702
RD_E_IG_A1	−11.4581	3.2299	−3.55	0.0013
RD_E_IG_A2	3.0789	1.5224	2.02	0.0521
RD_E_IG_B1	18.0614	0.4892	36.92	0
RD_E_IG_B2	17.8415	7.7629	2.30	0.0287
RD_E_IG_B3	28.3491	8.5731	3.31	0.0025
RD_E_IG_B4	31.0686	28.5047	1.09	0.2844
RD_E_IG_B5	−75.9027	44.7471	−1.70	0.1002
RD_E_IG_B6	74.3444	34.2203	2.17	0.0378
RD_E_IG_B7	35.1277	6.1947	5.67	0
RD_E_IG_B8	−24.9001	57.2884	−0.43	0.6669
RD_E_IG_B9	42.0156	239.4727	0.18	0.8619
RD_E_IG_B10	62.3995	10.0679	6.20	0
RD_E_IG_C1	−11.5272	20.1222	−0.57	0.5710
RD_E_IG_C2	40.2812	4.3073	9.35	0
RD_E_IG_C3	33.2963	29.5967	1.12	0.2695
RD_E_IG_C4	96.9917	0.5128	189.16	0
RD_E_IG_C5	62.8938	7.2182	8.71	0
RD_E_IG_C6	35.2361	7.8837	4.47	0.0001
RD_E_IG_C7	0.0643	11.9638	0.01	0.9957
RD_E_IG_C8	70.9091	5.6502	12.55	0
RD_E_IG_C9	−18.4410	15.1223	−1.22	0.2322
RD_E_IG_C10	21.3307	1.6349	13.05	0

（续表）

变量	系数	标准误差	T统计量	P值
RD_E_IG_C11	15.5216	10.0197	1.55	0.1318
RD_E_IG_C12	33.7882	12.6826	2.66	0.0123
RD_E_IG_C13	3.7730	0.8439	4.47	0.0001
RD_E_IG_C14	39.5114	10.1341	3.90	0.0005
RD_E_IG_C15	16.7069	25.0385	0.67	0.5097
RD_E_IG_C16	8.8268	7.8053	1.13	0.2671
RD_E_IG_D1	15.7034	11.2060	1.40	0.1714
RD_E_IG_D2	25.0223	65.1054	0.38	0.7034

各产业截面固定效应如表5-5所示。不同行业的企业实际内部R&D自主投入具有较大差距。位于前三位的为采掘、冶金与信息制造业加工制造中的C7、C9、C15，后三位为重工业加工制造中的C3、C8、C14。

表5-5 政府直接科技投入对企业内部研发总投入的影响固定效应（变系数模型）

系数	A1-C	A2-C	B1-C	B2-C	B3-C	B4-C
数值	1339626	-270161	233533.7	-78893.8	-457876	114707
系数	B5-C	B6-C	B7-C	B8-C	B9-C	B10-C
数值	856143.6	-412013	-508744	-180760	-38123	-684143
系数	C1-C	C2-C	C3-C	C4-C	C5-C	C6-C
数值	631844.7	-1028325	-3507029	-795410	-827741	-768042
系数	C7-C	C8-C	C9-C	C10-C	C11-C	C12-C
数值	5881951	-4308649	3554160	-876416	962490.1	-431919
系数	C13-C	C14-C	C15-C	C16-C	D1-C	D2-C
数值	77993.34	-1560365	3331738	248017.1	-67662.2	-429933

② 变截距模型。拟合模型后，其主要统计指标如表5-6所示。模型在F统计量下具有较强显著性水平，拟合指数较高。

表5-6 政府直接科技投入对企业内部研发总投入的影响变截距模型检验结果

项目	数值	项目	数值
R方	0.9967	被解释变量均值	4756393
调整R方	0.9950	被解释变量标准误差	4619074
回归标准误差	423214.4	残差平方和	1.06E+13
F统计量	588.38	P值（F统计量）	0

回归系数估计如表5-7所示。影响系数为正值，且具有较高的显著性水平。

表5-7 政府直接科技投入对企业内部研发总投入的影响系数估计

变量	系数	标准误差	T统计量	P值
C	1133643	224513.5	5.05	0
RD_E_IG	13.7358	1.99	6.91	0

综合来看，一方面，企业合理利用政府工业R&D投入能够实现对自身R&D投入水平提高的激励作用，但各行业企业的差异性较大。对于绝大多数行业来说，企业利用政府工业R&D投入有利于自身加大内部R&D投入，而具有显著性正向促进作用的系数数值的分布范围较大。另一方面，行业自身特性对政府工业R&D投入利用的影响作用具有比较大的影响。C7、C9企业自主研发投入高，政府投入引导效应弱；C3、C8、C14、C4自主投入度低，但企业能够实现政府投入对自身投入的引导，企业内部R&D自身投入的上升速度快；B4、C15企业自主的内部R&D投入和企业对政府投入的利用效用都较高；A2行业的企业自主投入和政府投入引导水平都较低。

（2）企业接受的政府直接科技资助对企业自身内部R&D投入的影响。拟合模型后，其主要统计指标如表5-8所示。模型在F统计量下具有较强的显著性水平，拟合指数较高。

表5-8 政府直接科技资助对企业自身内部R&D投入的影响模型检验结果

项目	数值	项目	数值
R方	0.9967	被解释变量均值	4653085

（续表）

项目	数值	项目	数值
调整R方	0.9951	解释变量标准误差	4753932
回归标准误差	419286.4	残差平方和	1.04E+13
F统计量	598.85	P值（F统计量）	0

回归系数估计如表5-9所示。影响系数为正值，且具有较高的显著性水平，各产业的固定效应值如表5-10所示。

表5-9　政府直接科技资助对企业自身内部R&D投入的影响系数估计

变量	系数	标准误差	T统计量	P值
C	1127983	220812.4	5.108332	0.0000
RD_E_IG	12.41871	1.955307	6.351282	0.0000

表5-10　政府直接科技资助对企业自身内部R&D投入的影响固定效应

系数	_A1-C	_A2-C	_B1-C	_B2-C	_B3-C	_B4-C
数值	126714.9	-1029750	-208806	-619809	-678972	-4619.2
系数	_B5-C	_B6-C	_B7-C	_B8-C	_B9-C	_B10-C
数值	-590730	-852307	-990708	-951871	-411470	-791456
系数	_C1-C	_C2-C	_C3-C	_C4-C	_C5-C	_C6-C
数值	-411300	2930813	-365412	-591143	330777.8	10633.22
系数	_C7-C	_C8-C	_C9-C	_C10-C	_C11-C	_C12-C
数值	4521164	541449.2	-228443	534672.3	701444.5	2876747
系数	_C13-C	_C14-C	_C15-C	_C16-C	_D1-C	_D2-C
数值	-9058450	3750888	4127855	-853498	-718499	-1095917

（3）企业接受的政府直接科技资助对企业吸收国外内部R&D投入的影响。本部分是就企业接受的政府R&D资助→企业吸收国外内部R&D投入这一关系进行的分析。经F检验及综合考虑，采用固定效应变截距模型。主要模型检验统计量如表5-11所示，模型整体拟合效果较好。

表5-11　政府直接科技资助对企业吸收国外内部R&D投入的影响模型检验结果

项目	数值	项目	数值
R方	0.9858	被解释变量均值	33156.15
调整R方	0.9781	解释变量标准误差	40517.23
回归标准误差	7743.83	残差平方和	3.30E+09
F统计量	126.99	P值（F统计量）	0

估计系数如表5-12所示。从T检验来看，共同系数数值较为显著，企业吸收政府R&D投入对企业从国外进行R&D资金筹集具有一定的促进作用。

表5-12　政府直接科技资助对企业吸收国外内部R&D投入的影响系数估计

变量	系数	标准误差	T统计量	P值
C	8710.05	1697.68	5.13	0.0000
RD_E_IG	0.06	0.014	3.90	0.0003

各产业的个体固定效应值如表5-13所示。具有正值的行业为C1、C2、C10、C12、C14、C15、C16。可见，重工业中的加工制造企业对国外R&D资金的自主吸纳性较强。

表5-13　政府直接科技资助对企业吸收国外内部R&D投入的影响固定效应

系数	A1-C	A2-C	B1-C	B2-C	B3-C	B4-C
数值	−819.20	−9100.9	−10610.1	−7666.31	−5381.21	−8649.33
系数	B5-C	B6-C	B7-C	B8-C	B9-C	B10-C
数值	−8592.51	−8002.25	−9021.75	−7595.86	−8347.78	−8090.2
系数	C1-C	C2-C	C3-C	C4-C	C5-C	C6-C
数值	38.58	21525.22	−5989.34	−8824.57	−3759.2	−6310.29
系数	C7-C	C8-C	C9-C	C10-C	C11-C	C12-C
数值	−8330.45	−9143.01	−9118.05	7262.97	−2510.76	46493.1
系数	C13-C	C14-C	C15-C	C16-C	D1-C	D2-C
数值	−29486	37734.29	70850.18	188.90	−9233.12	−8737.38

（4）企业接受的政府直接科技投入对企业吸收其他来源内部R&D投入的影响。本部分是就企业接受的政府直接科技投入对企业吸收的其他来源内部R&D投入这一关系进行的研究分析。经F检验，政府对企业其他渠道的资金引导效应的分析采用变截距固定效应模型。

变截距固定系数模型主要统计检验情况如表5-14所示。模型拟合指数较高。

表5-14 政府直接科技投入对企业吸收其他来源内部R&D投入的影响检验结果

项目	数值	项目	数值
R方	0.9910	被解释变量均值	43876.40
调整R方	0.9863	解释变量标准误差	44702.36
回归标准误差	6749.02	残差平方和	2.64E+09
F统计量	211.90	P值（F统计量）	0

模型估计系数如表5-15所示。全部产业的共同关系系数数值达到较显著的水平，企业获得的政府R&D投入的支持对企业吸收其他主体R&D资金具有一定的正向作用。

表5-15 政府直接科技投入对企业吸收其他来源内部R&D投入的影响系数估计

变量	系数	标准误差	T统计量	P值
C	5376.71	1823.85	2.95	0.0046
RD_E_IG	0.1904	0.0159	11.95	0

各产业的截面固定效应如表5-16所示。各产业具有较高正向效应的为B1、B2、B4、B5、B6、C2、C5、C6、C7、C8、C9、C10、C14、C15，主要集中在制造业，即使具有相同的政府引致系数，上述行业来自其他渠道的自主R&D资金仍然高于其他行业。

表5-16　　政府直接科技投入对企业吸收其他来源内部R&D投入的影响固定效应

系数	A1-C	A2-C	B1-C	B2-C	B3-C	B4-C
数值	−3434.94	−5171.51	9915.736	8274.297	−6038.51	8514.122
系数	B5-C	B6-C	B7-C	B8-C	B9-C	B10-C
数值	3575.283	2621.855	−2014.5	−3972.4	−876.597	−3504.86
系数	C1-C	C2-C	C3-C	C4-C	C5-C	C6-C
数值	−912.954	30104.33	−14980.3	−1910.07	16597.43	8843.253
系数	C7-C	C8-C	C9-C	C10-C	C11-C	C12-C
数值	2955.253	12943.24	3138.263	16094.97	−1219.53	−8947.4
系数	C13-C	C14-C	C15-C	C16-C	D1-C	D2-C
数值	−84896.8	13595.31	10171.72	−3564.55	−2417.04	−5224.63

由此可见，政府科技投入对企业内部R&D投入的总的引导作用来自对企业自有R&D、国外R&D投入以及其他渠道的R&D投入的直接促进作用。

5.2.2　政府工业R&D投入对不同研发强度产业企业内部R&D投入的影响

（1）基于研发强度的产业样本分组。企业研发强度是指企业R&D投入与企业当期销售收入的比值。本部分研究研发强度的差异对产业利用政府直接资助效果的差异。以各产业三年的内部R&D经费之和与销售收入之和的比例计算研发强度。由于样本数量有限，因此将样本分为两组，将总研发强度高于0.6%的行业列入研发强度高的组，其他的列入研发强度低的组。根据产业研发强度汇总表（表5-17），高研发强度的行业多为重工业的冶金、加工和制造业，低研发强度的行业多为轻工业、重工业的采掘业和二次能源产业。

总体上说，各行业的研发强度都比较低，73%以上行业的研发强度不足1%。铁路、船舶、航空航天和其他运输设备制造业，仪器仪表制造业，信息设备制造业，医药制造业，计算机、通信和其他电子设备制造业，专用设备制造业的研发强度最高，在1.5%以上。电力、热力生产和供应业，燃气生产和供应业的研发强度最低，不足0.2%。

表5-17 各行业研发强度汇总

高研发强度产业	研发强度	低研发强度产业	研发强度
铁路、船舶、航空航天和其他运输设备制造业	2.33	酒、饮料和精制茶制造业	0.58
仪器仪表制造业	1.97	食品制造业	0.54
医药制造业	1.67	煤炭开采和洗选业	0.48
计算机、通信和其他电子设备制造业	1.58	纺织业	0.44
专用设备制造业	1.54	非金属矿物制品业	0.41
电气机械和器材制造业	1.33	文教、工美、体育和娱乐用品制造业	0.39
通用设备制造业	1.28	有色金属矿采选业	0.35
汽车制造业	1.14	纺织服装、服饰业	0.34
化学纤维制造业	0.98	家具制造业	0.33
化学原料和化学制品制造业	0.86	农副食品加工业	0.29
黑色金属冶炼和压延加工业	0.86	皮革、毛皮、羽毛及其制品和制鞋业	0.27
橡胶和塑料制品业	0.73	石油加工、炼焦和核燃料加工业	0.23
金属制品业	0.68	木材加工和木、竹、藤、棕、草制品业	0.22
造纸和纸制品业	0.67	电力、热力生产和供应业	0.10
有色金属冶炼和压延加工业	0.65	燃气生产和供应业	0.09

（2）模型拟合与参数估计。本部分采用固定效应变截距模型分别对高研发投入行业和低研发投入行业进行分析。

① 高研发产业企业吸收的政府工业R&D投入对内部R&D投入的影响。政府工业R&D投入对高研发行业的影响系数及模型检验结果如表5-18、表5-19所示。模型拟合程度较好，政府工业R&D投入对企业内部R&D投入具有值约为12的正向带动作用。

表5-18 高研发产业企业吸收的政府工业R&D投入对内部R&D投入的影响系数估计

变量	系数	标准误差	T统计量	P值
C	2025897	589706.2	3.435434	0.0018
RD_E_IG	12.25	2.87	4.26	0.0002

表5-19 高研发产业企业吸收的政府工业R&D投入对内部R&D投入的影响模型检验结果

项目	数值	项目	数值
R方	0.9968	被解释变量均值	7841461
调整R方	0.9952	解释变量标准误差	8368090
回归标准误差	597117.2	残差平方和	1.03E+13
F统计量	604.24	P值（F统计量）	0

② 低研发产业企业利用政府工业R&D投入对内部R&D投入的影响。政府工业R&D投入对低研发行业的影响系数及模型检验结果如表5-20、表5-21所示。模型拟合程度较好，政府工业R&D投入对低研发产业的企业内部R&D投入具有值约为18的正向带动作用。

表5-20 低研发产业企业利用政府工业R&D投入对内部R&D投入的影响系数估计

变量	系数	标准误差	T统计量	P值
C	439315.2	36632.22	11.99	0.0000
RD_E_IG	18.9116	1.7384	10.88	0.0000

表5-21 低研发产业企业利用政府工业R&D投入对内部R&D投入的影响模型检验结果

项目	数值	项目	数值
R方	0.9948	被解释变量均值	1114461
调整R方	0.9921	解释变量标准误差	898549.5
回归标准误差	101137.6	残差平方和	2.97E+11
F统计量	370.92	P值（F统计量）	0

由此可见，政府科技投入对低研发强度产业内部研发投入的带动作用强于对高研发强度产业的带动作用。

5.2.3 政府工业R&D对不同资助强度产业企业内部R&D投入量的影响

（1）基于政府直接资助强度的产业样本分组。资助强度是指企业获得政府直接科技资助与企业当期R&D支出的比值。以各产业三年的内部政府工业R&D之和与产业内部R&D投入之和的比例计算资助强度。依据资助强度的大小，将产业分为两组，资助强度高于3%的为高资助组，低于2.9%的为低资助组。产业资助强度汇总如表5-22所示。大多数产业政府资助的强度差别不大。绝大多数行业的资助率低于4%，只有铁路、船舶、航空航天和其他运输设备制造业，仪器仪表制造业，医药制造业，以及通用设备制造业的资助强度在5%以上。资助强度最低的为黑色金属冶炼和压延加工业，燃气生产和供应业，都不足1%。

表5-22 各行业资助强度汇总

高资助强度产业	资助强度	低资助强度产业	资助强度
铁路、船舶、航空航天和其他运输设备制造业	22.77	电气机械和器材制造业	2.87
仪器仪表制造业	5.90	化学原料和化学制品制造业	2.70
医药制造业	5.69	文教、工美、体育和娱乐用品制造业	2.33
通用设备制造业	5.05	纺织业	2.05
专用设备制造业	4.59	电力、热力生产和供应业	1.91
金属制品业	4.34	橡胶和塑料制品业	1.88
计算机、通信和其他电子设备制造业	4.15	石油加工、炼焦和核燃料加工业	1.54
有色金属矿采选业	3.97	化学纤维制造业	1.54
酒、饮料和精制茶制造业	3.53	煤炭开采和洗选业	1.37
食品制造业	3.47	纺织服装、服饰业	1.29
木材加工和木、竹、藤、棕、草制品业	3.40	造纸和纸制品业	1.23
农副食品加工业	3.26	家具制造业	1.20

（续表）

高资助强度产业	资助强度	低资助强度产业	资助强度
非金属矿物制品业	3.26	皮革、毛皮、羽毛及其制品和制鞋业	1.16
有色金属冶炼和压延加工业	3.21	燃气生产和供应业	0.98
汽车制造业	2.95	黑色金属冶炼和压延加工业	0.791

（2）模型拟合与参数估计。本部分采用固定效应变截距模型分别对高资助行业和低资助行业进行分析。

① 高政府工业R&D投入企业吸收的政府资助对企业内部R&D投入量的影响。高政府工业R&D投入对企业内部R&D投入量的影响系数及模型检验结果分别如表5-23、表5-24所示。模型拟合程度较好，高政府工业R&D投入对企业内部R&D投入量具有值约为11的正向带动作用。

表5-23　高政府工业R&D投入企业吸收的政府资助对企业内部R&D投入量的影响系数估计

变量	系数	标准误差	T统计量	P值
C	1317927	389420.3	3.384330	0.0021
RD_E_IG	10.7988	2.11	5.11	0.0000

表5-24　高政府工业R&D投入企业吸收的政府资助对企业内部R&D投入量的影响模型检验结果

项目	数值	项目	数值
R方	0.9902	被解释变量均值	4960012
调整R方	0.9851	解释变量标准误差	1635856
回归标准误差	524339.3	残差平方和	7.97E+12
F统计量	194.64	P值（F统计量）	0

② 低政府工业R&D投入企业吸收的政府资助对企业内部R&D投入量的影响。低政府工业R&D投入对企业内部R&D投入量的影响系数及模型

检验结果分别如表5-25、表5-26所示。模型拟合程度较好，低政府工业R&D投入对企业内部R&D投入量具有值为36的正向带动作用。

表5-25 低政府工业R&D投入企业吸收的政府资助对企业内部R&D投入量的影响系数估计

变量	系数	标准误差	T统计量	P值
C	526828.1	101652.0	5.18	0.0000
RD_E_IG	36.98	3.312159	11.17	0.0000

表5-26 低政府工业R&D投入企业吸收的政府资助对企业内部R&D投入量的影响模型检验结果

项目	数值	项目	数值
R方	0.9805	被解释变量均值	1997012
调整R方	0.9704	解释变量标准误差	1405294
回归标准误差	389538.4	残差平方和	4.70E+12
F统计量	97.47	P值（F统计量）	0

由此可见，政府科技投入对于低资助强度产业内部研发投入的带动作用高于高资助强度产业。

5.2.4 政府公共R&D投入对企业内部R&D投入的影响

采用共同系数模型进行分析，政府公共R&D投入对企业内部R&D投入影响系数估计与检验结果分别如表5-27、表5-28所示。政府公共R&D投入对企业内部R&D投入量具有值约为0.11的正向促进作用。

表5-27 政府公共R&D投入对企业内部R&D投入的影响系数估计

变量	系数	标准误差	T统计量	P值
C	2672759	7177.39	372.39	0.0000
RD_R_I	0.1104	0.0529	2.09	0.0413

表5-28 政府公共R&D投入对企业内部R&D投入的影响模型检验结果

项目	数值	项目	数值
R方	0.9980	被解释变量均值	5809747
调整R方	0.9969	解释变量标准误差	8256399
回归标准误差	505330.2	残差平方和	1.51E+13
F统计量	960.73	P值（F统计量）	0

政府公共研发投入对企业内部研发投入具有一定影响作用。

5.2.5 政府R&D投入对企业内部R&D投入量的综合效应

变截距模型的系数估计及检验结果分别如表5-29、表5-30所示。政府工业R&D投入的作用系数为18.31，政府公共R&D投入为-0.40。政府公共科技投入与工业科技投入政策具有独立性，企业对政府两个方向科技投入的利用存在较强相关性的情况下，虽然政府公共部门R&D投入作用不再显著，但是政府工业R&D的作用得到大大增强。

表5-29 政府R&D投入对企业内部R&D投入量的综合影响系数估计

变量	系数	标准误差	T统计量	P值
C	659347.7	52020.28	12.67	0.0000
RD_E_IG	18.31	0.4703	38.93	0.0000
RD_R_I	-0.4028	0.0646	-6.23	0.0000

表5-30 政府R&D投入对企业内部R&D投入量的综合影响模型检验结果

项目	数值	项目	数值
R方	0.9984	被解释变量均值	6564492
调整R方	0.997593	解释变量标准误差	10522179
回归标准误差	393419.6	残差平方和	8.98E+12
F统计量	1190.84	P值（F统计量）	0

各产业的固定效应如表5-31所示。其基本正负效应的分布情况同独立效应模型的情况相似。

表5-31　政府R&D投入对企业内部R&D投入量的综合影响固定效应

系数	_A1-C	_A2-C	_B1-C	_B2-C	_B3-C	_B4-C
数值	503441.2	−596004	26333.25	−295321	−350248	327391.7
系数	_B5-C	_B6-C	_B7-C	_B8-C	_B9-C	_B10-C
数值	−152795	−393206	−558304	−492577	12692.58	−374149
系数	_C1-C	_C2-C	_C3-C	_C4-C	_C5-C	_C6-C
数值	28793.71	2669883	−756765	−167970	651827.6	182534.6
系数	_C7-C	_C8-C	_C9-C	_C10-C	_C11-C	_C12-C
数值	4765769	579006.3	−200402	−240293	155478.8	2467234

5.2.6　初步结论

从以上分析的全部工业行业整体的研发投入来看，企业吸收利用的政府直接R&D投入和间接R&D投入对企业的内部R&D投入带来较强的促进作用。吸收政府R&D投入影响的最重要部分是企业内部R&D投入中的自有投入部分，但对吸收国外投入和其他来源渠道投入的作用都不太强。由此可见，企业对政府科技资助的合理利用有利于企业提升研发投入水平。但是从不同行业的类别情况来看，行业特性差别较大（不同行业的自主投入水平差异大），使得政府科技投入的影响效应也存在较大的行业差异性，如重工业和制造类行业的差别，低研发产业同高研发产业的差别，以及低政府工业R&D资助行业同高政府工业R&D资助行业的差别等。

5.3　政府R&D投入对企业外部R&D投入的影响

本节分三个层次对对应模型进行拟合分析：一是假定企业的政府工业R&D投入吸收效应和政府公共部门R&D投入的吸收效应相互独立的情况下，政府工业R&D投入对企业外部R&D投入量的影响；二是假定企业政府工业R&D投入吸收效应和政府公共部门R&D投入的吸收效应相互独立的情况下，政府公共R&D投入对企业外部R&D投入量的影响；三是假定企业的政府工业R&D投入吸收效应和政府公共部门R&D投入的吸收效应具有相关性的情况下，二者对企业外部R&D投入量的影响。

5.3.1 政府工业R&D投入对企业外部R&D投入量的独立效应

本部分同时采用变系数和变截距模型分别进行拟合，以多角度进行比较分析。

（1）变系数模型。变系数模型拟合和检验结果分别如表5-32、表5-33所示。约有一半的产业利用政府投入的作用不明显。

表5-32 政府工业R&D投入对企业外部R&D投入量的独立影响系数估计（变系数模型）

变量	系数	标准误差	T统计量	P值
C	43771.4800	51441.45	0.85	0.4016
_A1-RD_E_IG_A1	−3.9114	3.54	−1.10	0.2786
_A2-RD_E_IG_A2	0.7412	0.13	5.60	0
_B1-RD_E_IG_B1	0.5037	0.18	2.86	0.0076
_B2-RD_E_IG_B2	1.7198	1.61	1.07	0.2926
_B3-RD_E_IG_B3	−0.5970	0.65	−0.92	0.3652
_B4-RD_E_IG_B4	−0.2299	1.10	−0.21	0.8361
_B5-RD_E_IG_B5	−2.4833	1.85	−1.34	0.1896
_B6-RD_E_IG_B6	−1.5702	1.85	−0.85	0.403
_B7-RD_E_IG_B7	0.7677	0.69	1.12	0.2736
_B8-RD_E_IG_B8	0.2161	0.84	0.26	0.7989
_B9-RD_E_IG_B9	−4.6751	1.23	−3.81	0.0006
_B10-RD_E_IG_B10	0.8501	0.34	2.53	0.0168
_C1-RD_E_IG_C1	−1.1048	0.31	−3.55	0.0013
_C2-RD_E_IG_C2	0.7298	0.25	2.93	0.0064
_C3-RD_E_IG_C3	3.8764	4.53	0.86	0.3991
_C4-RD_E_IG_C4	1.4504	0.58	2.52	0.0174
_C5-RD_E_IG_C5	0.9994	0.33	3.06	0.0046
_C6-RD_E_IG_C6	0.3736	0.15	2.43	0.0213
_C7-RD_E_IG_C7	2.3943	4.84	0.49	0.6243
_C8-RD_E_IG_C8	12.6075	4.61	2.74	0.0104
_C9-RD_E_IG_C9	−0.1298	0.32	−0.41	0.6835

（续表）

变量	系数	标准误差	T统计量	P值
_C10-RD_E_IG_C10	−0.1336	0.09	−1.51	0.142
_C11-RD_E_IG_C11	−0.2674	0.11	−2.46	0.0199
_C12-RD_E_IG_C12	0.2849	0.05	5.53	0
_C13-RD_E_IG_C13	−0.0102	0.35	−0.03	0.9767
_C14-RD_E_IG_C14	0.6250	1.16	0.54	0.594
_C15-RD_E_IG_C15	0.9550	2.11	0.45	0.6539
_C16-RD_E_IG_C16	0.2193	0.23	0.97	0.3414
_D1-RD_E_IG_D1	0.4732	2.28	0.21	0.837
_D2-RD_E_IG_D2	−0.0097	1.50	−0.01	0.9949

表5-33　政府工业R&D投入对企业外部R&D投入量的独立影响变系数模型检验结果

项目	数值	项目	数值
R方	0.9999	被解释变量均值	843628.7
调整R方	0.9997	解释变量标准误差	2167189
回归标准误差	36847.93	残差平方和	4.07E+10
F统计量	5645.46	P值（F统计量）	0.000000

各行业固定效应如表5-34所示。除A_1外，其他具有高于1系数的行业固定效应都为负值，相关企业自主性外部R&D投入的动力一般较弱。

表5-34　政府工业R&D投入对企业外部R&D投入量的独立影响固定效应（变系数模型）

系数	_A1-C	_A2-C	_B1-C	_B2-C	_B3-C	_B4-C
数值	182244.8	−37561	−176.716	−59812.9	3432.693	−5814.14
系数	_B5-C	_B6-C	_B7-C	_B8-C	_B9-C	_B10-C
数值	−3281.89	−31040.4	−45251.5	−37683	17305.14	−46486.4
系数	_C1-C	_C2-C	_C3-C	_C4-C	_C5-C	_C6-C
数值	39078.29	39361.79	−385217	−47940.5	−29654	−27850.6
系数	_C7-C	_C8-C	_C9-C	_C10-C	_C11-C	_C12-C
数值	8615.529	−1102292	11274.76	182915.9	130574.7	628298.9

（2）变截距模型。变截距模型的系数估计及检验结果分别如表5-35、表5-36所示。影响系数的平均值接近0.28。

表5-35 政府工业R&D投入对企业外部R&D投入量的独立影响系数估计（变截距模型）

变量	系数	标准误差	T统计量	P值
C	106120.5	5183.08	20.47	0.0000
RD_E_IG	0.2760	0.045891	6.01	0.0000

表5-36 政府工业R&D投入对企业外部R&D投入量的独立影响变截距模型检验结果

项目	数值	项目	数值
R方	0.9998	被解释变量均值	549985.1
调整R方	0.9997	解释变量标准误差	1596328
回归标准误差	30685.34	残差平方和	5.56E+10
F统计量	8671.62	P值（F统计量）	0

各产业固定效应如表5-37所示。绝大多数产业数值虽然发生变化，但其正负性不存在改变。

表5-37 政府工业R&D投入对企业外部R&D投入量的独立影响固定效应（变截距模型）

系数	_A1-C	_A2-C	_B1-C	_B2-C	_B3-C	_B4-C
数值	30550.44	−95963.7	−50034.3	−72433.6	−85767.5	−84577.6
系数	_B5-C	_B6-C	_B7-C	_B8-C	_B9-C	_B10-C
数值	−89282.9	−100645	−103222	−100185	−97710.7	−102177
系数	_C1-C	_C2-C	_C3-C	_C4-C	_C5-C	_C6-C
数值	−42995	57070.24	250244.1	−97919.5	−64737.1	−83566.6
系数	_C7-C	_C8-C	_C9-C	_C10-C	_C11-C	_C12-C
数值	52488.31	28371	−90309.1	7354.226	−54544.9	567726.8

5.3.2 政府公共R&D投入对企业外部R&D投入量的独立效应

本节将同时采用变系数和变截距模型分别进行拟合，以多角度进行比较分析。

变截距模型的系数估计及检验结果分别如表5-38、表5-39所示。共同系数达到较小，平均来看，政府对公共部门的R&D投入不存在显著性影响作用。

表5-38 政府公共R&D投入对企业外部R&D投入量的独立影响系数估计（变截距模型）

变量	系数	标准误差	T统计量	P值
C	136856.3	835.79	163.75	0.0000
RD_R_I	0.0040	0.0079	0.5135	0.6095

表5-39 政府公共R&D投入对企业外部R&D投入量的独立影响变截距模型检验结果

项目	数值	项目	数值
R方	0.997924	被解释变量均值	338781.8
调整R方	0.996869	解释变量标准误差	460129.3
回归标准误差	31201.19	残差平方和	5.74E+10
F统计量	945.42	P值（F统计量）	0

各产业固定效应如表5-40所示。其基本正负效应的分布情况同变系数模型较为相似。

表5-40 政府公共R&D投入对企业外部R&D投入量的独立影响固定效应（变截距模型）

系数	_A1-C	_A2-C	_B1-C	_B2-C	_B3-C	_B4-C
数值	5699.94	−124406	−65710.3	−93674.2	−108017	−106359
系数	_B5-C	_B6-C	_B7-C	_B8-C	_B9-C	_B10-C
数值	−117653	−130296	−131521	−130216	−125511	−129712
系数	_C1-C	_C2-C	_C3-C	_C4-C	_C5-C	_C6-C
数值	−70034.9	74781.13	272531.8	−125749	−85075	−95573.8

（续表）

系数	_C7-C	_C8-C	_C9-C	_C10-C	_C11-C	_C12-C
数值	35591.54	24334.44	−94360.4	52878.11	−23167.3	592268.5

5.3.3 政府R&D投入对企业外部R&D投入量的综合效应

变截距模型的系数估计及检验结果分别如表5-41、表5-42所示。政府工业R&D投入的作用系数为0.055，政府公共R&D投入系数不显著。假定企业对政府两个方向科技投入的利用存在较强相关性的情况下，政府公共研发投入的作用得到削弱，政府公共研发投入则不存在显著性影响。

表5-41 政府R&D投入对企业外部R&D投入量的综合影响系数估计（变截距模型）

变量	系数	标准误差	T统计量	P值
C	108152.6	6228.01	17.37	0.0000
RD_E_IG	0.2609	0.0560	4.66	0.0000
RD_R_I	−0.0032	0.0085	−0.38	0.7082

表5-42 政府R&D投入对企业外部R&D投入量的综合影响变截距模型检验结果

项目	数值	项目	数值
R方	0.9996	被解释变量均值	469054.2
调整R方	0.9994	解释变量标准误差	1173373
回归标准误差	30817.57	残差平方和	5.51E+10
F统计量	4677	P值（F统计量）	0

各产业固定效应如表5-43所示。其基本正负效应的分布情况同独立效应模型的情况相似。

表5-43 政府R&D投入对企业外部R&D投入量的综合影响固定效应（变截距模型）

系数	_A1-C	_A2-C	_B1-C	_B2-C	_B3-C	_B4-C
数值	28842.44	−97830.3	−51178.8	−73938.5	−87334.6	−86120.5

（续表）

系数	_B5-C	_B6-C	_B7-C	_B8-C	_B9-C	_B10-C
数值	−91185.7	−102618	−105103	−102179	−99582.2	−104034
系数	_C1-C	_C2-C	_C3-C	_C4-C	_C5-C	_C6-C
数值	−44617.2	57882.83	251501.9	−99792.3	−66197.7	-84559.3
系数	_C7-C	_C8-C	_C9-C	_C10-C	_C11-C	_C12-C
数值	51212.03	27797.69	−90883.1	9502.202	−52984.2	568712.4

5.3.4 初步结论

当基于独立性假定条件拟合模型时，政府工业R&D投入对企业外部R&D投入存在正向作用。基于独立性假定条件的变系数模型中，大多数产业政府公共R&D投入同企业外部R&D投入的关系都不强。可以判定，企业利用政府工业R&D投入促进企业外部R&D投入增加，企业利用政府公共R&D投入对企业外部R&D不存在显著作用。

5.4 政府R&D投入对企业创新产出的影响

本部分将采用固定效应的变截距模型对企业吸收政府R&D投入对企业新产品收入的独立效应进行拟合分析。

5.4.1 非政府企业R&D投入对企业新产品收入的独立效应

系数估计及检验结果分别如表5-44、表5-45所示。企业内部R&D的非政府投入对当期企业新产品收入的效应系数为14.7，企业外部R&D投入对当期企业新产品收入的效应系数为54.53。

表5-44 非政府企业R&D投入对企业新产品收入的独立影响系数估计

变量	系数	标准误差	T统计量	P值
C	−3697615	1748620	−2.11	0.0388
RD_E_IN	14.71	0.753	19.52	0.0000
RD_E_E	54.54	3.48	15.68	0.0000

表5-45 非政府企业R&D投入对企业新产品收入的独立影响模型检验结果

项目	数值	项目	数值
R方	0.9971	被解释变量均值	66401257
调整R方	0.9955	解释变量标准误差	89902967
回归标准误差	3104230	残差平方和	5.59E+14
F统计量	641.23	P值（F统计量）	0

各产业固定效应如表5-46所示。大多数行业的截面固定效应为负值。

表5-46 非政府企业R&D投入对企业新产品收入的独立影响固定效应

系数	_A1-C	_A2-C	_B1-C	_B2-C	_B3-C	_B4-C
数值	−1.6E+07	2619495	−2155672	−2434042	591087	18368093
系数	_B5-C	_B6-C	_B7-C	_B8-C	_B9-C	_B10-C
数值	7852183	5644533	3454784	4202481	3980761	4533039
系数	_C1-C	_C2-C	_C3-C	_C4-C	_C5-C	_C6-C
数值	10819815	−1.1E+07	−3E+07	8292890	−772023	−5555221
系数	_C7-C	_C8-C	_C9-C	_C10-C	_C11-C	_C12-C
数值	−2E+07	2466646	−2336335	−1.3E+07	−1.4E+07	26583481

5.4.2 政府工业R&D投入对企业新产品收入的独立效应

下面将区分是否包含企业自有R&D，并分别进行分析。

（1）不包括企业自有R&D。系数估计及检验结果分别如表5-47、表5-48所示。企业吸收的政府内部研发投入同企业创新产出具有强的正向影响关系。

表5-47 政府工业R&D投入对企业新产品收入的独立影响系数估计（不含自有R&D）

变量	系数	标准误差	T统计量	P值
C	21930916	2419963	9.069	0.0000
RD_E_IG	174.39	21.419	8.149	0.0000

表5-48　　政府工业R&D投入对企业新产品收入的独立影响模型（不含自有R&D）检验结果

项目	数值	项目	数值
R方	0.9955	被解释变量均值	82379569
调整R方	0.9931	解释变量标准误差	78099142
回归标准误差	8355257	残差平方和	4.12E+15
F统计量	430.52	P值（F统计量）	0

（2）包括企业自有R&D。系数估计及检验结果分别如表5-49、表5-50所示。企业内部R&D的非政府投入对当期企业新产品收入的效应系数约为14，企业外部R&D投入对当期企业新产品收入的效应系数约为58，企业内部R&D的政府投入对当期企业新产品收入的效应系数显著性水平下降。

表5-49　　政府工业R&D投入对企业新产品收入的独立影响系数估计（含自有R&D）

变量	系数	标准误差	T统计量	P值
C	−4932268	1981442	−2.49	0.0157
RD_E_IN	14.2982	0.689821	20.73	0.0000
RD_E_E	58.1897	2.567329	22.67	0.0000
RD_E_IG	15.9052	8.784560	1.81	0.0755

表5-50　　政府工业R&D投入对企业新产品收入的独立影响模型（含自有R&D）检验结果

项目	数值	项目	数值
R方	0.9974	被解释变量均值	79889768
调整R方	0.9960	解释变量标准误差	1.59E+08
回归标准误差	3106619	残差平方和	5.50E+14
F统计量	689.1289	P值（F统计量）	0

各产业固定效应如表5-51所示。各行业正负性没有变化，绝对数值的变动也较小。

表5-51 政府工业R&D投入对企业新产品收入的独立影响固定效应

系数	_A1-C	_A2-C	_B1-C	_B2-C	_B3-C	_B4-C
数值	−1.5E+07	3758429	−1381357	−1508784	1578666	19614728
系数	_B5-C	_B6-C	_B7-C	_B8-C	_B9-C	_B10-C
数值	9150853	6930727	4632765	5459389	5358350	5757805
系数	_C1-C	_C2-C	_C3-C	_C4-C	_C5-C	_C6-C
数值	11958601	−1.1E+07	−3.2E+07	9597638	484789.5	−4719425
系数	_C7-C	_C8-C	_C9-C	_C10-C	_C11-C	_C12-C
数值	−1.7E+07	2777010	−1914156	−1.4E+07	−1.5E+07	24693943

5.4.3 政府公共R&D投入对企业新产品收入的独立效应

下面将区分是否包含企业自有R&D，并分别进行分析。

（1）不包括企业自有R&D。系数估计及检验结果分别如表5-52、表5-53所示。企业吸收的外部R&D同企业技术创新产出具有一定的正向关联关系。

表5-52 政府公共R&D投入对企业新产品收入的独立影响系数估计（不含自有R&D）

变量	系数	标准误差	T统计量	P值
C	41418321	118998.4	348.06	0.0000
RD_R_I	1.91	1.032	1.85	0.0692

表5-53 政府公共R&D投入对企业新产品收入的独立影响模型（不含自有R&D）检验结果

项目	数值	项目	数值
R方	0.9928	被解释变量均值	83139165
调整R方	0.9892	解释变量标准误差	63870097
回归标准误差	9310985	残差平方和	5.11E+15
F统计量	272.36	P值（F统计量）	0

（2）包括企业自有R&D。系数估计及检验结果分别如表5-54、表5-55所示。企业内部R&D的非政府投入对当期企业新产品收入的效应系数为14，企业外部R&D投入对当期企业新产品收入的效应系数约为54，政府公共R&D投入对当期企业新产品收入的效应系数不够显著。

表5-54 政府公共R&D投入对企业新产品收入的独立影响系数估计（含自有R&D）

变量	系数	标准误差	T统计量	P值
C	−3301300	1749961	−1.89	0.0643
RD_E_IN	14.5225	0.7563	19.20	0.0000
RD_E_E	54.77	3.4214	16.01	0.0000
RD_R_I	0.5458	0.3602	1.52	0.1352

表5-55 政府公共R&D投入对企业新产品收入的独立影响模型（含自有R&D）检验结果

项目	数值	项目	数值
R方	0.9972	被解释变量均值	67143034
调整R方	0.9956	解释变量标准误差	91462045
回归标准误差	3105470	残差平方和	5.50E+14
F统计量	623.9558	P值（F统计量）	0

各产业固定效应如表5-56所示。各行业正负性没有变化，绝对数值的变动也较小。

表5-56 政府公共R&D投入对企业新产品收入的独立影响固定效应（含自有R&D）

系数	_A1-C	_A2-C	_B1-C	_B2-C	_B3-C	_B4-C
数值	−1.6E+07	2252547	−2272146	−2660953	346449.4	18256679
系数	_B5-C	_B6-C	_B7-C	_B8-C	_B9-C	_B10-C
数值	7574896	5309722	3102148	3844417	3743251	4226699

（续表）

系数	_C1-C	_C2-C	_C3-C	_C4-C	_C5-C	_C6-C
数值	10546336	−1E+07	−3E+07	8020952	−810728	−5583639
系数	_C7-C	_C8-C	_C9-C	_C10-C	_C11-C	_C12-C
数值	−1.9E+07	2581852	−2340535	−1.2E+07	−1.4E+07	27260018

5.4.4 政府R&D投入对企业新产品收入的综合效应

系数估计及检验结果分别如表5-57、表5-58所示。企业内部R&D的非政府投入对当期企业新产品收入的效应系数约为14，企业外部R&D投入对当期企业新产品收入的效应系数约为51，企业内部R&D的政府投入对当期企业新产品收入的效应系数不显著，政府公共R&D投入对当期企业新产品收入的效应系数不显著。

表5-57　政府R&D投入对企业新产品收入的综合影响系数估计

变量	系数	标准误差	T统计量	P值
C	−2339386	2745270	−0.85	0.3978
RD_E_IN	14.80	0.81	18.26	0.0000
RD_E_E	51.90	5.26	9.86	0.0000
RD_E_IG	−11.61	20.16	−0.58	0.5672
RD_R_I	0.85	0.66	1.291	0.2020

表5-58　政府R&D投入对企业新产品收入的综合影响模型检验结果

项目	数值	项目	数值
R方	0.9971	被解释变量均值	63600701
调整R方	0.9954	解释变量标准误差	73247306
回归标准误差	3131732	残差平方和	5.49E+14
F统计量	582.06	P值（F统计量）	0

各产业固定效应如表5-59所示。绝大多数行业的正负性没有变化，绝对数值的变动也较小。变动最大的为产业C_3，其数值由负变为正值。

表5-59 政府R&D投入对企业新产品收入的综合影响固定效应

系数	_A1-C	_A2-C	_B1-C	_B2-C	_B3-C	_B4-C
数值	−1.7E+07	1364597	−2848693	−3365023	−408446	17330595
系数	_B5-C	_B6-C	_B7-C	_B8-C	_B9-C	_B10-C
数值	6586483	4319820	2187379	2872880	2700480	3285459
系数	_C1-C	_C2-C	_C3-C	_C4-C	_C5-C	_C6-C
数值	9672544	−1E+07	−2.8E+07	7026770	−1729769	−6197614
系数	_C7-C	_C8-C	_C9-C	_C10-C	_C11-C	_C12-C
数值	−2E+07	2400593	−2648180	−1.1E+07	−1.3E+07	28897064

5.4.5 初步结论

通过比较四类模型的拟合指数，政府工业R&D投入的独立模型（包含政府工业R&D）F值最高，其解释能力也最强。企业吸收的政府工业研发投入和公共研发投入对企业技术创新产出都有影响作用（独立模型），但由于引入企业自有研发投入，其作用变得不显著（政府公共研发投入），或者有大幅度削弱（政府工业研发投入），因此，企业内部研发投入对政府投入的作用具有完全性或者部分性中介效应。

5.5 实证分析结论

5.5.1 实证总结

本书在政府科技投入影响企业技术创新效应模型、研究假设的基础上，根据需要，采用中国科技创新产业-时期面板数据进行了实证性分析，基于企业-产业-政府投入因素的研究路径，对理论假设进行了验证。

主要进行了以下三个层面的分析：一是吸收政府R&D投入对企业内部R&D投入总量和结构的影响效应（针对研究假设H_{11}和H_{12}）；二是吸收政府R&D投入对企业外部R&D投入的影响效应，这里考虑了工业R&D投入、公共R&D投入的独立效应和两种投入的综合效应（针对研究假设H_{21}和H_{22}）；三是吸收政府R&D投入对企业技术创新产出（以新产品收入进行标识）的影响效应，也考虑了独立效应和综合效应（针对研究假设H_{31}至H_{34}）。

5.5.2 结果与结论

根据以上分析步骤并综合分析结果，形成对企业技术创新外部政府科技投入因素影响基本假设关系的综合验证结果，基本判断如图5-2所示。企业有效吸收政府工业R&D投入对企业内部R&D投入、企业外部R&D投入和企业新产品收入都具有较强的正向促进效应；企业吸收的政府公共R&D投入对企业外部R&D投入关系不确定，而对企业新产品收入具有间接影响效应；企业自身R&D（内部与外部）投入对创新产出的正向促进效应较强，且在政府科技投入的产出效应中发挥中介效应。这同理论研究假设基本是一致的。

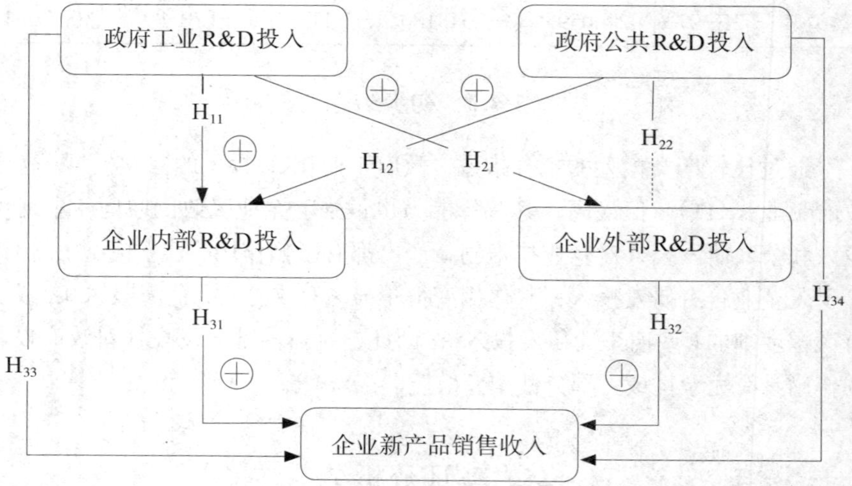

图5-2 政府科技投入对中国企业技术创新效应的基本判定

具体来看：

（1）企业合理利用政府工业R&D投入对企业内部R&D投入具有较为普遍性的激励和引导作用，但各行业差异性较大，不同行业处于倒U形面上的多种位置，这同公共管理领域内相关研究成果的结论是一致的，对于绝大多数行业来说，企业有效吸收政府直接资助有利于企业自身加大和优化内部R&D投入。行业的组织和技术特征对企业的政府科技投入吸收效应带来较大的影响，较为明显地表现在制造类行业领域，且整体上低研发产业的政府工业R&D投入利用效应大幅度高于高研发产业的政府科技投入利用效应。低政府工业R&D投入产业的吸收效应大幅度高于高政府工业R&D投入产业的吸收效应。从对创新促进的优化效应来看，企业利用政府的直接性科技投入应该有一个合理范围，超过此范围可能会对行业和企业带来一定负面作用。

（2）企业利用政府科技投入对企业外部R&D投入具有较强的复杂性。政府工业R&D投入对企业外部R&D投入的作用为促进。企业吸收利用的政府工业部门R&D投入有利于企业节省内部R&D支出，虽然存在一定的替代性，但创新有效率的企业可以将替代掉的内部R&D投入转化为外部R&D投入，拓展外部创新资源获取渠道。政府公共R&D投入对企业外部R&D投入的作用较为复杂。

（3）企业利用政府科技投入促进企业新产品收入的作用效果总体上不均衡。政府工业R&D投入的有效利用，有利于增强企业的创新产出能力，具有直接和间接的双重促进效应。吸收政府公共R&D投入，能够推动企业增加内部研发投入，从而对企业创新产出带来间接促进效应。

总之，假设H_{11}、H_{12}、H_{21}、H_{22}、H_{31}、H_{32}、H_{33}、H_{34}基本得到了验证。

5.5.3 启示

综上所述，我们可得到以下启示：

（1）应该对政府科技投入对企业技术创新影响效应的促进或者抑制效应的内在机理进行具体而深入的挖掘。传统公共管理领域存在着明显的研究对立，很少有研究从企业创新过程和决策特点去考虑。从基于创新链的企业创新战略决策与创新网络角度进行研究，对企业研发投入进行内部与外部的区分，有利于对企业利用政府科技投入的综合效应进行具体分析。

（2）企业利用政府的工业R&D投入对创新的影响效应存在较强的不均衡性。企业受到所处产业的内在特性（如资本有机构成、技术密集度、资本密集度、劳动力密集度等）和技术周期（新兴技术、成熟技术、替代技术等）的影响，不同行业的产业组织形式（如垄断、竞争、寡头等）的差异性较强，不同产业的企业利用政府科技投入的一般绩效应处于倒U形面的不同位置上，不同规模企业对研发投入的需求不同，必然也对政府科技投入的敏感度存在不同（对同样数量的政府科技投入的利用对一个企业是促进作用，对另一个企业可能会带来抑制作用）。从企业层面上看，容易出现多种极端情况：一是部分创新能力强而不乏资源的大企业对政府科技投入完全不敏感；二是部分中等能力企业对政府投入的依赖性会高度增强，自发投入的动机完全被削弱；三是部分能力较弱而创新资金需求性强的企业由于门槛效应、风险因素等原因，而难以成为支持对象。很多企业对政府科技投入的影响作用也是不够重视。所以，具有不同规模和创新能力的企业应当在自身的长期创新战略中充分考虑政府科技投入的影响因素或者效应，寻找最优的结合点。

（3）官—产—学—研的合作是企业借助政府科技投入优化自身创新内外环境的重要创新模式。企业自有研发投入，包括企业外部研发支出，是政府投入发挥作用的重要载体。官—产—学—研是开放式创新和创新网络理论的重要实践，形式上以三角和三铰链模式表现。若不同企业对公共研发机构的技术需求同公共研发机构的科技成果供给联系并不紧密，企业会在外部公共性、行业共性技术获取上存在难度，滞后于其他竞争企业。而企业适当地积极参与政府引导或者协调的新型合作创新组织将有利于吸收外部技术要素，优化企业创新资源配置。

企业是区域创新体系的重要主体，企业的自主创新能力对于区域持续高效创新、科技与经济融合发展具有不可替代的作用，借助政府直接和间接的科技投入形式提升企业内在的研发能力应当是企业创新战略决策与实施的关键。结合第4章、第5章的理论与实证分析，从企业内部R&D活动来看，不同规模的企业应该努力甄别政府科技资助政策对企业的影响效应，采取差别化的政府R&D投入吸收策略，发挥激励效果，规避依赖性，重要的是努力使其成为支持企业长期创新战略的重要外部手段。从企业内部R&D活动看，企业应该苦练内功，完善创新基本制度与机制，创造吸收利用政府科技投入的条件。而从企业外部R&D活动及成果转化活动来看，企业同公共机构建立起的创新合作机制或者合作组织（特别是政府参与的）能够有效降低企业创新成本，同公共研发机构深化创新合作也必然是企业借助外力提升创新能力的重要路径，长期会产生重要的累积效应。

5.5.4 研究局限

实证研究中也存在着一些局限或者不足：

（1）由于相关统计数据特点和样本量的限制，在模型和方法选择上受到较大限制。如政府的公共科技投入中仅包含了政府对科研机构的公共R&D投入，缺乏政府对高等院校[①]、对其他科技服务机构的科技投入数据；仅考察了政府科技投入对同期企业投入和新产品收入的作用而未考虑滞后效应和长期累积效应；其他影响变量则作为扰动项处理。

（2）模型的抽象、简化和假设等对实际问题的应用分析也存在一定的影响。在第4章中提出了企业技术创新模型的前提假定，虽然对研究问题

① 基础研究难以转化为企业知识，政府资助大学的基础研究和企业创新不具有直接关系，但大学中的部分基础应用性研究可以被企业利用，对企业具有重要的直接应用价值。

进行了聚焦和简化，但也不可避免会带来较大的偏差。

（3）对技术溢出问题的模型检验分析薄弱，在进一步扩大样本的基础上，可以考虑空间计量经济模型，进一步获得更加准确和丰富的研究结果。

5.6 本章小结

本章利用中国科技创新数据实现了对政府科技投入影响作用效应模型的实证分析，包括吸收政府R&D投入对企业内部R&D投入的作用关系及效应强度分析，吸收政府R&D投入对企业外部R&D投入的作用关系及效应强度分析，吸收政府R&D投入对企业创新产出的影响效应分析。研究发现，从创新投入的R&D活动来看，企业吸收政府工业R&D投入对其内部R&D投入能够产生较为显著的引导与促进作用，但不同行业处于倒U形面上的多种位置上，各行业企业的差异性较大，高资助企业和低资助企业受到的影响差异也较大。企业吸收政府工业R&D投入对外部R&D投入的作用为促进，而吸收政府公共R&D投入对外部R&D投入的作用不明确。从成果转化的创新产出来看，企业吸收政府科技投入对新产品收入的作用效果总体上也不均衡。企业创新产出受到政府工业R&D投入的支持力度较强，具有直接和间接效应，而政府公共R&D投入对企业新产品收入作用关系较为间接。这同理论模型的H_{11}、H_{12}、H_{21}、H_{22}、H_{31}、H_{32}、H_{33}、H_{34}的分析一致。具有不同规模和创新能力的企业在吸收政府科技直接投入上应该具有差异化的考虑，应当重视公共研发机构的作用，努力推进官—产—学—研的合作创新。

6 政府科技投入影响企业技术创新机制实证分析

本章在第5章从宏观数据上对政府科技投入影响效应进行分析的基础上，进一步借助统计学方法对微观企业调查数据具体作用于企业技术创新的机制进行分析。首先建立基本概念模型，提出研究假设，进而构建量表对多维构念进行测量，设计调查问卷对山东某地区的企业进行数据采集，并采用SEM方法进行分析。

6.1 研究设计与方法模型

6.1.1 基本原理

（1）产业宏观层面的研究局限。第5章采用宏观行业创新数据结合计量经济学方法进行政府科技投入影响企业技术创新的理论假设验证分析。这种研究模式存在一些不足。首先，行业整体不同于企业个体，企业个体创新决策的部分行为特征在行业视角将变得较为模糊。比如政府公共科技投入对于企业外部研发投入的影响，由于企业处于不同的成长与发展完善阶段，面临不同的行业环境，政府投入同企业创新特征存在复杂的关联关系，而这在宏观产业层面难以进行识别。其次，产业层面体现的是企业决策的综合结果，难以考察企业创新决策中政府科技投入的具体作用因素与机制。再次，由于数据统计时长、行业类别调整、统计口径变动等综合原因，可获取的宏观产业创新数据量存在较大的限制，对模型选取、系数估计和实证结果的准确性和有效性都存在较大的制约。

（2）一般企业个体层面的研究局限。基于微观企业个体数据的经济计量分析是当前此领域实证研究的主流与热点。基于企业个体层面，企业基本特征和技术创新特征的指标选取能够更为全面完整，数据量从数百到数千和数万不等，大样本可以有效降低系统模型误差，并可以对企业进行灵活的分类研究，方法选择与应用更加灵活而广泛。但相关研究在具体影响变量的选取、模型内生性问题的处理等方面存在比较大的争议，且具体变量与方法选取对于研究结果的影响较大。

（3）基于管理决策认知视角的分析原理。本章采用管理决策认知视角进行政府科技投入影响企业技术创新作用的实证分析。这种研究视角的特点如下：将对企业技术创新特征的测量转化为对企业管理决策者的心理测量，包括企业技术创新决策者对外部环境与内部条件的感知、对影响创新关键因素的把握、对创新中存在问题的理解、对创新绩效评价判断等方面的心理效应进行评测等；基于心理测量学理论并结合统计学方法进行分析（如心理计量学中经典的SEM方法）；数据结构采用里克特量表形式，数据类型为离散数据和定阶数据；可以根据需要对企业创新决策前、中、后各个环节的要点进行描述，分析企业技术创新过程中的影响因素，研究灵活性大为增强[①]。

宏观层面的样本点是特定时点的产业（时间–产业面板数据），企业个体层面的样本点是具体企业，而管理决策认知层面的样本点则是具体的企业管理决策者。

6.1.2 变量与模型

模型基本维度主要包含企业的STI[②]认知、企业技术创新环境、企业技术创新模式、企业技术创新内部条件、企业创新困难、企业的STI投入和企业的STI产出七个方面。

（1）企业的STI认知，即企业对于政府科技投入政策的理解和认识。其主要包括企业对于STI的基本性质认知，对政府科技投入同企业技术创新基本关系的理解，对STI资金提升企业创新的作用和条件，对企业创新文化培育、创新战略决策、经营模式选择、企业行业内地位提升等方面的间接影响作用的认知，以及对STI的基本支持策略和支持方式、STI的获取程序等方面的基本判断等。

（2）企业技术创新环境，是指企业技术创新面临的外部环境，包括宏观环境、行业环境及STI政策环境。宏观行业环境主要描述企业所处行业的复杂性和动态性，包括产品可替代性、进入门槛、竞争程度和行业变化等方面。STI政策环境主要描述STI基本政策执行的科学性、有序性、公平性等方面，包括STI信息传播与获取渠道的广泛性、STI政策覆盖面、资金或者奖励的到位程度、程序的合规性等。

（3）企业技术创新内部条件，是企业内部相关的制度、组织、管理、文

---

① 尹翀. 企业文化对技术创新影响的实证研究［J］. 现代管理科学, 2012 (4) : 56–58.

② 以“STI”表示“政府科技投入”，下同。

化、领导者和员工对于技术创新的支持程度或者基本倾向性。企业技术创新内部条件主要包括基本组织制度要素条件、领导者要素条件和企业员工要素条件等。基本组织制度要素由企业的科技管理制度、企业技术创新的战略或规划、创新激励机制等构成。领导者要素由领导对环境变化、市场发展、专利保护等问题的基本认识、对企业员工的创新鼓励与宽容程度等方面组成。企业员工要素主要包括企业普通人员的创新偏好性和意识主动性等。

（4）企业技术创新模式，是指企业技术创新要素的具体组合方式及企业具体创新策略等。其主要包括企业流程创新活动、企业产品创新活动的构成，企业技术开发、技术转让、技术咨询和技术服务等技术交易活动的构成，企业同高校、科研院所的产学研合作活动，以及对于政府公共性研发、创新创业和成果转化等服务性平台的重视利用情况等。

（5）企业的STI投入，是指企业技术创新中有效获得的政府科技投入支持情况，包括企业获得的政府科技投入支持的项目数量与资金强度、支持的创新链环节、支持的具体类型、支持的有偿与无偿性等一般情况，以及企业获得的政府对于企业内部自有及合作性创新平台、创新人才、产学研合作等具体创新要素与关系的支持力度等。

（6）企业的STI产出，即政府科技投入对企业技术创新的影响作用，包括政府STI支持下的企业创新内部直接效应、内部间接效应和环境间接效应等。STI影响企业技术创新的内部直接效应主要包括STI缓解企业创新资金压力、降低企业技术创新风险和激励企业技术创新动力等方面。企业内部间接产出主要表现在企业新产品收入、企业技术性收入等方面。STI影响的企业创新的环境间接效应主要表现为STI企业市场地位、国际地位的提升，以及同政府、创新伙伴合作关系的增强等。

在第4章理论分析的基础上，建立STI对企业技术创新（决策与绩效）的影响作用机制模型，如图6-1所示。

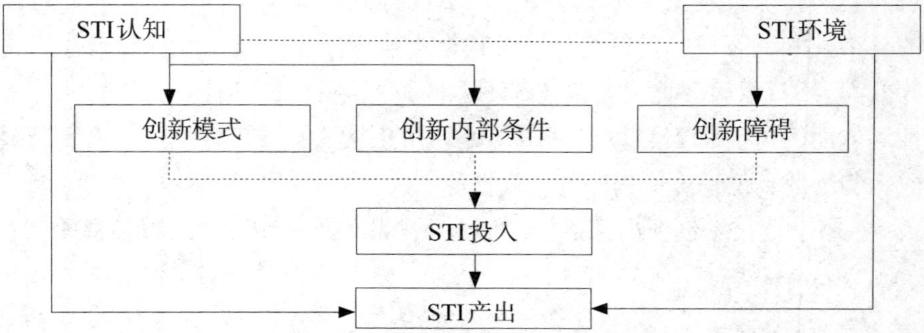

图6-1　STI对企业技术创新的影响作用机制模型

基于此模型初步提出六个基本理论假设：

H_1：企业创新外部客观环境的不利性因素是企业技术创新的重要障碍。

一是行业自身特点。熊彼特对于行业竞争性与垄断性对技术创新的影响有过经典论述（“熊彼特假设”），随后众多研究都对这个命题进行过论证。完全竞争性或者部分竞争性行业企业的竞争热点在于低价格而非差异化，此类企业的产品和创新模式较为单一，企业多围绕价格竞争组织企业行为，新产品的内在创新难度较大。二是行业技术体制。技术机会、创新独占性、技术进步累积性和企业知识基础四个维度的组合构成企业所在行业的技术体制，能够对企业技术创新带来复杂影响。比如行业技术机会多，企业易于把握，则其开展创新活动的倾向性较强；比如创新独占性强，企业能够有效保护自身知识产权，则企业的创新动力也会增强等。但如果技术创新机会较少，行业知识的溢出效应较强，则会对企业技术创新带来较强的抑制作用。

H_2：企业的STI认知影响企业的创新模式选择，有效的政府科技投入政策导向能够一定程度上直接影响企业的技术创新战略决策。

政府科技投入政策的侧重点不同，存在支持研发投入、支持技术改造与技术升级、支持成果转移转化、支持产品实现的不同具体政策支持手段。企业首先通过公开及私有渠道获取这些信息，企业管理者会对相关信息进行分析，考虑自身企业需要的紧迫性、支持的可获得性与政策的有效性等，对支持政策对于自身的综合影响进行内部评价。企业将根据自身需要申请获得政府支持，或者根据政府支持的条件来规划、设计或调整当前及未来的创新活动。自身需要、支持获取难度和支持的有效性是企业决策的重要因素，企业在政府科技投入政策的介入下进行深入的成本、收益和风险评价，改变企业技术创新决策函数，企业将定位获取最有力的支持手段。政府科技投入政策能够进一步直接引导企业进行创新决策。

H_3：企业STI认知影响企业内部创新要素配置，有效的政府科技投入政策有利于引导和激励企业建立和完善支持技术创新的正式及非正式制度。

部分政府科技投入的支持是具有有偿性和针对特定对象的。如果本企业不能获取，必然由行业竞争性企业获取，增强竞争对手或者削弱自身的竞争优势。因此，企业对于STI的关注度、理解度及可获取度的综合认知与评价提高有利于引导企业提升对于创新的重视程度，提高对风险的承受力，以及对员工新思想、新创意的包容性，建立或者强化专业性R&D部门，大力引进和培养创新性人才，打造高水平创新平台，建立更加规范的创新管理与激励制度体系，培养倾向于创新的组织文化体系。因此，政府科技投入政策有利于引导企业建立或者完善正式及非正式的创新制度。

H_4：吸收政府科技投入有利于企业提升创新直接产出。

企业吸收政府科技投入最主要的作用是能够在一定程度上缓解企业的技术创新资金压力，并降低企业的技术创新风险，增加企业的创新意愿和创新选择空间，从而带来企业技术创新的直接产出。这同第5章的假设和研究结论是一致的。

H_5：企业的STI认知对企业增加技术创新产出具有显著正向影响。

根据H_2至H_4，企业的STI认知能够引导和激励企业建立和完善利于创新的战略、文化与组织，充分借助政府科技投入的支持作用，从根本上提升企业的技术创新动力。

H_6：企业技术创新环境（STI政策环境）对企业技术创新产出具有显著影响作用。

根据H_1、H_4，STI政策环境的改善有利于企业充分获取政策信息，熟悉和建立沟通渠道，在创新链条的多个环节上根据企业实际需要得到有效支持，增加企业受益机会。企业技术创新环境对企业直接创新产出和间接产出都能带来显著影响效应。

6.1.3 结构方程模型

针对传统回归分析的局限性，1966年Bock等人提出“验证性因子分析模型”，此后，经过Lisrel的发明人Joreskog等人的努力，将心理测量学与经济计量学结合在一起，创建了结构方程模型（structural equation modelling，SEM）。SEM是一般线性模型（general linear models，GLM）的拓展，它同时包括了一种测量模型和一种结构模型，体现了传统的路径分析与因子分析的完美结合。SEM具备以下优点[①]：可以同时考虑与处理多个因变量；允许自变量和因变量含有测量误差；同时具备因素分析的优点，容许潜变量由多个外源观测指标变量组成，并且可以同时估计外源观测指标变量的信度和效度；可以采用比传统方法更有弹性的测量模型，如某一观测变量或者项目在SEM内可以同时从属于两个潜变量；可以考虑潜变量之间的关系，依据理论假设建立模型，然后来估计整个模型是否与数据相吻合。结构方程是具有理论先验性的方法，其

① 侯杰泰，温忠麟，成子娟．结构方程模型及其应用［M］．北京：教育科学出版社，2004：15-17．

一般操作过程有八个环节[①]。一是理论假设。SEM主要是一种验证性技术，SEM变量之间的关系需要用研究者的理论来定义，理论是假设模型成立的主要解释依据。二是模型界定。将理论所呈现的假设以SEM的形式加以表达，以路径图符号来界定模式（也可以用一系列的方程式来表达）。三是选择测量变量以及搜集资料。测量模型中的变量资料为下面的模型分析打基础。四是模型识别。模式只有经过验证是可识别的，则表示理论上模型中的每一个参数都可以导出一个唯一的估计值。五是模型估计。使用所搜集的资料来估计模型中的参数。在估计方法上，一般使用最大似然估计。六是适配度检验。用以决定理论预测模式与所搜集资料间适配的程度，包括绝对拟合指数和相对拟合指数。七是模型修正。当整体适配度检验未达到模型可以接受的程度时，根据理论假设和统计所呈现的结果，将参数释放或固定，再重新估计模型。如果理论允许的话，这个过程可以重复，直到模型达到可接受的程度。八是解释。在结果呈现时，涉及非标准化结果估计和标准化估计，以及直接效果、间接效果与总效果。

模型分析中最需要注意的是模型的适配度检验。评价整体模型对数据的拟合效果的指标有很多，其中最早建立并且最得到认可的指标是χ^2统计量，而小的χ^2说明拟合较好。但用χ^2评价模型拟合好坏的标准存在一定的问题，原因是：χ^2对样本大小及观测变量偏离正态敏感。在样本较大时，χ^2/df容易拒绝实际上能够拟合数据的模型，而在样本较小时不容易拒绝一个对数据拟合较差的模型。所以本书采用χ^2/df值来衡量。Wheaton（1997）认为χ^2/df应当小于5.00，而在3以内比较好，所以本书的研究以不超过3作为分界点，在此范围内则认为模型是可以接受的。但χ^2/df往往与样本容量有关，于是又有其他的拟合指数逐渐得到推广，最常用的指标有以下四种。一是拟合优度指数（goodness-of fit index，GFI）和调整的拟合优度指数（adjusted goodness-of fit，AGFI）。GFI表示目标模型与无参数模型相比对数据的拟合度，AGFI是GFI按模型中参数估计总数调整后得到的。GFI和AGFI的范围是0—1。一般而言，GFI指数超过0.90，AGFI的值超过0.80，假设的模型就可以接受。二是增值拟合指数（incremental fit index，IFI）。NFI（normed fit index）为赋范拟合指数，表示相对基准模型，理论模型卡方值减少的比例。NFI容易受到样本容量的系统影响。IFI是对NFI的一种修正，能减少NFI的平均值对样本规模的依赖。该指标的范围是0—1，越

---

① 黄芳铭. 结构方程模式：理论与应用［M］. 北京：中国税务出版社，2005：23-25..

接近1.0越好，一般该指标大于0.90就可以表示模型拟合良好。三是比较拟合指数(comparative fit index，CFI)。CFI也是以目标模型与独立模型的相比来评价模型的拟合程度的。该指标的取值范围也是0—1，越接近1.0越好，一般该指标大于0.90就可以表示模型拟合良好。四是近似误差的均方根(root mean square error of approximation，RMSEA)。RMSEA考虑了总体的近似误差，在能够得到参数估计值的情况下评价了选择最佳参数的模型对总体协方差矩阵的拟合程度，它所测量的误差被表达为每个参数的拟合程度。RMSEA小于0.08则表示模型拟合比较理想(郭志刚，1999)。本书综合采用AMOS和LISREL进行分析①。

6.2 调查设计

6.2.1 调查对象与方法说明

调查范围是济宁市所辖区、市、县，调查对象总体是全部企业，调查采用的是重点调查和随机调查相结合的方法。重点调查对象是创新能力较强、地区影响力大、政府支持力度大的企业，主要采用访谈和书面调研的形式。随机调查由本地主管部门在企业信息数据库中进行随机抽取，采用调查问卷的形式。

6.2.2 变量定义与问卷设计

调查问卷包含两种：一是以企业为主体的调研问卷(企业问卷)，二是以企业高管为主体的调研问卷(高管问卷)。

企业问卷的主要目标是从总体上把握企业技术创新基本情况和政府

① AMOS(analysis of moment structures)，它的中文意思是矩结构分析，即用样本的方差与协方差矩阵作为估计参数的基础。AMOS软件包是Small Waters Corporation与SPSS Inc. 所发展的一套功能超强的视觉化的SEM分析工具，开发人是James L. Arbuckle。它为SEM的初学者提供了易于上手的工具，使用者可凭借Amos的绘图功能，直接由图形来建立模型与进行模型的估计，并且以图形的方式看到分析结果，从图形中修改模型，最后可将图形结果输出。与传统的LISREL(linear structural relationship)相比，它具有易理解、易操作的优点。模型中的观测变量、潜变量、误差项都由不同的图形来表示，这些图形都可以从工具栏中使用相应的工具在右边绘图区直接手工绘制，并且可以通过菜单栏的可视化操作完成全部分析，克服了LISREL通过执行程序语句(syntax)来求解的难点。在数据要求上，AMOS中可以直接使用原始数据(raw data)，而LISREL软件要求输入的是原始数据的协方差阵(covariance matrix)或者相关系数阵(correlation matrix)，不能直接使用原始数据，而通常使用PRELIS将原始数据读入，然后转化为协方差阵或者相关系数矩阵。

科技投入支持情况。该问卷包含八个部分[①]，主要是企业基本信息（第一部分）、企业创新情况（包括第二至第七部分，分别是企业科技投入方面情况、企业科技人才方面情况、企业创新平台方面情况、企业同高校和科研院所的合作情况、企业专利与品牌方面建设情况）和企业获得政府科技投入支持情况。问卷采用客观数据模式，即根据企业实际情况和发生数据进行填写。问卷涉及的“近三年”为2013年、2014年和2015年。

发放高管问卷的主要目标是获得企业高层管理者对本企业技术创新情况和政府科技投入对本企业支持情况的自身感受和认知程度。该问卷以政府科技投入支持企业技术创新量表为基础，而该量表包含五个维度，分别是政府科技投入理解维度（A）、环境维度［包含企业一般环境（B1）和政府科技投入政策环境（B2）两个子维度］、企业技术创新维度［包括企业技术创新内部条件（C1）、企业技术创新模式（C2）和企业技术创新困难（C3）三个子维度］、政府科技投入支持（D）和政府科技投入绩效（E）。问卷采用里克特七级量表模式。各数字分别代表对题项说法的认可程度，且这种认可程度从1到7递增，其中1代表对题项说法非常不认同，而7则表示非常认同，4则代表一种中立性质的评判（即难以做出明确判断）。

企业问卷与高管问卷具体见本书附录。

6.2.3　样本说明

下文将从数据质量、企业问卷样本特征和高管问卷样本特征三个方面对调查样本进行说明。

（1）数据质量。本部分分别就企业问卷和企业高管问卷对数据质量进行说明。

①企业问卷。调查共涉及济宁市的150家企业，企业问卷共计发放152份，调查问卷中实际有效样本150个（山东连环钢筋加工装备有限公司、济宁黑猫炭黑有限公司样本重复，不计在内），回收率100%。其中，“科顺”未填写调查问卷，“大象机械”“新绿食品”“金诺种业”“康得新”“汇川汽车”等的问卷存在容重复、严重缺失等问题，故去掉上述6个样本，实际可用样本144个。问卷有效率为97.3%。样本基本情况如表6-1和6-2所示。

---

① 部分具体客观题项（本书附录一）的设计，参考了清华大学的中国企业创新相关调查和针对浙江省企业的技术创新相关调查问卷。

表6-1 企业样本的指标缺失情况

样本指标缺失情况	样本数	样本指标缺失情况	样本数
无指标缺失	20	25个指标缺失	0
1个指标缺失	28	26个指标缺失	1
2个指标缺失	15	27个指标缺失	0
3个指标缺失	9	28个指标缺失	0
4个指标缺失	6	29个指标缺失	0
5个指标缺失	3	30个指标缺失	1
6个指标缺失	0	31个指标缺失	0
7个指标缺失	1	32个指标缺失	0
8个指标缺失	3	33个指标缺失	0
9个指标缺失	2	34个指标缺失	0
10个指标缺失	2	35个指标缺失	10
11个指标缺失	4	36个指标缺失	2
12个指标缺失	11	37个指标缺失	1
13个指标缺失	5	38个指标缺失	0
14个指标缺失	2	39个指标缺失	1
15个指标缺失	3	40个指标缺失	0
16个指标缺失	1	41个指标缺失	1
17个指标缺失	2	42个指标缺失	0
18个指标缺失	1	43个指标缺失	0
19个指标缺失	1	44个指标缺失	1
20个指标缺失	0	45个指标缺失	0
21个指标缺失	3	46个指标缺失	0
22个指标缺失	4	47个指标缺失	0
23个指标缺失	0	48个指标缺失	0
24个指标缺失	0		

表6-2　　指标数据质量情况

基本方面	指标	缺失样本	异常样本	样本缺失率
企业的基本情况	指标1	0	0	0.00%
	指标2	2	0	1.37%
	指标3	1	0	0.68%
	指标4	3	0	2.05%
	指标5	11	0	7.53%
	指标6	3	0	2.05%
	指标7	3	0	2.05%
	指标8	4	0	2.74%
企业科技投入方面	指标1	23	0	15.75%
	指标2	24	0	16.44%
	指标3	18	0	12.33%
	指标4	20	3	15.75%
	指标5	11	0	7.53%
企业科技人才方面	指标1	15	0	10.27%
	指标2	23	0	15.75%
	指标3	25	0	17.12%
	指标4	6	0	4.11%
	指标5	22	0	15.07%
企业创新平台方面	指标1	3	0	2.05%
	指标2	21	0	14.38%
	指标3	88	0	60.27%
	指标4	38	0	26.03%
	指标5	39	0	26.71%
企业与高校、科研院所合作方面	指标1	2	0	1.37%
	指标2	21	0	14.38%
	指标3	34	0	23.29%
	指标4	17	0	11.64%
企业专利、品牌建设等方面	指标1	14	0	9.59%

（续表）

基本方面	指标	缺失样本	异常样本	样本缺失率
企业专利、品牌建设等方面	指标2	16	0	10.96%
	指标3	38	0	26.03%
	指标4	41	0	28.08%
	指标5	43	0	29.45%
企业创新的成绩和财务指标等方面	指标1	15	0	10.27%
	指标2	29	0	19.86%
	指标3	29	0	19.86%
	指标4	20	0	13.70%
	指标5	28	0	19.18%
	指标6	34	0	23.29%
	指标7	41	0	28.08%
	指标8	48	0	32.88%
企业获得的政府科技投入支持方面	指标1	52	0	35.62%
	指标2	40	0	27.40%
	指标3	57	0	39.04%
	指标4	52	0	35.62%
	指标5	58	0	39.73%
	指标6	59	0	40.41%
	指标7	61	0	41.78%
	指标8	63	0	43.15%

②企业高管问卷。企业高管问卷共发放250份，回收250份，回收率100%；可用的有效问卷为167份，有效率66.8%。高管人员问卷的样本质量情况具体见表6-3。异常样本中有34个全部打分为“7”，1个全部打分为“4”，有缺失值的样本6个。1个缺失59项，1个缺失54项，3个缺失30项，1个缺失18项。删除样本83（26+50+7）项，统计分析中实际使用样本167（250−83）项。此领域研究的企业调查样本数据获取工作存在较大难度，且数据的可靠性、准确性对后续分析以及假设验证也有较大影响。总体来说，从回收率、有效率和各项内容的分布来看，可以认为回收的样本符合选择初衷，比较具有代表性。

表6-3　管理者认知样本情况

总样本数	空样本数	异常样本数	残缺样本数	严重缺失样本数	错误样本数
250	26	50	44	6	1

（2）企业问卷样本特征。下面分别从企业基本信息和企业创新情况两个方面进行说明。

①企业基本信息。企业样本基本信息见表6-4。从地区来看，高新区和兖州区的企业数量最多。从企业上市情况看，绝大多数企业为非上市企业，上市企业仅为6家。从企业所属区域创新平台看，多数企业纳入了国家和省级平台。从企业性质来看，民营企业占绝大多数。从所属领域看，半数企业涉及新兴产业或者高新技术领域，1/4强的企业属于高新技术改造传统产业领域，完全传统技术领域的企业不足1/4。从企业类型来看，参与问卷调查的企业主要为中小型和中型企业，大企业较少。

表6-4　企业样本情况

单位：家

企业所在地

高新区	汶上县	兖州区	微山县	鱼台县	邹城市	嘉祥县
26	1	31	1	15	10	6
经济开发区	金乡县	梁山县	曲阜市	泗水县	任城区	
8	12	5	13	10	9	

企业上市情况

企业上市地点		非上市企业	不明
深圳	国外		
5	1	140	1

企业所属区域平台

国家级高新区	国家级高新特色基地	省级高新区	省级经济开发区	国家级经济开发区	无
35	2	4	42	3	61

企业性质

国有	中外合资	民营	混合	自然人投资或控股	集体
15	4	125	1	1	1

（续表）

企业所属的行业领域				
农业	资源与环境	生物与新医药	高技术服务业	电子信息
1	6	23	6	15
建筑	新能源及节能	新材料	高新技术改造传统产业	其他
1	3	22	47	31
企业类型①				
中小型		中型	大型	其他或不明
77		42	7	21

说明：在所属行业选项中，部分企业选填了多个领域。

企业所处行业竞争垄断/竞争分布情况如图6-2所示，过半数为完全竞争性行业，近半数为垄断竞争，极少数为寡头或者垄断。企业高层管理者的学历分布如图6-3所示，结果显示企业高管以本科学历为主。

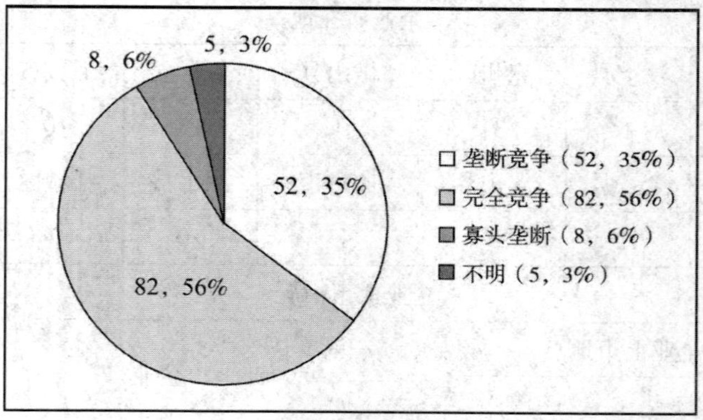

图6-2 企业所处行业竞争状况分布（企业数量及比例）

① 由于缺乏企业营业收入情况，该调查在当时无法使用《统计上大中小型企业划分标准》（2011）。按照《统计上大中小型企业划分标准》（2003）及其补充草案，对样本企业进行分类，分为以下几类：生物与新医药、新材料、高技术改造传统产业、新能源及节能、其他类企业按照工业标准，农业企业按照农林牧渔企业标准，建筑业按照建筑业企业标准，电子信息按照计算机服务及软件企业标准，资源与环境类企业、高技术服务业按照商务及科技服务企业标准。

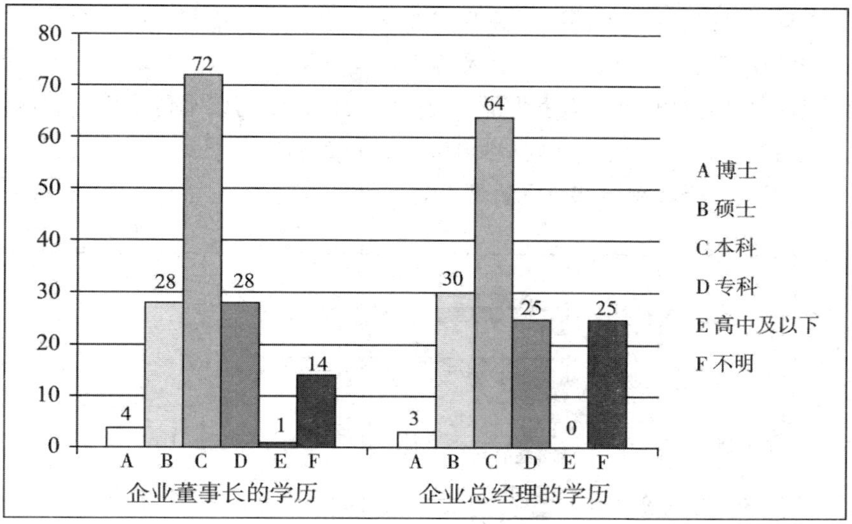

图6-3 企业高层管理者学历情况（单位：家）

②企业创新情况。企业研发经费投入，创新平台、自有核心技术、风险投资，技术来源，以及产学研合作情况分别如图6-4至图6-7所示。研发经费投入上，大多数企业认为自己已经达到行业平均水准，其次认为自己略多于竞争对手。有研发机构、具有自有核心技术的企业比重较高，而接受过风险投资的企业较少。企业技术主要是自主研发，部分通过同高校、科研院所合作的共同研发来获取，通过技术交易外部获取的企业比重较低。产学研合作的主要形式是研发项目合作，其次是共享实验室和共建企业研发机构，共建科技企业和直接购买科技成果的较少。

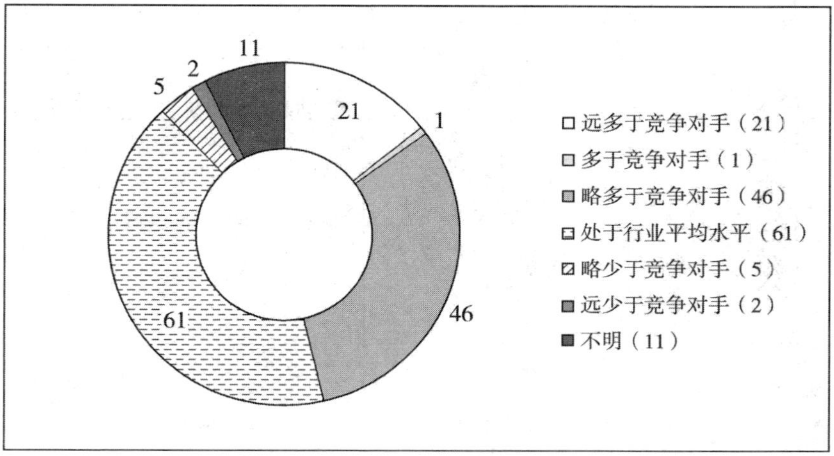

图6-4 企业科研经费投入情况（单位：家）

（3）高管问卷样本特征。高管问卷样本的基本分布如表6-5所示。从地区分布来看，高新区、兖州区及泗水县是最主要的样本来源。管理者以男性为主，年龄以41—50岁为最主要分布人群，学历以本科为主，职称以副高级和中级为主，在本单位和岗位的时间大部分布于3—15年，职位以主要负责人、行政领导和研发负责人为主。

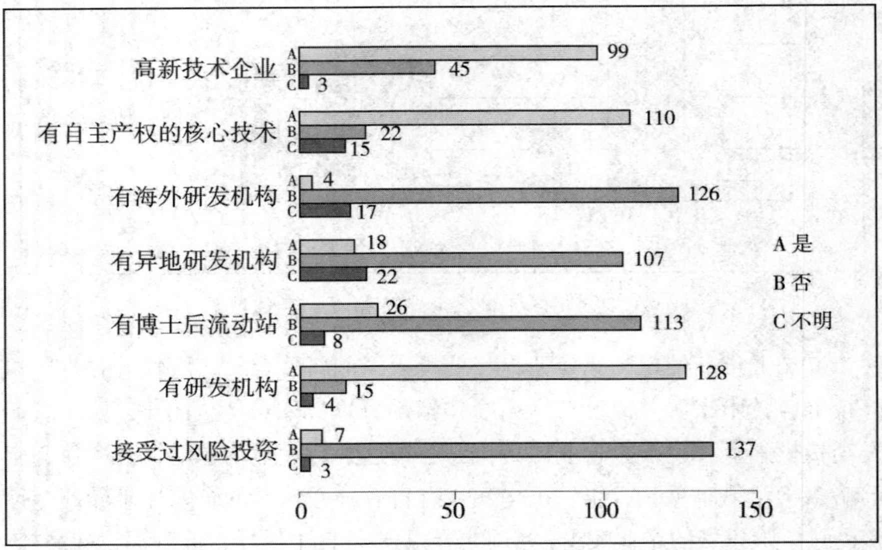

图6-5　企业创新平台、核心技术与风险投资情况（单位：家）

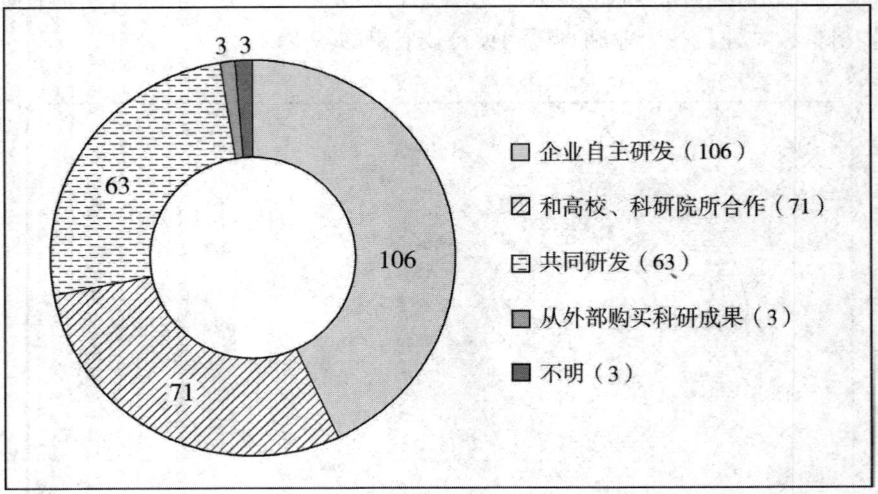

图6-6　企业技术来源情况分布（单位：家）

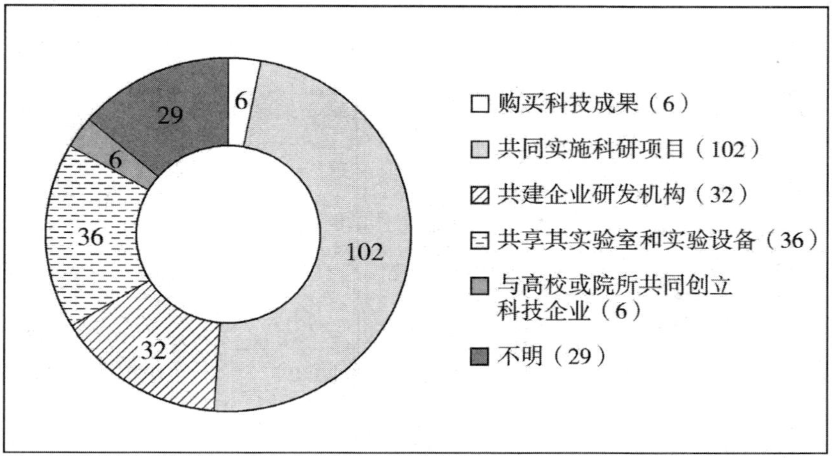

图6-7　企业产学研合作形式情况（单位：家）

表6-5　　　　样本分布情况

单位：人

地区						
高新区	开发区	嘉祥县	金乡县	梁山县	曲阜市	任城区
34	8	6	23	6	17	19
泗水县	微山县	汶上县	兖州区	鱼台县	邹城市	不明
51	1	3	43	16	19	4

性别		
男性	女性	不明
197	28	25

年龄				
30岁以下	31—40岁	41—50岁	51—60岁	不明
16	73	93	44	24

学历					
高中及以下	专科	本科	硕士	博士	不明
3	44	153	23	4	23

（续表）

职称					
没有	初级	中级	副高级	正高级	不明
35	19	58	78	20	40

已在本企业工作的时间						
2年以下	3—5年	6—10年	11—15年	16—20年	20年以上	不明
14	51	70	69	13	10	23
已在本岗位工作的时间						
2年以下	3—5年	6—10年	11—15年	16—20年	20年以上	不明
26	63	57	62	6	2	34
职位						
主要负责人	研发（技术）负责人	营销负责人	行政管理负责人	生产（制造）负责人	财务负责人	不明
49	57	22	52	28	17	25

6.3 效度与信度分析

一般从效度（validity）和信度（reliability）两个方面评价一个量表质量的高低。

6.3.1 效度检验

（1）效度分析原理。在统计学中，效度是指测量的正确性，是量表是否能够测量到所要测量的潜在概念。效度系数越高，表示越能够测量到目标测量概念。量表的效度包括表面效度、内容效度以及构念效度等。结构方程模型可分别测量构念效度和效标关联效度的高低。构念效度由聚合效度和区分效度组成。聚合效度是指不同观察变量是否可用来测量同一潜在变量，而区分效度是指不同的潜在变量是否存在显著性差异。当以问卷题目或者其他观察变量来测量潜在变量的时候，观察变量和潜在变量之间存在一定的假设关系，即假设以哪些观察变量来描述和测量潜在变量。

（2）企业技术创新的STI政策理解因子。企业的STI政策理解维度由1个因子构成，经过分析筛选从19个指标中选择11个指标，其效度分析结果如图6-8、表6-6所示。各指标因子载荷*T*值都高于5。显著性水平最低的为A_03，其因子载荷数值为0.56。拟合指数效果较好，平均卡方值为1.89，RMSEA数值0.073较低于0.08。但指标A_04、A_06、A_09、A_10、A_14残差间存在一定的相关性。

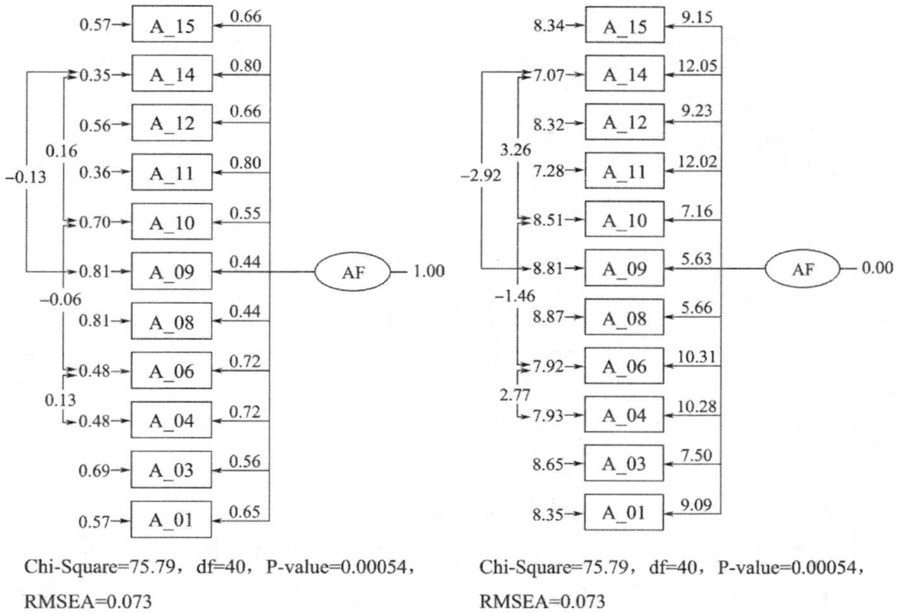

（A）标准化估计值　　　　（B）参数*T*值

图6-8　STI政策理解因子效度检验结果

表6-6　　　STI政策理解因子效度检验模型拟合指数

指数	NFI	RFI	IFI	TLI	CFI
数值	0.913	0.881	0.961	0.946	0.961

（3）企业技术创新的宏观与行业环境因子。企业的技术创新宏观与行业环境维度包含2个因子。经过筛选，从10个题项中选出7个指标。其因子结构、效度检验结果如图6-9和表6-7所示。各因子载荷的*T*值都在3以上，模型平均卡方值为1.86，RMSEA低于0.08。B1_02、B1_03和B1_06的数值稍低于因子间相关，对整体效度有一定影响。

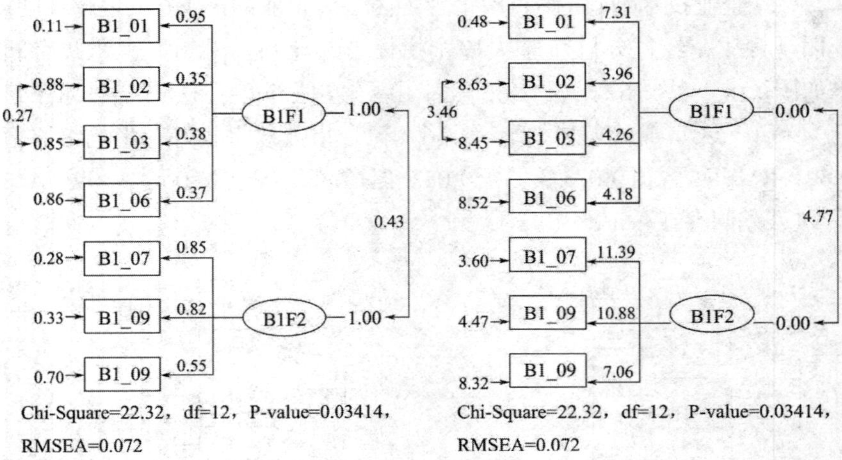

（A）标准化估计值　　　　（B）参数*T*值

图6-9　宏观与环境因子效度检验结果

表6-7　　　　宏观与环境因子效度检验模型拟合指数

指数	NFI	RFI	IFI	TLI	CFI
数值	0.917	0.854	0.957	0.921	0.955

（4）企业技术创新的STI政策环境因子。企业技术创新的STI政策环境维度包含1个因子。从7个问卷题项中删除题项B2_01。其因子结构、效度检验结果如图6-10和表6-8所示。因子的整体效度较好，因子载荷

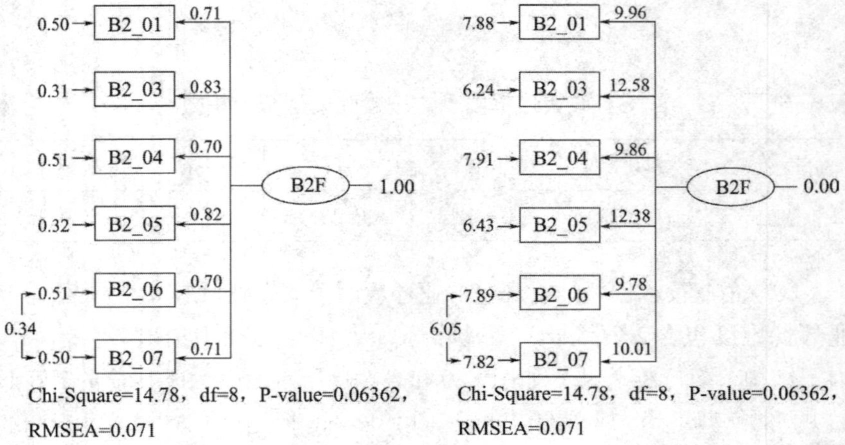

（A）标准化估计值　　　　（B）参数*T*值

图6-10　STI政策环境因子效度检验结果

都在0.7以上，*T*值都高于3。平均卡方值为1.84，RMSEA小于0.08，模型拟合指数较好，拟合指数都高于0.94。

表6-8　　　　STI政策环境因子效度检验模型拟合指数

指数	NFI	RFI	IFI	TLI	CFI
数值	0.917	0.854	0.957	0.921	0.955

（5）企业技术创新的组织内部条件。企业技术创新的组织内部条件维度包含5个因子。从20个题项中选择13个指标。其因子结构、效度检验结果如图6-11和表6-9所示。整体上因子之间的相关性小于因子载荷，因子载荷*T*值在10以上，显著性水平较强。平均卡方为1.52，RMSEA小于0.08，拟合指数也较好。

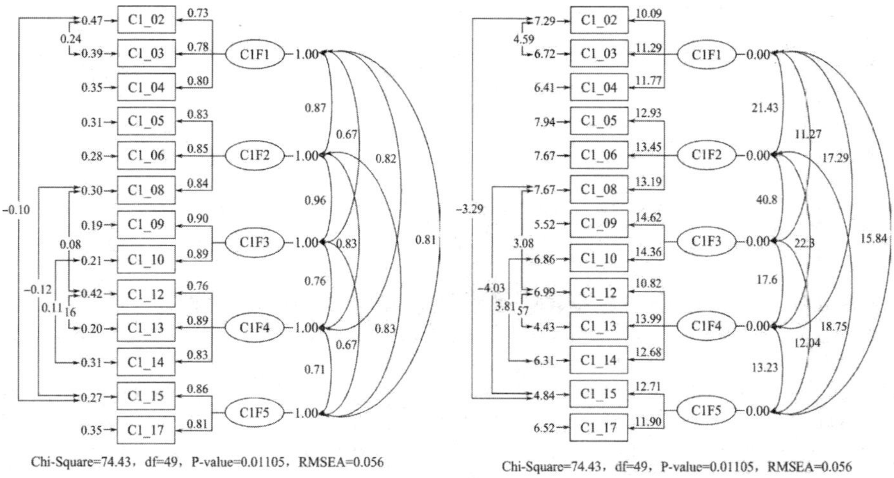

（A）标准化估计值　　　　（B）参数*T*值

图6-11　组织内部条件因子效度检验结果

表6-9　　　　组织内部条件因子效度检验模型拟合指数

指数	NFI	RFI	IFI	TLI	CFI
数值	0.954	0.927	0.98	0.968	0.98

（6）企业技术创新模式因子。企业技术创新模式维度包括4个因子。其因子结构、效度检验结果如图6-12和表6-10所示。问卷中对应的12个

题项作为因子描述指标。大部分指标因子载荷在0.8以上，C2_03、C2_07的因子载荷不足0.7，因子之间的关联系数在0.3～0.4之间。因子载荷T值大多在10以上，显著性水平较高。平均卡方为1.92，RMSEA小于0.08，拟合指数都在0.9以上。

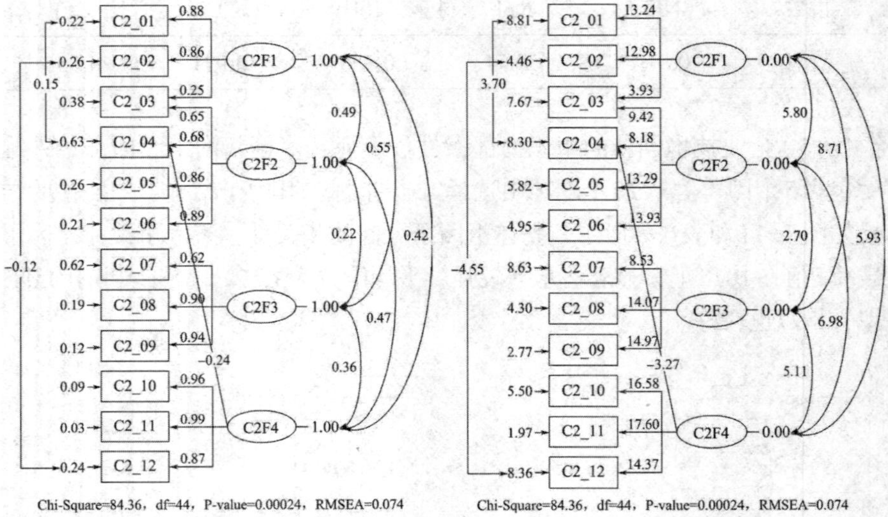

（A）标准化估计值　　（B）参数T值

图6-12　技术创新模式因子效度检验结果

表6-10　技术创新模式因子效度检验模型拟合指数

指数	NFI	RFI	IFI	TLI	CFI
数值	0.944	0.916	0.97	0.955	0.97

（7）企业技术创新困难因子。企业技术创新困难维度包含3个因子。其因子结构和效度验证结果如图6-13、表6-11所示。除C3_10外，其他因子载荷都在0.8以上，但C3F1与C3F2两个因子的关联系数较强。大多因子载荷的T值在10以上，显著性水平较高。平均卡方值为1.98，RMSEA值低于0.08，拟合指数在0.92以上。

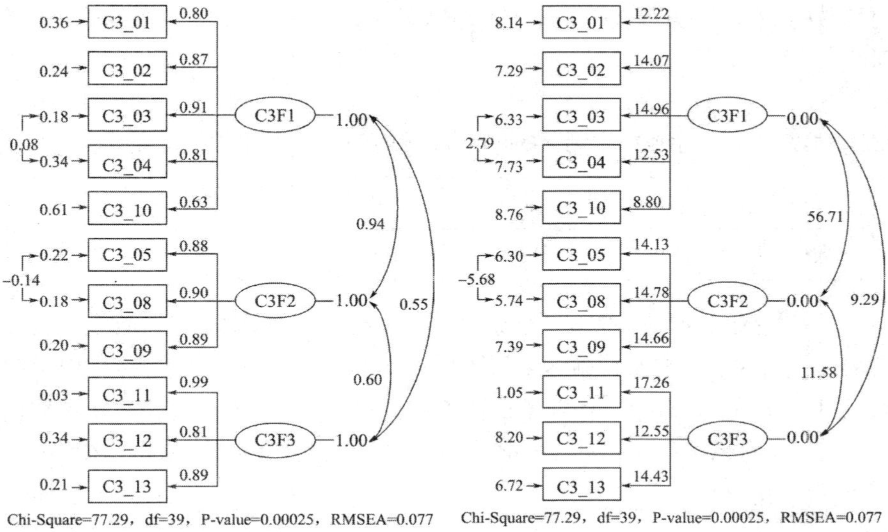

（A）标准化估计值　　　　（B）参数*T*值

图6-13　技术创新困难因子效度检验结果

表6-11　　　技术创新困难因子效度检验模型拟合指数

指数	NFI	RFI	IFI	TLI	CFI
数值	0.954	0.936	0.977	0.967	0.976

（8）企业技术创新的STI投入因子。企业技术创新的STI投入包含1个因子。从问卷10个题项中选择出7个因子。因子结构及检验结果如图6-14、表6-12所示。各因子载荷在0.6以上，*T*值在10以上，显著性程

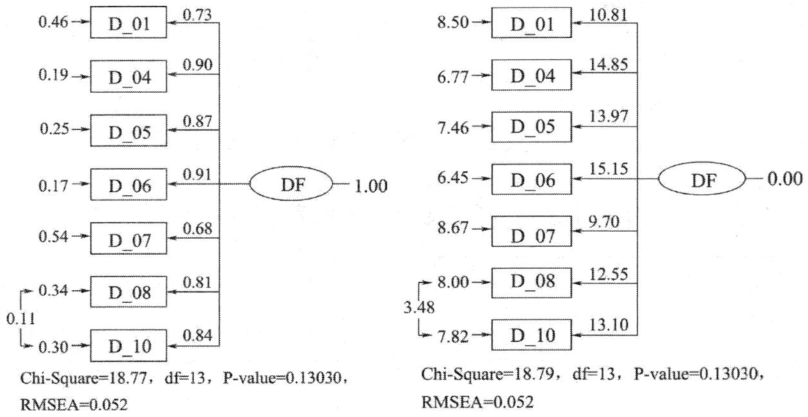

（A）标准化估计值　　　　（B）参数*T*值

图6-14　企业技术创新的STI投入因子效度检验结果

度较好。平均卡方值为1.44，RMSEA低于0.08，模型拟合指数都在0.95以上。

表6-12　　企业技术创新的STI投入因子效度检验模型拟合指数

指数	NFI	RFI	IFI	TLI	CFI
数值	0.98	0.967	0.993	0.988	0.993

（9）企业技术创新的STI影响因子。企业技术创新的STI影响维度包含2个因子。因子结构及检验结果如图6-15、表6-13所示。从问卷的19个题项中筛选出11个指标。各因子载荷*T*值在3以上，因子之间的关联系数稍高，E_04的因子载荷稍低。平均卡方1.68，RMSEA低于0.08，模型拟合指数也在0.94以上。

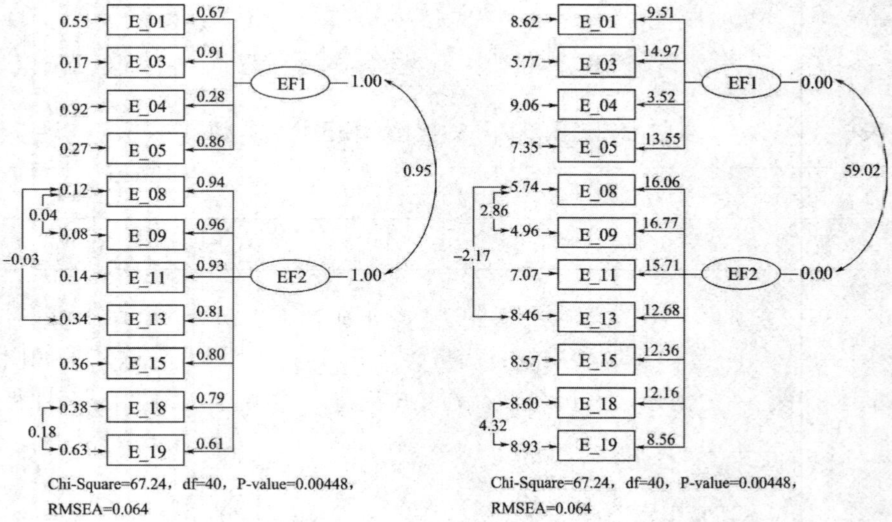

（A）标准化估计值　　（B）参数*T*值

图6-15　企业技术创新的STI影响因子效度检验结果

表6-13　　企业技术创新的STI影响因子效度检验模型拟合指数

指数	NFI	RFI	IFI	TLI	CFI
数值	0.959	0.944	0.981	0.974	0.981

6.3.2 信度检验

（1）信度分析原理。信度是根据测验工具所得结果的一致性（consistency）或稳定性（stability）（王保进，1999）。信度越高，量表的稳定性与一致性越强。本书将采用克朗巴哈（Cronbach's）信度系数法，检验各主要变量的内在一致性，衡量同组间指标的相互关系，检验是否测量的是单一概念。Cronbach's Alpha系数介于0到1之间，值越大则表明信度越高。根据Guielford的建议：信度系数若大于0.7，表示信度相当高；系数介于0.35到0.7之间，表示信度可以接受；若小于0.35，则信度低，应予以拒绝。黄俊英与林震岩（1994）指出，Cronbach's Alpha值低于0.35者，便须加以拒绝；Nunnally则认为Alpha系数如果在0.5以上，因子则具有较好的内部一致性。在信度检验中使用的Cronbach's Alpha，就定义而言，是所有折半信度组合的最小估计值，在两个题项时即为两个题项间的相关系数。一般在量表的发展上都要求最好在三个以上，因子分析要求每一个因子最好有三个题项以上，主要为了使因子的分析结果稳定。计算Cronbach's Alpha系数时，在一定的范围内，量表条目越多也会导致Cronbach's Alpha系数越大。同时，如果样本的正态性不够高，也会导致Alpha系数的降低。

（2）基本结果。本书采用SPSS 17.0对整个量表及各部分的每个因子作信度检验。表6-14中，因为所有的Alpha系数值都在0.6以上，具有较好的内部一致性，所以可以进行因子分析。

表6-14 量表信度检验

因子	指标	题项	信度
A：STI认知	A_01	STI是企业技术创新不可或缺的外部条件	0.876
	A_03	获得STI是企业创新的主要动力	
	A_04	获得STI能够有效提升企业对创新失败的承受能力	
	A_06	STI比其他类别的政府科技政策更能有效支持企业创新	
	A_08	无偿STI应该惠及行业内创新能力薄弱的成长性小企业	
	A_09	STI评选应采用公平、公正、公开的方式，受社会有效监督	
	A_10	STI能够改变行业内企业竞争格局	
	A_11	STI对企业技术创新发挥作用的时效性强，作用持久	

（续表）

因子	指标	题项	信度
A：STI认知	A_12	STI应该大力支持创新绩效强的企业	0.876
	A_14	STI改变了企业文化，有利于创新型文化的培育	
	A_15	政府对于公共科技服务平台的建设投入降低了企业创新成本	
B1F1：行业市场环境	B1_01	本企业所处行业内有着众多的竞争者	0.610
	B1_02	本企业所处行业的进入门槛较低	
	B1_03	本企业主导产品的可替代性较强	
	B1_06	本企业所在行业的市场环境不断发生变化	
B1F2：政府环境	B1_07	本地政府高度重视企业的技术创新和知识产权工作	0.737
	B1_08	本地政府的领导关心和支持本企业发展	
	B1_09	政府部门对本企业的服务或监管非常到位	
B1：基本环境情况			0.659
B2：STI政策环境	B2_01	STI政策信息可以按需要及时获取	0.889
	B2_02	STI政策覆盖的支持对象非常广泛	
	B2_03	STI政策支持企业创新方式灵活多样	
	B2_04	企业获得STI支持的程序和手续办理非常简便	
	B2_05	STI支持项目的选择公平、公正、公开	
	B2_06	STI支持的资金政府能够全部按时拨付	
	B2_07	关于STI的奖励政府能够全部兑现	
B：创新外部环境			0.851
C1F1：内部制度	C1_02	本企业制订了技术创新战略或规划	0.864
	C1_03	本企业有较为完善的技术创新组织管理体系	
	C1_04	本企业对技术创新有较为完善的激励机制	
C1F2：领导关注度	C1_05	本企业的领导热爱学习，积极参与各种培训	0.874
	C1_06	本企业的领导支持员工参加各种形式的学习	
	C1_08	本企业的领导关注企业的知识产权	
C1F3：领导宽容度	C1_09	本企业的领导能够尊重不同的意见与异议	0.888
	C1_10	本企业的领导能够信任部属并适当授权	

（续表）

因子	指标	题项	信度
C1F4：领导支持度	C1_12	本企业的领导鼓励员工尝试新工艺、开发新产品	0.880
	C1_13	本企业的领导对于员工的创新行为提供各种支持	
	C1_14	本企业的领导对于因创新而导致的失败持宽容的态度	
C1F5：员工主动性	C1_15	本企业员工主动学习的意识比较强	0.815
	C1_17	本企业员工善于寻求解决问题的新主意与新方法	
C1：创新内部条件			0.943
C2F1：创新类型	C2_01	本企业流程创新活动较多	0.853
	C2_02	本企业产品创新活动较多	
C2F2：技术交易	C2_03	本企业对外技术开发活动较多	0.847
	C2_04	本企业对外技术转让活动较多	
	C2_05	本企业对外技术咨询活动较多	
	C2_06	本企业对外技术服务活动较多	
C2F3：创新网络	C2_07	本企业非常注重同上下游企业的协作创新	0.851
	C2_08	本企业非常注重同地方科研院所的创新合作	
	C2_09	本企业非常注重同国内高校的创新合作	
C2F4：政策利用	C2_10	本企业非常注重利用政府公共性研发服务平台	0.954
	C2_11	本企业非常注重利用政府公共性创新创业服务平台	
	C2_12	本企业非常注重利用政府科技成果转化平台	
C2：企业技术创新模式			0.874
C3F1：人员合作	C3_01	本企业管理者创新的意识不够强	0.890
	C3_02	本企业的创新管理团队不够协调	
	C3_03	本企业员工缺乏创新动力	
	C3_04	本企业创新方面的投入不够高	
	C3_10	本企业产学研合作力度不够强	
C3F2：内部环境	C3_05	本企业研发团队与平台的能力不够强	0.899
	C3_08	本企业的创新文化和创新氛围不好	
	C3_09	本企业缺乏创新发展战略	

（续表）

因子	指标	题项	信度
C3F3：政策利用	C3_11	本企业不关注和不利用STI有关政策	0.923
	C3_12	本企业不关注和不利用政府投资建设的公共创新服务平台	
	C3_13	企业不关注和重视政府其他方面的政策支持（非STI）	
C3：创新主要困难及问题			0.935
C：企业技术创新内部条件、模式与问题			0.777
D：企业的STI资助	D_01	本企业获得的政府STI资助水平高于行业内其他企业	0.936
	D_04	本企业获得了多类STI资助方式的支持	
	D_05	本企业在创新多个环节上获得了STI资助	
	D_06	本企业获得较多的无偿STI资助	
	D_07	本企业获得较多的有偿STI资助	
	D_08	本企业获得较多的用于自有创新平台建设的STI资助	
	D_10	本企业获得较多的用于创新人才引进与培养STI资助	
EF1：直接作用	E_01	本企业为获得和利用STI配比了大量的企业自有资金	0.477
	E_03	STI有力缓解了本企业的创新资金压力	
	E_04	STI有效降低了本企业的创新风险	
	E_05	STI有效增强了本企业的创新动力	
EF2：间接作用	E_08	STI对本企业提高新产品收入发挥了重大作用	0.943
	E_09	STI对本企业提高技术性收入发挥了重大作用	
	E_11	STI有力提升了本企业在行业的市场地位	
	E_13	STI有力提升了本企业的国际地位	
	E_15	政府投入建设的公共科技服务平台改变了企业创新战略	
	E_18	政府投入支持的科技成果转化平台大力支持了企业技术创新	
	E_19	STI从总体上大大节约和替代了企业科技投入	
E：STI影响作用			0.843

大部分因子的信度数值都在0.35以上，绝大多数结果在0.7以上，B1F1（0.610）和EF1（0.447）的数值较低。主要原因在于：企业所处行业差异较大，行业环境存在更大的复杂性，指标间的相关性会降低；EF1因子的4项直接作用的异质性较强，E_01和E_03着重描述对企业创新资金的作用，关联性大大高于同E_04、E_05的相关性及二者之间的相关性。

6.4 一般描述性统计分析

经过以上综合分析，从初始问卷的112个问项中选取了79个指标变量，构成企业的政府科技投入理解、企业技术创新环境、企业创新情况、政府科技投入情况和政府科技投入绩效的量表[①]。各指标变量包括均值、中值、标准差及最小与最大值的描述性统计结果，如表6-15所示。

表6-15　　变量描述性统计情况

变量	均值	中值	标差	最小	最大	变量	均值	中值	标差	最小	最大
A_01	6.31	7	1.11	2	7	B1_06	5.82	6	1.23	1	7
A_03	5.11	5	1.83	1	7	B1_07	6.46	7	0.90	3	7
A_04	5.95	6	1.24	1	7	B1_08	6.51	7	0.79	3	7
A_06	6.10	6	1.17	1	7	B1_09	6.04	7	1.28	1	7
A_08	5.93	7	1.41	1	7	B2_01	5.79	6	1.38	2	7
A_09	6.51	7	0.80	4	7	B2_02	5.58	6	1.38	1	7
A_10	5.09	5	1.63	1	7	B2_03	5.74	6	1.36	1	7
A_11	5.71	6	1.33	1	7	B2_04	5.08	5	1.57	1	7
A_12	6.02	6	1.16	2	7	B2_05	5.95	6	1.23	2	7
A_14	5.38	6	1.44	1	7	B2_06	5.77	6	1.46	1	7
A_15	5.83	6	1.25	1	7	B2_07	5.83	6	1.45	1	7
B1_01	5.87	6	1.36	1	7	C1_02	6.13	6	1.06	1	7
B1_02	3.46	3	2.00	1	7	C1_03	6.14	6	1.00	1	7
B1_03	3.26	3	1.87	1	7	C1_04	6.08	6	1.06	2	7

① 指标的选取根据样本完整性情况、因子效度检验结果等综合考虑。

（续表）

变量	均值	中值	标差	最小	最大	变量	均值	中值	标差	最小	最大
C1_05	6.47	7	0.88	3	7	C3_05	2.36	2	1.44	1	7
C1_06	6.34	7	0.92	4	7	C3_08	2.23	2	1.39	1	7
C1_08	6.44	7	0.79	4	7	C3_09	2.16	2	1.39	1	7
C1_09	6.46	7	0.88	2	7	C3_10	2.60	2	1.65	1	7
C1_10	6.32	7	0.91	2	7	C3_11	2.03	1	1.49	1	7
C1_12	6.50	7	0.74	4	7	C3_12	2.09	1	1.57	1	7
C1_13	6.44	7	0.77	4	7	C3_13	1.95	1	1.44	1	7
C1_14	6.26	7	0.91	3	7	D_01	3.53	4	1.62	1	7
C1_15	6.04	6	1.04	1	7	D_04	3.75	4	1.80	1	7
C1_17	6.04	6	1.01	2	7	D_05	3.94	4	1.70	1	7
C2_01	5.40	6	1.25	2	7	D_06	3.53	4	1.75	1	7
C2_02	5.63	6	1.31	2	7	D_07	3.00	3	1.68	1	7
C2_03	5.03	5	1.63	1	7	D_08	3.78	4	1.86	1	7
C2_04	3.89	4	1.92	1	7	D_10	3.42	4	1.71	1	7
C2_05	4.77	5	1.67	1	7	E_01	4.71	5	1.83	1	7
C2_06	5.04	5	1.57	1	7	E_03	5.05	5	1.68	1	7
C2_07	5.83	6	1.20	1	7	E_04	5.10	5	1.67	1	7
C2_08	5.91	6	1.20	1	7	E_05	5.37	6	1.70	1	7
C2_09	6.00	6	1.21	1	7	E_08	5.24	5	1.59	1	7
C2_10	5.65	6	1.34	1	7	E_09	5.35	6	1.55	1	7
C2_11	5.74	6	1.34	1	7	E_11	5.35	6	1.49	1	7
C2_12	5.80	6	1.32	1	7	E_13	4.93	5	1.62	1	7
C3_01	2.05	2	1.28	1	7	E_15	5.02	5	1.68	1	7
C3_02	2.04	2	1.22	1	7	E_18	5.38	6	1.57	1	7
C3_03	2.29	2	1.37	1	7	E_19	4.87	5	1.69	1	7
C3_04	2.34	2	1.47	1	7						

经过指标特征的基本分析，可以获得若干认识。一是一般企业对政府科技投入的理解力强，但具体指标的认知程度有差异。企业高管首先对政府科技投入政策的理解程度较强，均值都在5以上，中值为5—7，甚至A_09指标的最小值为4，但他们对政府科技投入不同方面的理解差异性较大，方差分布于0.80—1.83之间，最小的也为A_09，即对政府科技投入对象选取采用公平、公正和公开方式的极度认可。二是一般企业对所处行业环境的判断差异较大，对于地方政府政策环境的认可程度较好。由于企业所处行业分布广泛，其管理者对于本行业特质的认知不同，方差在1.23—2之间，但共同认为行业存在差异化竞争的基本趋势，B1_02、B1_03均值在较低的3左右。企业对于政府政策作用及发展环境的认可程度高，均值高于6，中位值都为7。三是一般企业对于政府科技投入政策环境作用的认可度强，各项目认知趋势相似。科技投入政策环境B2各指标的均值和中位值都在5以上，且各项目的方差在1.23—1.46的较小范围内。四是一般企业内部创新条件的一致性较强。C1反映基础条件、领导者和普通员工的创新基本素质，各指标均值都在6以上，中值为6或7，且大部分指标方差在1以内。五是一般企业采用的创新模式与具体方式差异较大。自有技术创新和技术交易活动较强，均值在5—6之间，但企业在产学研合作及对于外部政府科技创新公共平台的利用存在不足，均值在2左右。六是一般企业的技术创新障碍不是来自内部。对于内部条件、基础环境和政府利用主动性上的困难程度较小，分值一般低于3。七是一般企业对于自身吸收的政府科技投入数量认为存在不足。企业获得的政府科技投入支持数量较少，支持方式和具体类型也都较少，分值大多在3—4之间，中值为3或4。八是企业对政府科技投入利用绩效水平较高。企业已吸收政府科技投入绩效水平均值在4—6之间，中值为5或6。

6.5 验证性因子分析

本节主要是对上文理论模型进行验证，分析结论和基本假设。

6.5.1 STI认知对企业技术创新内部影响

首先对STI理解→企业创新内部条件的关系进行验证分析。系数估计和T检验结果如图6-16、图6-17所示，模型拟合指数如表6-16所示。整体模型的平均卡方为1.83，RMSEA小于0.08，拟合指数也较好。AF对企业创新内部条件的5个因子的作用关系都较为显著，且路径系数值比较接近，到C1F2和C1F4的路径系数较高（0.48）。

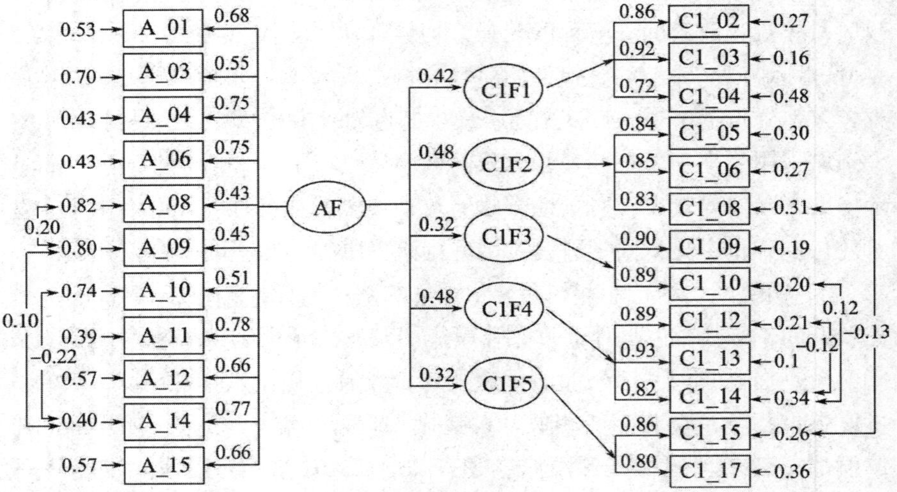

Chi-Square=423.56，df=231，P-value=0.00000，RMSEA=0.071

图6-16 STI认知对企业技术创新内部影响系数估计

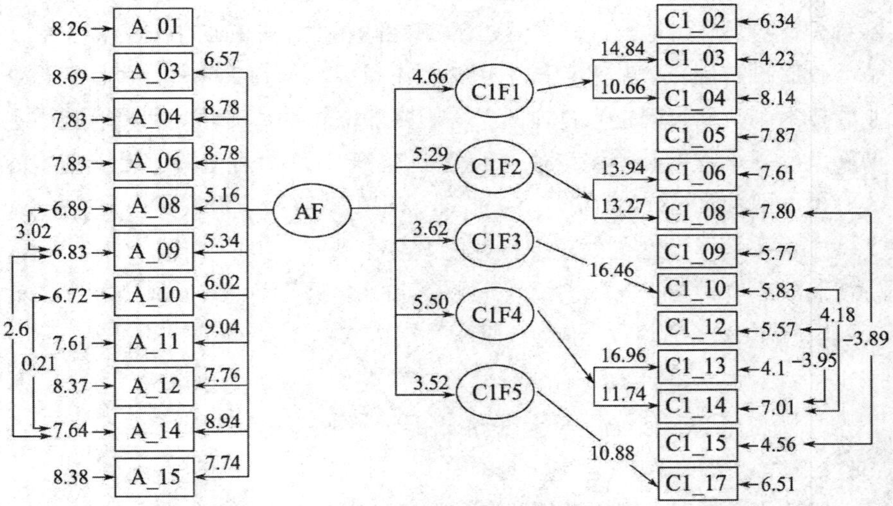

Chi-Square=423.56，df=231，P-value=0.00000，RMSEA=0.071

图6-17 STI认知对企业技术创新内部影响模型检验

表6-16 STI认知对企业技术创新内部影响模型拟合指数

指数	NFI	RFI	IFI	TLI	CFI
数值	0.856	0.825	0.927	0.909	0.925

6.5.2 STI认知对企业技术创新模式影响

本部分对STI理解→企业创新模式的关系进行验证分析。系数估计和T检验结果如图6-18、图6-19所示，模型拟合指数如表6-17所示。整体模型的平均卡方为1.83，RMSEA小于0.08，拟合指数也较好。AF对企业创新模式3个因子的作用关系都具有显著性，且路径系数值比较接近，到C2F1的路径系数稍高（0.42）。

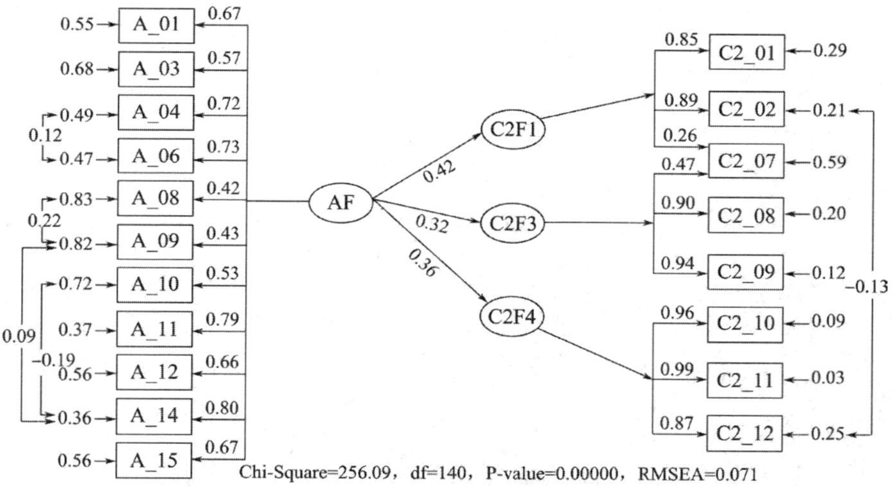

图6-18 STI认知对企业技术创新模式影响系数估计

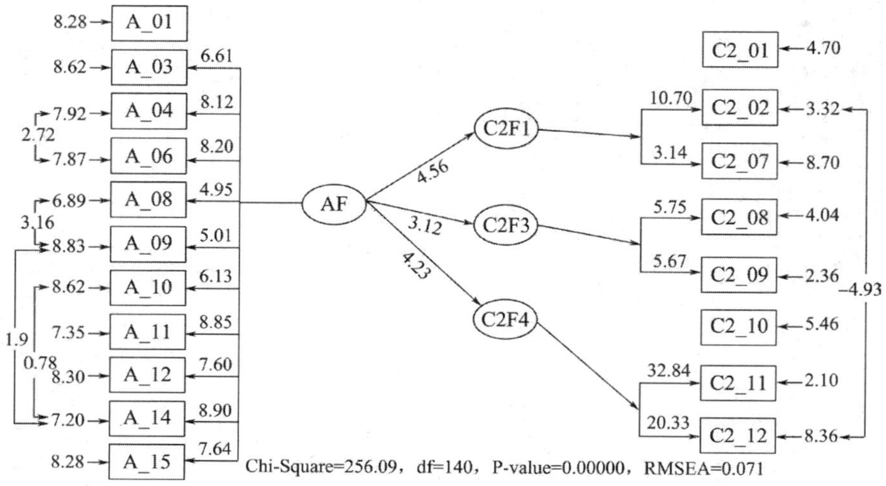

图6-19 STI认知对企业技术创新模式影响模型检验

表6-17　　STI认知对企业技术创新模式影响模型拟合指数

指数	NFI	RFI	IFI	TLI	CFI
数值	0.844	0.843	0.916	0.915	0.916

6.5.3　STI认知对企业技术创新产出影响

本部分对企业STI理解→STI作用关系进行验证分析。系数估计和T检验结果如图6-20、图6-21所示，模型拟合指数如表6-18所示。整体模型

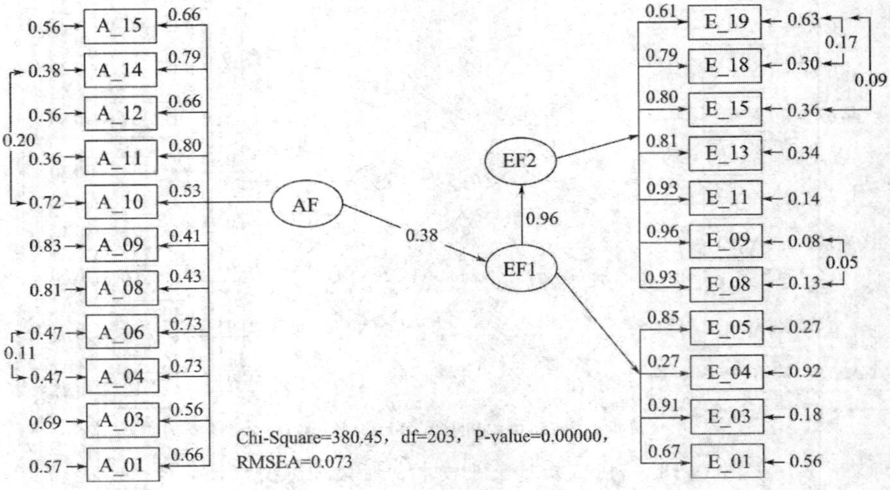

图6-20　STI认知对企业技术创新产出影响系数估计

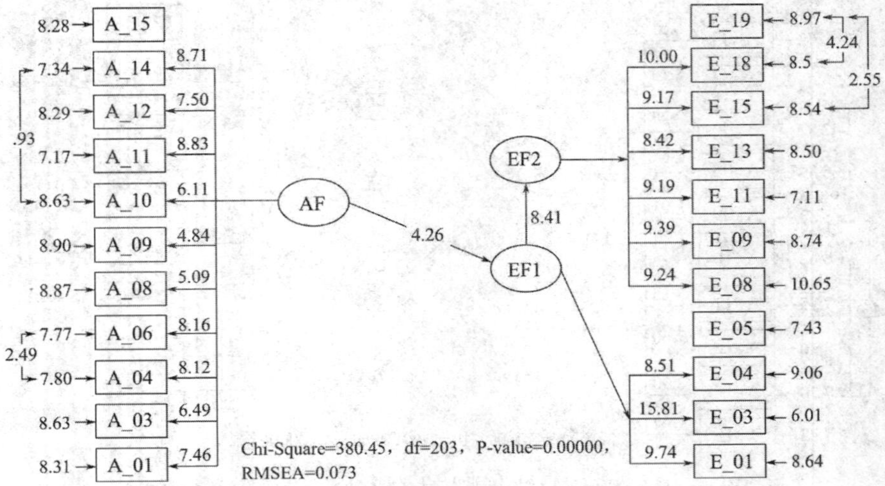

图6-21　STI认知对企业技术创新产出影响模型检验

的平均卡方为1.87，RMSEA小于0.08，拟合指数也较好。企业直接产出（EF1）和间接产出（EF2）之间的因子关联性很强，AF对EF1具有显著直接影响作用，对EF2具有间接影响作用。

表6-18　　STI认知对企业技术创新产出影响模型拟合指数

指数	NFI	RFI	IFI	TLI	CFI
数值	0.92	0.91	0.95	0.915	0.95

6.5.4　STI环境对企业技术创新困难影响

（1）一般环境→企业技术创新困难。对企业一般环境→企业技术创新困难关系进行验证分析，系数估计和T检验结果如图6-22、图6-23所示，模型拟合指数如表6-19所示。整体模型的平均卡方为2.20，RMSEA为0.08，拟合指数较好。B1F1对创新困难产生正向作用，而B1F2对创新困难具有反作用力。因子间路径系数值较为接近，在0.3～0.4之间。

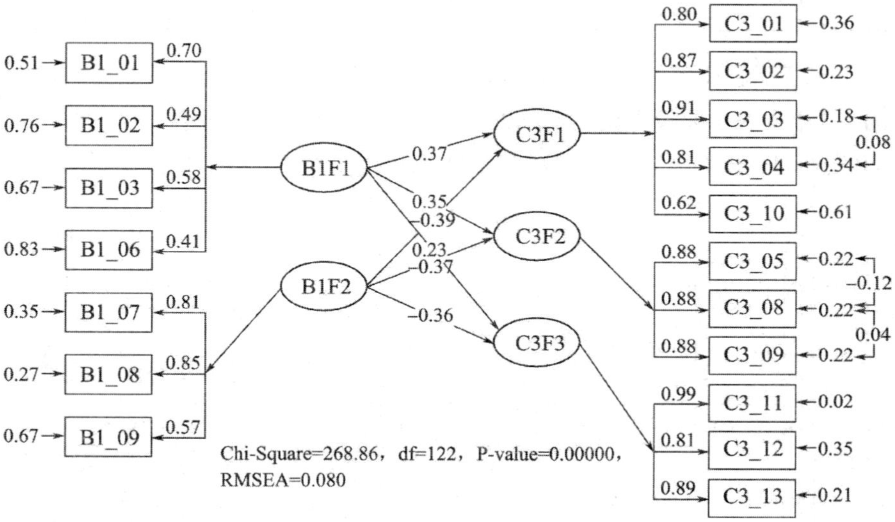

图6-22　一般环境对企业技术创新困难影响系数估计

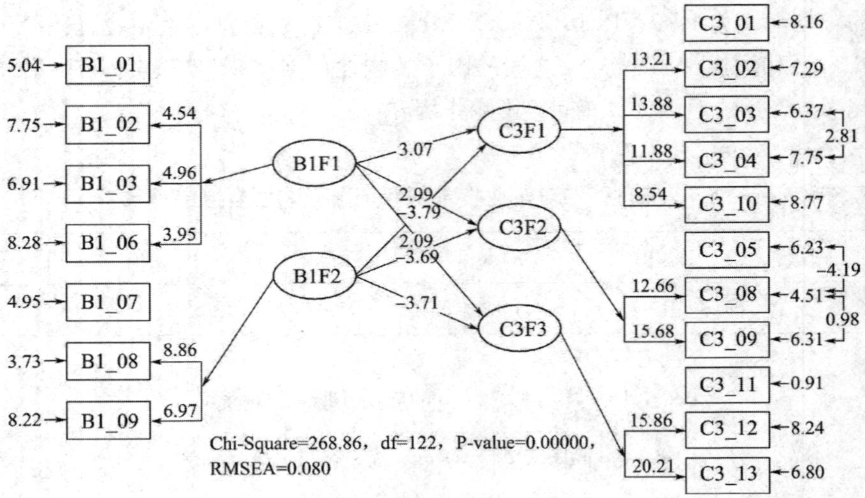

图6-23 一般环境对企业技术创新困难影响模型检验

表6-19 一般环境对企业技术创新困难影响模型拟合指数

指数	NFI	RFI	IFI	TLI	CFI
数值	0.857	0.824	0.908	0.885	0.907

（2）企业技术创新的STI环境→企业技术创新困难。对企业技术创新的STI环境→企业技术创新困难关系进行验证分析，系数估计和T检验结果如图6-24、图6-25所示，模型拟合指数如表6-20所示。整体模型的平均

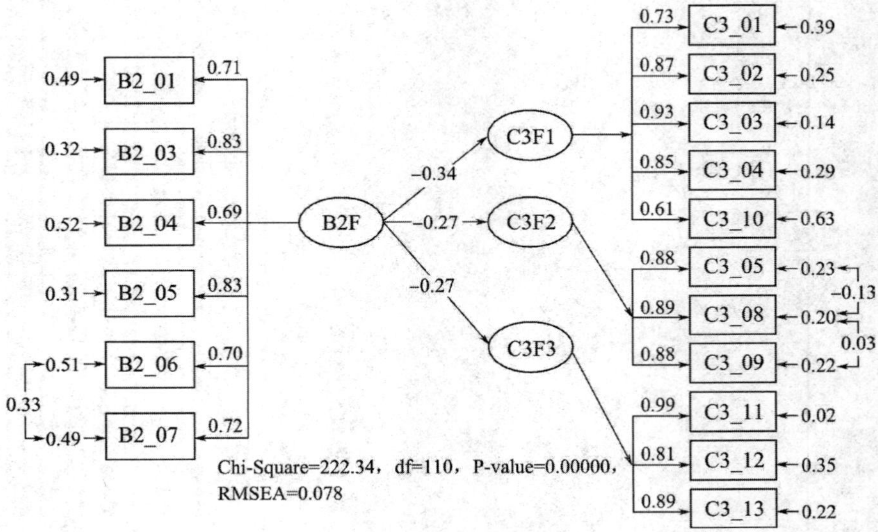

图6-24 STI环境对企业技术创新困难影响系数估计

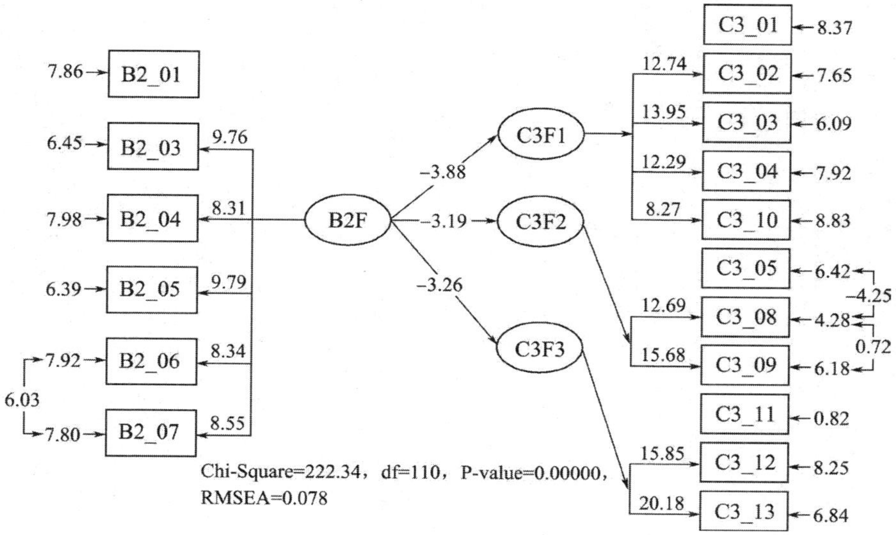

图6−25　STI环境对企业技术创新困难影响模型检验

卡方为2.02，RMSEA低于0.08，拟合指数较好。B2F对企业技术创新困难的影响都为反作用，路径系数在0.2～0.4之间，B2F对C3F1的作用高于对其他两个因子的作用。

表6−20　　STI环境对企业技术创新困难影响模型拟合指数

指数	NFI	RFI	IFI	TLI	CFI
数值	0.908	0.886	0.95	0.938	0.95

6.5.5　STI环境对企业技术创新产出影响

对企业技术创新STI环境→企业技术创新产出关系进行验证，系数估计和T检验结果如图6−26、图6−27所示，模型拟合指数如表6−21所示。整体模型的平均卡方为1.96，RMSEA低于0.08，拟合指数较好。B2F对企业技术创新的直接产出和间接产出都存在正向影响作用，间接影响作用略高于直接影响作用。

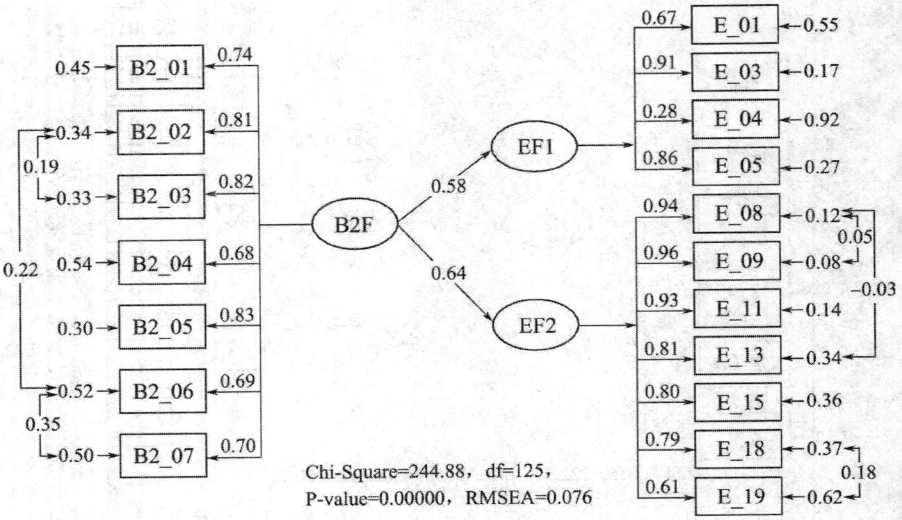

图6-26　STI环境对企业技术创新产出影响系数估计

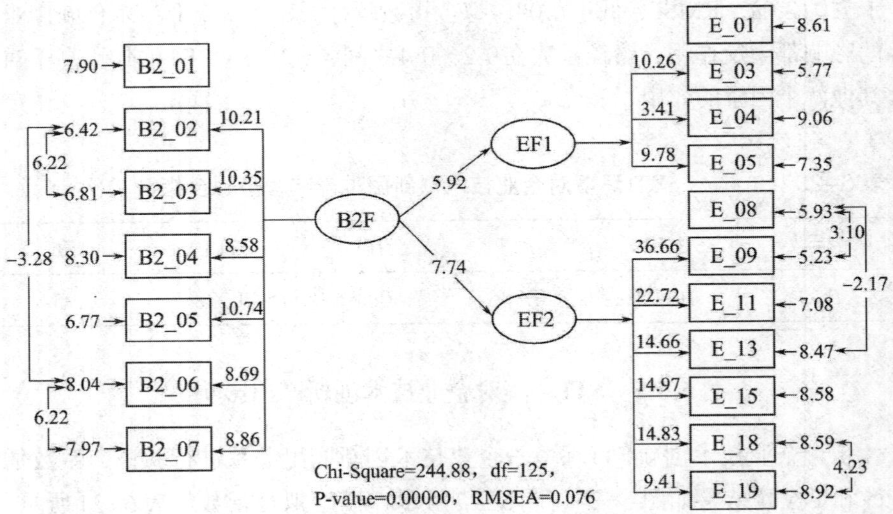

图6-27　STI环境对企业技术创新产出影响模型检验

表6-21　STI环境对企业技术创新产出影响模型拟合指数

指数	NFI	RFI	IFI	TLI	CFI
数值	0.916	0.897	0.957	0.947	0.957

6.5.6 STI投入对企业技术创新产出影响

对企业技术创新的STI投入→企业技术创新产出关系进行验证，系数估计和T检验结果如图6-28、图6-29所示，模型拟合指数如表6-22所示。整体模型的平均卡方为2.27，RMSEA为0.08，拟合指数较好。DF对EF具有直接促进作用，从路径系数上看，EF1对EF2具有极强的间接影响。

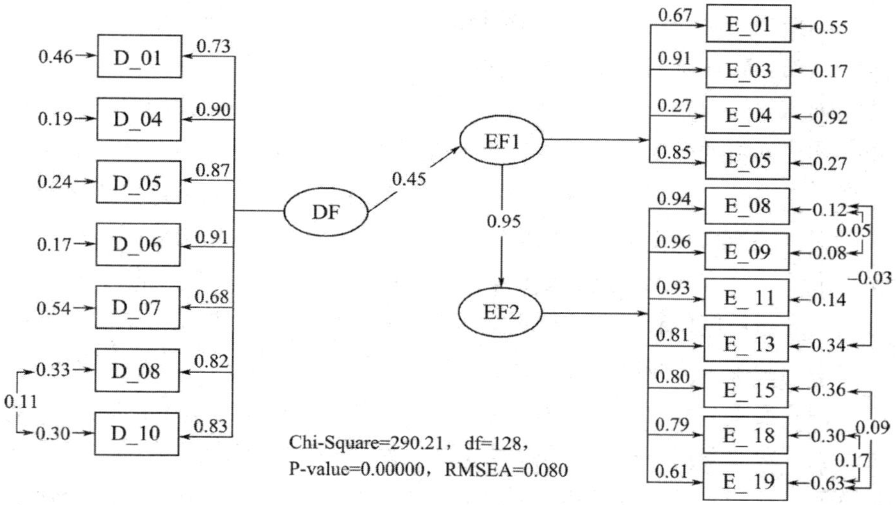

图6-28 STI投入对企业技术创新产出影响系数估计

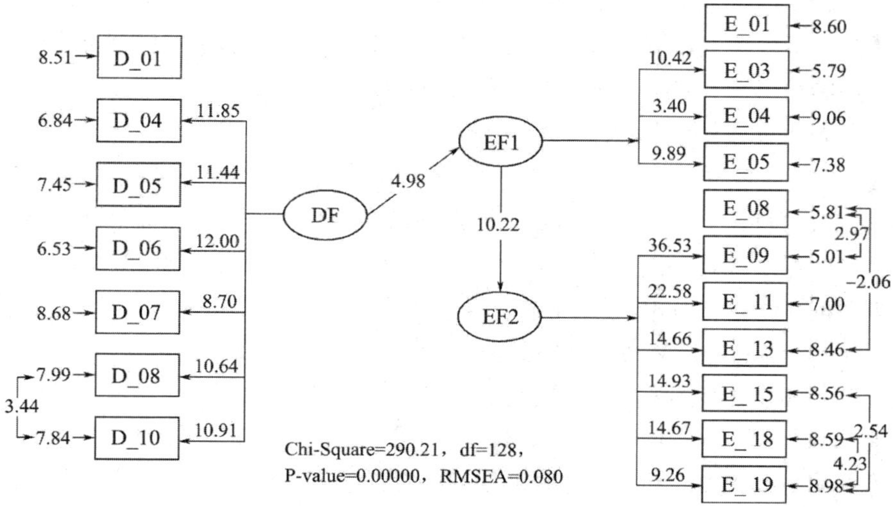

图6-29 STI投入对企业技术创新产出影响模型检验

表6-22　STI投入对企业技术创新产出影响模型拟合指数

指数	NFI	RFI	IFI	TLI	CFI
数值	0.89	0.869	0.929	0.915	0.928

6.6　分析结论

本书从微观视角考察了政府科技投入（STI）对企业技术创新的影响机制。首先从企业认知角度，设定了企业对政府科技投入的整体理解、企业技术创新环境、企业技术创新内部条件、企业技术创新的政府科技投入和企业技术创新的政府科技投入产出五大维度，并提出五个构念之间的假设关系，建立政府科技投入对企业技术创新影响作用模型Ⅱ。进一步构建量表，初步形成由106个题项构成的企业高管调查问卷。利用此问卷在山东省济宁市进行了调查研究。对收集的样本经过特异值、缺失值的初步分析，量表效度与信度检验后，综合选取了其中的79项作为测量指标。建立结构方程模型对模型和假设进行了验证分析，可得以下结论：

（1）企业对政府科技投入的整体理解显著影响到企业内部创新要素配置。企业对于政府科技投入的有效认知主要影响了企业领导者的创新态度和意愿。在明确政府科技投入获取条件、可能方式和预期作用后，企业领导的创新关注度和创新支持度能够得到明显提高。

（2）企业对政府科技投入的整体理解显著影响到企业自身技术的创新模式选择。企业在流程与产品创新决策、外部创新网络建构和对政府支持政策的利用三个方面受到企业对于STI的企业创新风险降低和STI支持的较高持久性与时效性的影响。

（3）企业对于政府科技投入的整体理解显著影响到企业的技术创新产出。政府科技投入有利于引导企业建立创新型文化，降低企业创新风险，且影响作用持久，优于其他类的政府科技创新政策，从而特别缓解了企业创新资金压力和提升了企业创新动力。

（4）企业的一般外部环境显著地影响到了企业技术创新的难度。行业复杂性和动态性的增加，影响到企业对于创新资源的竞争性，企业对于创新的长期坚持性、风险忍受力降低，短期生存压力提升。而政府保障和服务环境的改善却有利于企业凝聚创新要素，坚定创新信心，从而对风险和不确定性的忍受力、创新的长期回报的偏好性增加。

（5）企业的STI政策环境显著地促进了企业技术创新产出。STI政策环境的完善有利于提升对企业技术创新产出的直接和间接性促进作用。STI政策环境的正向影响，首先有利于减轻企业创新资金的压力，进而利用政府公共科技服务平台，提高企业新产品与技术性收入，提升企业的市场与国际地位。

（6）企业对于政府科技投入的利用显著地促进了企业技术创新产出。企业吸收多类政府科技投入和在多个环节上得到的政府科技投入的支持，特别是无偿性投入，以及政府科技投入对于企业创新平台和人才的支持，对企业技术创新产出发挥了重要促进作用。

总之，政府科技投入从多个层面上影响企业技术创新：一是企业对于政府科技投入的理解和认识对企业技术创新决策产生直接影响，是企业配置内部创新资源、选择技术创新模式的重要因素；二是企业技术创新环境（包括政策环境）中的不利因素是企业技术创新障碍出现的重要原因，需要对政府科技投入政策环境完善工作给予更多关注；三是企业吸收政府科技投入有利于企业直接提升创新绩效。企业对政府科技投入的认知、企业吸收的政府科技投入和企业技术创新环境三者相互关联。政府科技投入认知和企业技术创新环境对企业技术创新绩效的影响，都需要通过优化企业吸收的政府投入来实现。其中，政府科技投入政策环境是企业技术创新重要外部条件，直接而深刻地影响着企业的技术创新认知。

6.7　本章小节

在第5章基于宏观数据的政府科技投入影响企业技术创新效应分析后，本章进一步基于管理决策认知视角在企业微观层面对政府科技投入影响企业技术创新的作用机制进行分析。

由第4章可知，政府科技投入对企业技术创新存在多重影响机制，最基本、最直接的作用点是对企业技术创新决策与战略的影响。本章首先以企业技术创新决策、技术创新绩效的过程为中心建立政府科技投入影响企业技术创新机制的概念模型，并对模型中的企业技术创新认知、企业技术创新环境、企业技术创新模式、企业技术创新内部条件、企业的STI投入和企业的STI产出六个变量进行界定，提出基本研究假设。然后设计对上述变量进行测量的认知量表，进而通过问卷获取某地市的测量数据，并采用结构方程模型的统计方法对假设进行检验。

研究结果表明，企业技术创新模式、创新资源配置等方面的创新决策受到企业STI认知的内在影响，企业行为和外部环境共同决定了企业对于政府科技投入的吸收能力，企业吸收的政府科技投入则必然对企业技术创新产出存在促进效应。而企业的STI认知受到政府STI政策环境的影响。因此，从政府视角来看，科技政策环境优化对于引导和激励企业技术创新存在复合性作用。

第5和第6章从外在效应分析到内部机制分析，从宏观到微观，相互补充和支持，共同实现对第4章理论分析的验证，为进一步的政策应用分析提供基础。

7 政府科技投入及政策比较分析研究

根据党的十八大和十八届二中、三中、四中全会的精神，为加快实施创新驱动发展战略，强化企业创新主体地位，按照深化科技体制改革、财税体制改革的总体要求和《中共中央 国务院关于深化科技体制改革加快国家创新体系建设的意见》（中发〔2012〕6号），按照进一步发挥财政资金引导作用、撬动社会资源支持科技创新的总体思路，需要研究建立符合市场规律的多元化科技投入运作新机制，实现财政投入效益最大化。在这一背景下，增加财政科技投入、创新投入方式，充分发挥财政资金对企业技术创新的引导和激励作用，推动企业真正成为技术创新的主体，是当前深化科技体制改革、建设国家创新体系的一项重要任务。本章图、表数据来自历年中国科技统计年鉴、全国企业创新调查年鉴和山东省科技统计年鉴。

7.1 政府科技投入

7.1.1 中央政府科技投入

（1）中国科技投入稳步上升。研发经费支出以及其占GDP的比重反映一国经济增长的潜力和可持续发展能力，反映全社会的科技投入和创新情况，是综合实力和竞争力的核心标志，具有较强的国际、国内可比性。通过图7-1可以看到，近年来，中国R&D经费支出、R&D经费支出与国内生

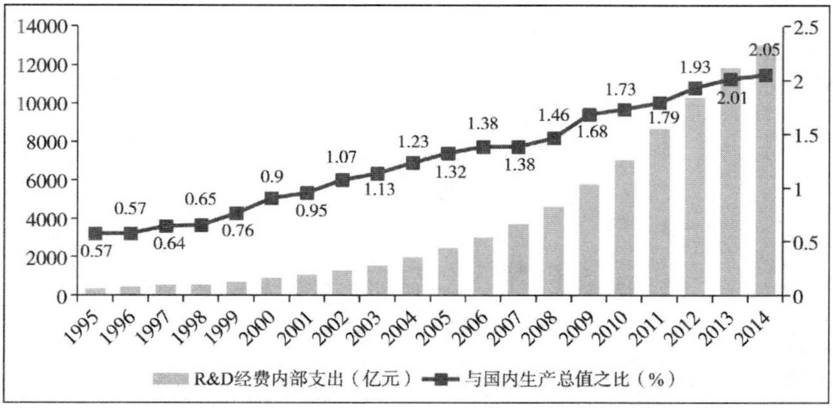

图7-1 1995—2014年中国R&D经费支出及R&D/GDP变化

产总值之比都呈现显著的增长趋势。截止到2014年，全社会研发支出达到13015.63亿元，占GDP的比重达2.05%，中国近年来越来越注重创新资源的供给，实施了创新驱动发展战略。

（2）国家财政科技投入情况。2006—2014年，国家财政科技投入由1688.5亿元增加到6454.5亿元，年均增长36%。其中，中央财政科技投入年均增长24%，地方财政科技投入年均增长53%。由图7-2可以看到，中央与地方的财政科技投入呈现逐年上升的趋势，并且投入水平大体相当。

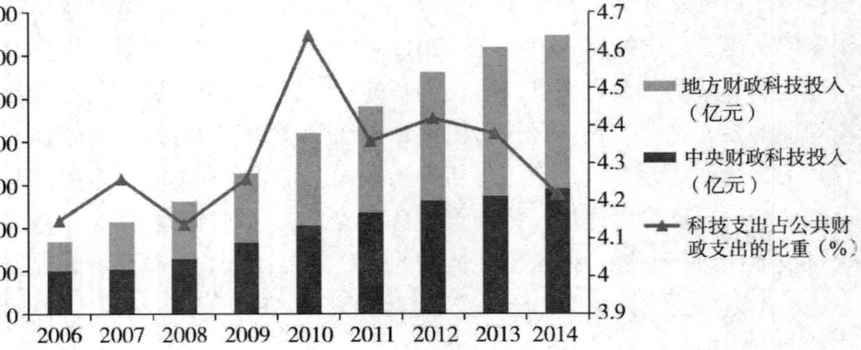

图7-2 2006—2014年国家财政科技投入情况

（3）R&D经费支出的国际比较。当今世界，国际竞争正从资源比较优势竞争走向创新要素优势的竞争。国家的繁荣富强和持续发展主要取决于国家的创新能力。面对未来科技发展和国际政治经济形势演变带来的机遇与挑战，世界各国都在增加科技投入，力图增强自己的创新能力。

一个国家创新能力的提升依赖于超前部署和长期持续的高强度投入。图7-3数据显示，世界各国的研究与发展经费投入总体上呈波动上升的趋

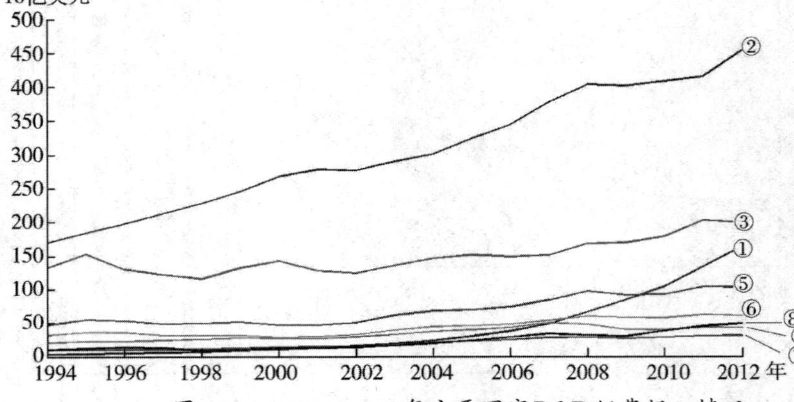

图7-3 1994—2012年主要国家R&D经费投入情况

势，科技创新投入受到世界各国的普遍重视。世界发达国家（美国、日本、德国等）的研究与发展经费投入一直位居前列，由此可见科技创新在一个国家的发展发挥的重要作用。改革开放后，中国越来越重视科技创新对国家发展的促进作用，逐步加大研究与发展经费的投入。截至2012年，中国R&D经费的投入位居世界第三位。

中国研发经费投入水平低于世界上主要创新型国家的投入水平，比如北欧一些发达国家的研发投入占GDP的比重为3%—3.5%，美国也达到2.8%（图7-4）。国内外众多研究表明，企业研发经费投入强度（企业研发经费与主营业务收入之比）是被广泛采用的评价企业创新能力的核心指标。中国规模以上工业企业的研发投入占销售收入的比重为0.9%，而国外企业一般是2%—3%。在《中国制造2025》规划中，规模以上制造业研发经费内部支出占主营业务收入的比重到2020年将达到1.26%，2025年将达到1.68%，逐渐接近国际水平。

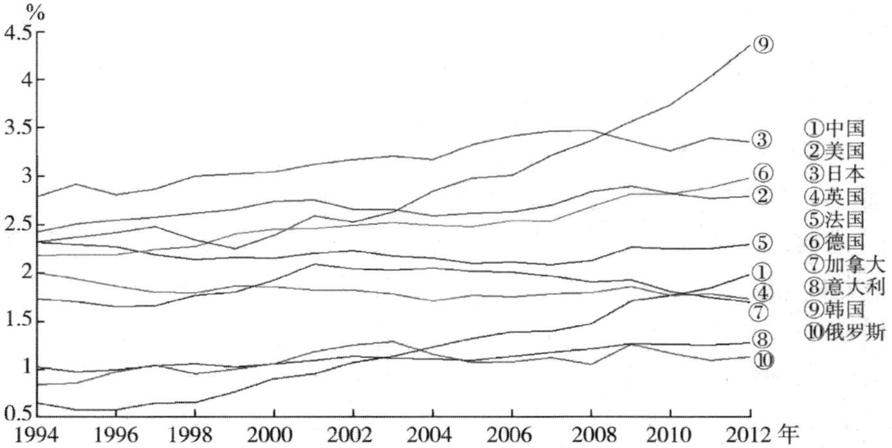

图7-4 1994—2012年部分国家研究与发展经费投入强度（R&D/GDP）

全国及几个主要地区的R&D经费投入强度如图7-5所示，可以看出，不论是全国平均水平还是地区R&D经费支出强度都呈现逐年递增的趋势。具体而言，北京地区的R&D经费支出强度要远远高于全国平均水平，上海作为国际化大都市，其R&D经费支出强度居第二，江苏、广东、浙江、山东则与全国平均水平相当。

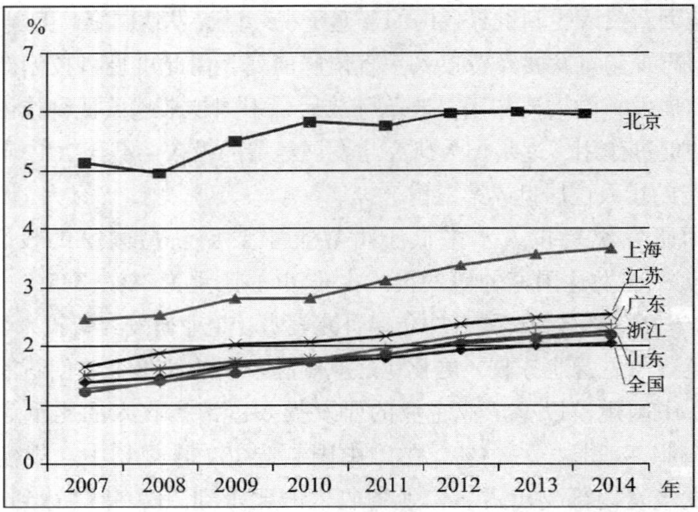

图7-5 2007—2014年全国及主要地区R&D经费投入强度

7.1.2 中国科技投入存在的问题

（1）R&D经费强度低于国际平均水平。中国研发经费投入强度低于世界上主要创新型国家的投入水平。中国的R&D经费支出居世界前列，并且呈逐年上升的趋势，这说明中国现在越来越重视通过创新驱动产业升级，推动经济发展。研发经费占GDP的比重，可以衡量一个国家或地区的科技活动规模及科技投入强度。研发经费支出占GDP的比重反映其经济增长的潜力和可持续发展能力，反映全社会的科技投入和创新情况，是综合实力和竞争力的核心标志，具有较强的国际、国内可比性。中国研发投入总体上在逐年增加。中国2014年的研发投入占GDP的比重为2.1%，山东省研发投入占到2.3%，这与世界上先进国家还有一定差距，比如北欧一些发达国家研发投入占GDP的比重为3%—3.5%，美国也达到2.8%。

（2）R&D经费投入结构不合理。中国R&D经费投入结构存在不合理现象。大部分科技投入主要集中于试验发展领域，而基础研究相关科技投入水平比较低，这种现象在各省市均存在。同时，在与其他国家的对比中，我们也可以发现中国用于基础研究的科技投入要远远低于其他国家，远远没有达到所要求的水平。这种现象在企业、研发机构以及高等院校中也同样存在，其中与企业相比，高等院校与研发机构的基础研究投入较高。

（3）科技投入主要依赖企业，政府引领作用不够。综合各国数据可以发现，企业在国家R&D经费投入中始终居于主导地位。在中国，这种现象尤为显著。企业R&D经费支出始终居于高位，并呈现逐年递增的趋势，2014年，企业R&D经费支出占中国R&D经费总支出的近80%。政府作为国家创新驱动战略实施的重要推动力量，应该发挥其引领作用，以其科技投入的增加，发挥其外部作用，推动全社会的产业转型升级。

7.2 山东省与粤浙苏省份科技投入比较

7.2.1 山东省科技投入的特征

山东省R&D经费投入规模较大。2014年，山东省财政科技支出总量为147.06亿元，较上年减少1.39%，占财政支出的比重为2.05%，较上年减少了0.15个百分点，但也带动全社会R&D经费投入达到1304.1亿元，比上年增长10.9%。由表7-1可知，山东省不仅全社会R&D经费总量保持较快增长，R&D经费占GDP的比重也稳步提高，由2010年的1.72%增长到2014年的2.19%，为全省科技综合实力的提升提供了重要支撑。

表7-1　　2010—2014年山东省R&D经费和企业R&D经费投入

一级指标	二级指标	2010	2011	2012	2013	2014
R&D经费投入	全省R&D经费支出（亿元）	672.0	844.38	1020.3	1180	1304.1
	占GDP比重（%）	1.72	1.86	2.04	2.16	2.19
企业R&D经费投入	规模以上企业R&D内部经费支出	589.24	743.14	905.6	1052.8	1175.6
	占全省R&D经费比重（%）	87.68	88.01	88.76	89.22	91.15

7.2.2 R&D经费投入情况

从投入总量来看，山东R&D经费投入总量不断增长，2014年R&D经费投入总额为1304.1亿元，比2013年增长了10.9%，占全国总量的10.02%，居全国第四位；江苏和广东仍居全国前两位，分别为1652.8亿元、1605.4亿元；浙江R&D经费投入总额为907.85亿元，居全国第5位。四省经费投入总量均比2013年有所增长，如图7-6所示。从增长速度来看，江苏、浙江、福建R&D经费投入比2013年分别增长了11.15%、11.25%、11.12%，均高于山东；山东R&D经费增长速度明显偏低，仅为10.9%，导致其R&D经费总额与另外三省之间的差距进一步加大。

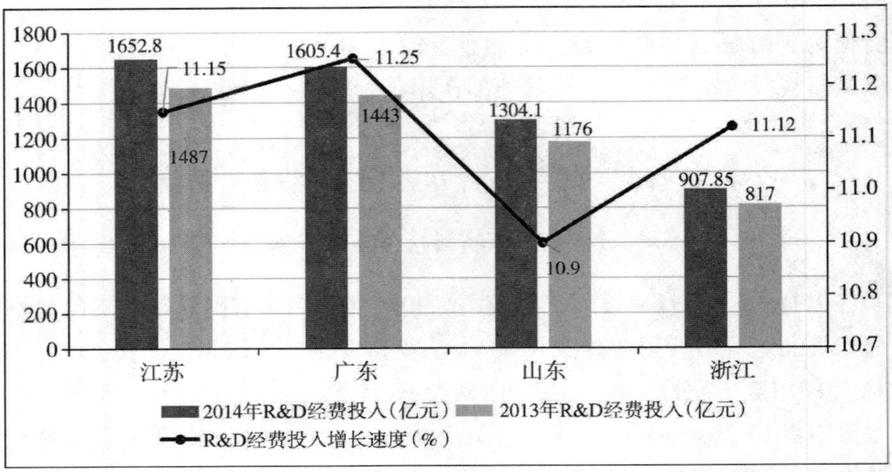

图7-6 四省R&D经费投入及R&D经费投入增长速度

从图7-7R&D经费投入强度来看，2014年四个省的投入强度都不断增加，江苏始终保持领先。其中，2014年山东R&D经费占GDP的比重为2.19%，比2013年增长了0.06个百分点，但是增速有所减慢，比2013年投入强度的增速少了0.03个百分点。2014年江苏R&D经费占GDP的比重为2.54%，广东为2.37%，分别比山东高出0.35、0.18个百分点。2013年，山东与江苏、广东两省之间的差距分别为0.36和0.18个百分点。2012年，山东与江苏、广东两省之间的差距分别为0.34和0.13个百分点。可以看出，连续两年，山东与两省的差距均呈扩大趋势。2014年，浙江R&D经费占GDP的比重为2.26%，比山东高出0.07个百分点，与2013年高出0.03个百

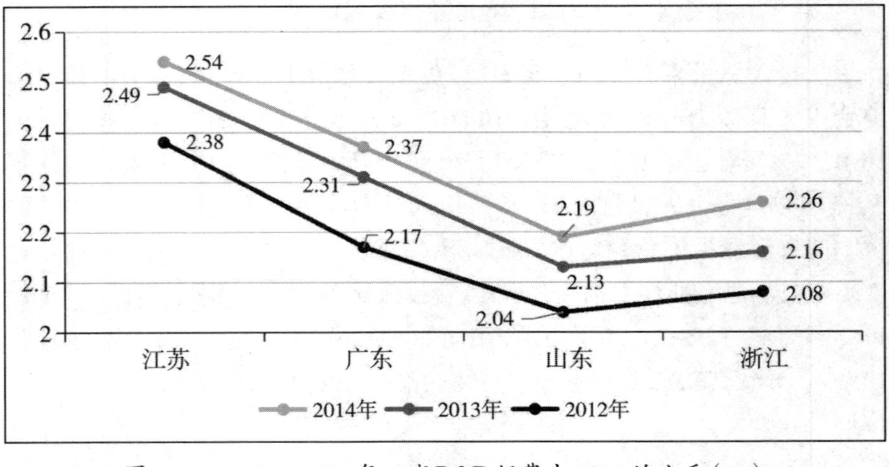

图7-7 2012—2014年四省R&D经费占GDP的比重（%）

分点相比，差距也在拉大。山东R&D经费投入增长速度明显偏低，导致其经费投入强度与另外三省的差距进一步加大。

7.2.3 R&D经费投入结构

从图7-8、图7-9可以看出，2014年四省都初步形成了企业资金为主、政府资金为引导、国外资金等其他资金为补充的经费筹措格局。其中，山东企业R&D经费投入所占的比例最高，为90.44%，江苏企业所占比例最低，为86.32%，而江苏的政府资金和国外资金等其他资金占的比例在四省中最高，可见江苏的资金来源更为多元化，而包括山东在内的其他三省更多地依赖于企业资金。从R&D经费活动类型来看，浙江的试验发展经费支

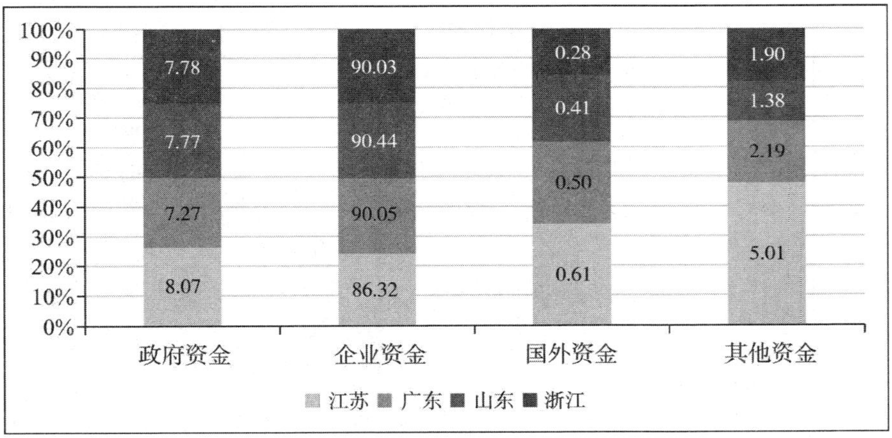

图7-8 2014年四省R&D经费内部支出按来源分类情况

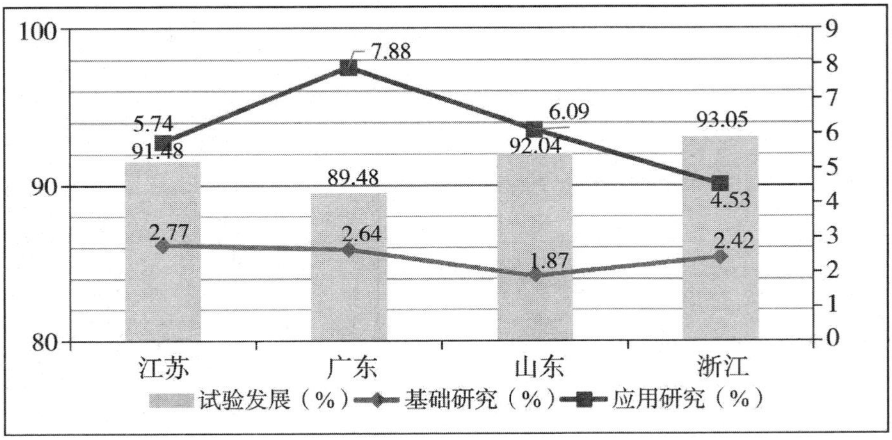

图7-9 2014年四省R&D经费内部支出按活动类型分类情况（%）

出比例最高，为93.05%，其次是山东、江苏、广东，而山东的基础研究经费投入仅有1.87%，比江苏、广东和浙江分别低0.9、0.77和0.55个百分点，可见山东的基础研究经费投入偏低。

从研发机构的R&D经费投入来看，2014年，山东为45.8亿元，而江苏R&D经费投入明显高于山东，为121.1亿元，是山东的2.64倍，其次是广东，为49.8亿元，浙江在四省中最低，为27.1亿元。如图7-10所示，四省研发机构的R&D经费都主要用于试验发展，基础研究不足。其中，广东研发机构用于基础研究的R&D经费所占的比例最高，与其他三省相比，其投入结构较为合理；江苏研发机构R&D经费投入的比例最为失衡，投入试验发展的R&D经费是基础研究的9.4倍，投入基础研究的R&D经费的比例最小；山东用于基础研究的比例仅次于广东，但是投入总量不高，仅为7.9亿元，与广东14.4亿元的差距还是很大；浙江研发机构的基础研究的比例虽不低，但是总量太低，仅仅为3.1亿元。

从高等院校R&D经费投入来看，2014年，山东共投入33.1亿元，其中理工农医类的高等院校投入了29.1亿元，占主体地位；江苏高等院校投入的R&D经费最高，为88.4亿元，是山东的2.67倍，其次是广东与浙江，分别为49.8、49.7亿元，可见山东高等院校投入的R&D经费最低。从图7-11可知，各省高等院校R&D经费中的基础研究明显高于研发机构（与图7-10相比）。其中，广东的基础研究甚至高于应用研究，为47.59%，其他三省都是应用研究的比例最高；其次是江苏，为41.52%，可见与研发机构相比，高等院校是江苏基础研究的主体；山东高等院校基础

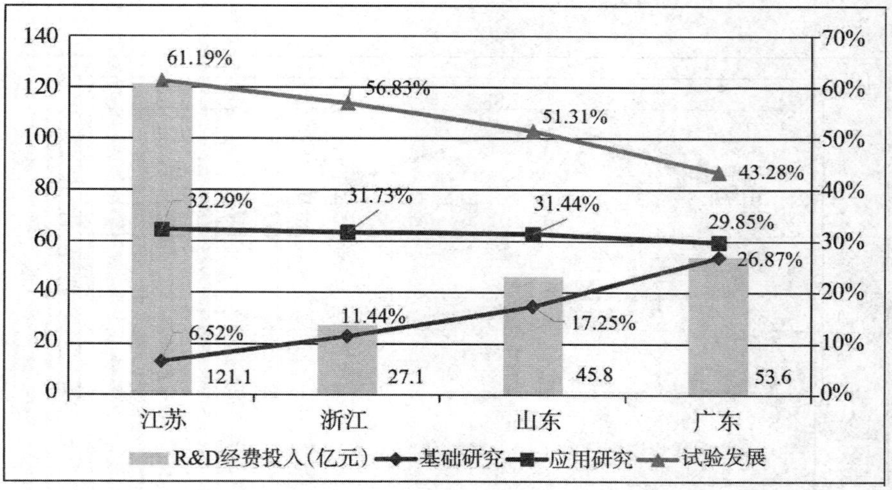

图7-10 2014年四省研发机构R&D经费投入及内部支出按活动类型分类情况

研究的比例最低，仅有36.25%，而试验发展的比例在四省中最高；浙江的比例较为失衡，应用研究所占比例最高，比山东高11.22个百分点，且与自身试验发展的比例差距最大。从以上数据可看出，与另外三省相比，无论是研发机构还是高等院校，山东R&D经费投入结构都不够合理，且基础研究的R&D经费投入不高。

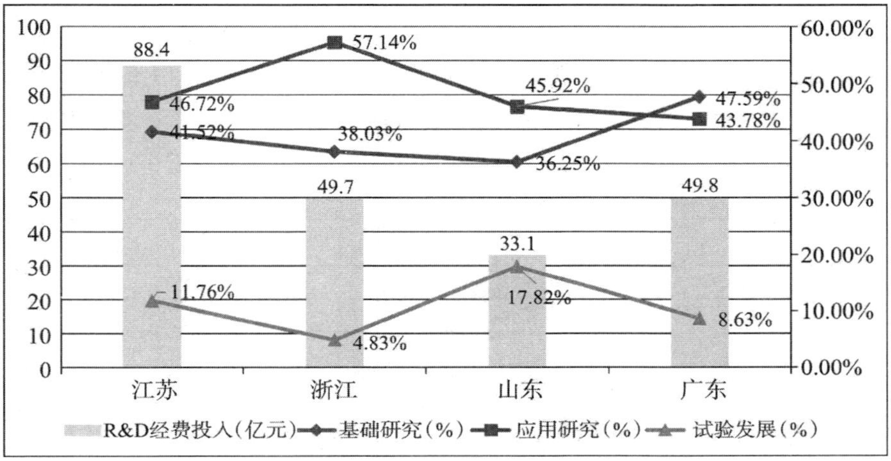

图7-11　2014年四省高等院校R&D经费投入及内部支出按活动类型分类情况

7.2.4　企业R&D投入情况

2014年，全国有R&D活动的规模以上工业企业有63676个，占规模以上企业总数的16.9%。从图7-12可以看出，山东规模以上工业企业有R&D活动的企业数只有4611个，在四省中总量最低，苏、浙、粤分别是山东

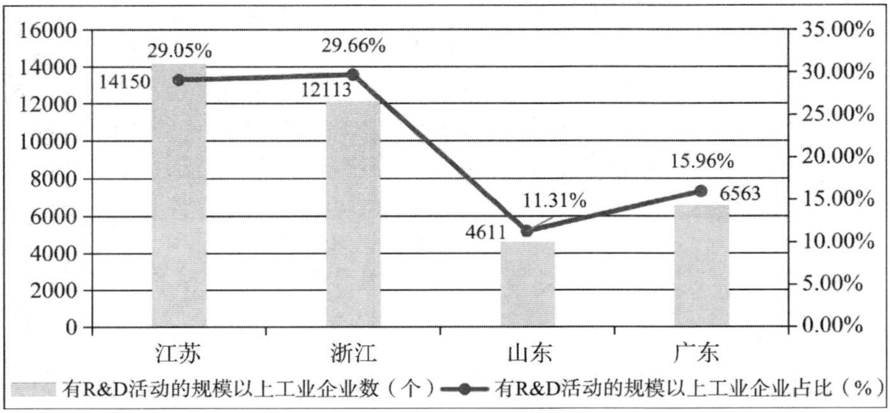

图7-12　2014年四省规模以上工业企业开展R&D活动的情况

省的3.07、2.63、1.42倍；山东规模以上工业企业有R&D活动的企业占比仅仅为11.31%，比全国平均水平低5.6个百分点。可以看出山东企业开展R&D活动的比例明显偏低。

2014年全国规模以上工业企业R&D经费投入了92543亿元。如图7-13所示，2014年江苏的R&D经费投入最高，为1376.5亿元；其次是广东，为1375.3亿元；山东居第三，为1175.5亿元。从R&D投入强度来看，山东规模以上工业企业R&D经费投入占主营业务的比重仅仅为0.82%，在四省中最低，比全国平均水平低0.02个百分点，可见山东规模以上企业R&D经费投入虽有所加大，但是研发投入强度明显偏低，且与苏、浙、粤差距较大。

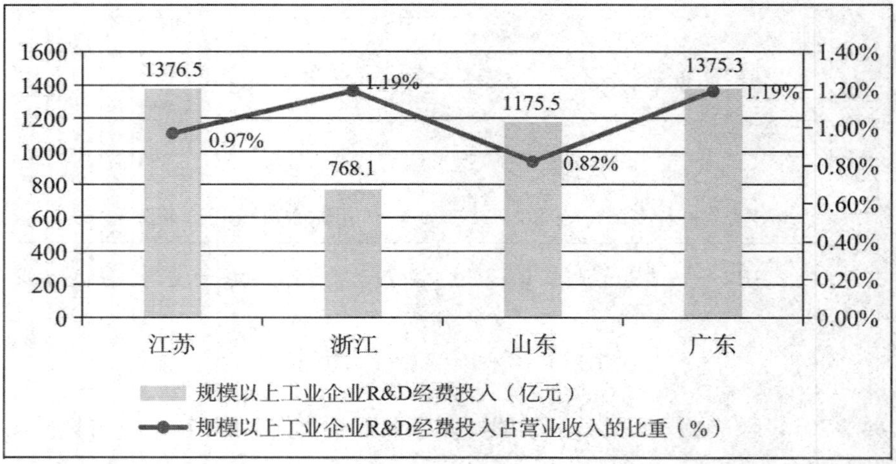

图7-13　2014年四省规模以上工业企业R&D经费投入的情况

2014年，山东高新技术产业R&D经费投入176.0亿元，是2010年的2.87倍，占规模以上工业企业的14.97%，低于全国24.6%的平均水平，且与另外三省的差距较大。如图7-14所示，广东比例最高，为52.76%，是山东的3.5倍，其次是江苏（22.40%）、浙江（20.02%），可见山东高技术产业经费R&D投入比重严重偏低。

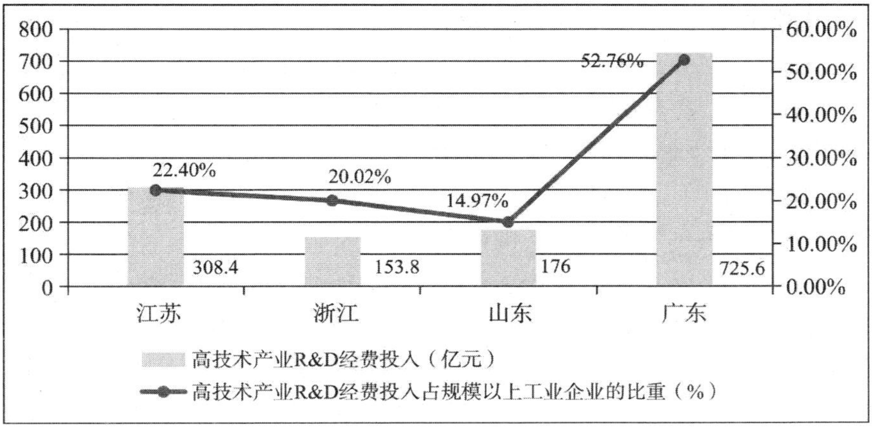

图7-14 2014年四省高新技术产业R&D经费投入情况

7.2.5 山东省科技投入存在的问题

（1）科技经费投入增长速度过慢，区域差别较大。从以上分析中可以看出，进入“十二五”以来，山东省科技经费投入总量虽稳步增长，但是增长速度与粤、浙、苏相比，过于缓慢，导致科技创新经费支出占比也明显低于其他三省。山东省科技投入强度不足，且与其他三省的差距进一步拉大。山东省研发投入区域之间差距比较大，2014年，R&D投入最多的四市分别为青岛（244.3亿元）、烟台（169.1亿元）、济南（120.5亿元）和潍坊（119.7亿元），四市研发投入之和占全省研发投入总量的50.1%，而枣庄、日照、莱芜和菏泽四市研发投入之和占全省研发投入的比重仅仅为6.7%。

（2）科技经费投入结构不合理，基础研究经费投入偏低。从经费来源来看，山东省科技发展对企业资金的依赖程度最高，资金来源渠道相对单一，且政府引导性资金投入偏低，带动力不足，创新活力不强，难以充分发挥其在科技活动中的引导作用；从科技经费活动类型构成上看，山东省的科技经费主要集中于试验发展活动，基础研究经费投入偏低，与粤、浙、苏差距较大，应用研究经费也低于江苏、广东两省；无论是研发机构还是高等院校，经费投入比例都不够平衡，基础研究投入总量都偏低，绝大部分研发经费投入到应用研究及试验研发阶段，表明山东省的原始创新能力不足，难以发挥其在建设创新型省份过程中的动力源泉作用。

（3）工业企业科技投入强度偏低，产业结构有待优化。企业的研发投入强度反映了一个企业研发投入的意愿。山东省企业研发投入强度低于1%，有的产业不足0.6%，在四省中居于末位，而美国、日本等创新型国家的研发投入强度均在3%以上。山东省的经济结构以第二产业为主，重工业所占比重较大，但是工业企业的科技投入强度仍然较低，开展R&D活动的规模以上工业企业的比例明显低于其他三省；规模以上企业的R&D经费投入虽有所加大，但是经费投入强度明显偏低，且与苏、浙、粤差距较大；山东省高技术产业的科技投入也严重偏低，产业结构需进一步优化，与苏、浙、粤相比，山东省在新兴产业和技术密集度高的行业并没有形成竞争优势，对山东省的产业结构调整和升级形成较大制约。

（4）企业研发经费投入不均衡。山东省的研发经费主要集中在大型企业，中小企业R&D投入占比较少。山东省规模以上工业企业当中，中小型企业个数所占比例达到97.6%，但是仍然不及比例为3%的大型企业。调查发现，对于中小企业来说，融资困难是它们经营发展所面临的普遍性问题，而如何吸引及留住高技术人才也是中小企业发展所面临的关键问题。与广东等省份相比，山东省中小企业创新活力较低。因此，政府需要进一步完善适合中小企业创新发展的政策环境、人才环境，发挥财政资金的杠杆撬动作用，加大社会资金及风险资金的投入，形成研发经费投入多元化体系，进一步提高企业家的素质与创新意识。

7.3 山东省与发达省份创新政策比较

从“科学技术是第一生产力”出发，邓小平提出了科技体制改革的基本理念和原则，为中国构建新型科技体制奠定了思想基础。科技体制是科技活动的组织体系、管理形式和组织运行机制等的总称。改革开放以来，特别是1985年中央颁布《关于科技体制改革的决定》以来，体制问题一直是科技界讨论关注的热点。中国逐渐以“科技治理”的理念和模式处理科学技术发展问题，为科技创新进步提供了重要的动力支持。

7.3.1 科技经费投入体制的形成

新中国成立后，中国在科技力量十分薄弱的基础上，整合科技资源，并在借鉴苏联经验的基础上，建立起以科学院为中心的高度集中的科技体制。这个高度集中的科技体制在20世纪五六十年代初步形成，作为科技体制重要组成部分的科技资金投入体制也随之形成。在传统的科技体制下，科技资金的投入单纯依靠国家和地方财政拨款，投入对象主要是独立的科研机构。这种投入方式也可称为“供给制”。政府的科技拨款按用途分为三类：一是作为专项科学研究和开发的经费，二是用于科技事业基本建设投资，三是作为独立核算科研机构的活动经费、科学事业费。在经费的管理方式上，事业费和基本建设投资由财政直接拨发，科研专项费由科技行政部门按计划下拨。这样就形成了与国家行政管理体制相适应的国家和地方两级科技计划。由中央和地方两级财政决算，形成了两条经费管理渠道：中央财政-中国科学院及部属科研机构-国家重点科技任务，地方财政-地方属科研机构-地方科技任务。近年来，中央财政对科技创新扶持的力度不断加大。数据显示，2006年至2014年，中央财政一般公共预算科学技术支出从1009亿元增加到2899.2亿元，并带动全社会研发投入快速增加。据国家统计局统计，2015年全国研发经费投入总量为1.4万亿元，其中企业研发经费逾1.1万亿元，政府所属科研院所、高等学校研发经费约为3000亿元。党的十八大以来，根据科技体制改革有关文件，国家重点研发计划实行多元化投入方式，资金来源包括中央财政资金、地方财政资金、单位自筹资金和从其他渠道获得的资金，资助方式有前补助和后补助等。中国研发投入强度已连续多年超过2%，且呈持续上升态势，表明中国研发实力进一步增强，科技水平不断提高。近年来，中国研发经费投入总量呈不断上升趋势，先后超过英国、法国、德国和日本，成为仅次于美国的世界第二大科技经费投入大国；研发投入强度与发达国家3%—4%的水平相比，虽还有差距，但呈逐年提高的态势。这种科技资金投入体制具有和行政管理相似的特征，如表7-2所示。

表7-2　中国科技资金投入体制的特征[①]

特征	具体表现
行政集中性	国家科技投入的所有权、使用权高度集中，全部科技资源的投入、使用和支出都由行政部门审批、监督，科研机构没有独立的支配权
计划性	科技资金的投入方向和科技活动的开展都严格按照事先编制的预算和计划，具有高度的计划性
封闭性	国家投入到研究机构的资金只能在国家规定的范围内使用，按照计划行事，科研机构不能自主地分配或挪作其他用途
条块分割	这种体制下中国的科研力量分为中科院系统、中央部属系统、国防系统、高校系统和地方科研机构系统“五路大军”，各个系统按行政关系隶属于相应的行政系统，互不联系，造成条块分割

① 朱九田.中国财政科技资金投入体制研究［D］.北京：中国农业大学，2005.

7.3.2 中国科技资金投入体制的演化

中国科技资金投入体制的形成和新中国成立后中国科技体制的建立密不可分，同时也具有了那种在计划经济体制下科技体制的计划性特征。改革开放以来，为确保国家科技发展战略和各项科技发展计划的顺利实施，中国不断增强科技投入力度，科技经费投入大幅增加，科研人员队伍力量不断加强。随着中国科技体制改革的不断深入，中国的科技资金投入的渠道不断得到拓展，呈现多元化的投入渠道，由原来单一的政府拨款制发展到科学基金制、政府拨款、研究机构自筹、银行贷款、风险投资等多种投资渠道（如表7-3所示）。根据项目和课题的特点，专项经费一般采取无偿资助的方式给予支持，同时积极探索实践贷款、贴息、偿还性资助、风险投资等方式，发挥政府资金引导、带动社会资金参与支持科技计划项目实施的作用。多种投入渠道的形成，改变了原来政府拨款一枝独秀的局面，极大地促进了中国科技的发展和科技成果的推广，为中国经济的快速发展奠定了坚实的科技基础。中国单一的财政拨款管理体制，在中国加强国家创新系统建设的重要时期，已经不能适应时代的需要，应该与时俱进，在经济发展和科技发展需要的基础上，不断完善和改革这种科技投入和管理体制。稳定支持和竞争性支持的协调机制建设进展不平衡，部分地方和领域依然存在稳定支持不足、竞争过度的现象，这些方面的因素不利于科研人员潜心研究。

表7-3 中国科技资金投入体制的演化

中国科技投入体制	演化过程
科学基金制	在1978年3月全国科学技术大会期间以及在组织科学家起草《1978—1985年全国科学技术发展规划纲要（草案）》期间，许多科学家对于改革中国的科技管理体制进行过积极的讨论，并提出了有益的建议。1981年，谢希德、张文裕等中国科学院学部委员联名向中共中央建议设立国家自然科学基金委员会。从此，现代科学基金制揭开了在中国发展的序幕
科研单位的创收投入	改变原来研究机构过于封闭、缺乏活力的状况，使科研机构走向市场，鼓励研究机构通过自身研究成果向使用的转化增加自身的科技经费和收入，这是科技体制改革的一项重要内容。于是科研单位的自身创收成为科技投入的又一渠道。1985年中国科技体制改革刚刚开始的时候，中国的科研单位科技经费的投入较少，而1987年后进入快速增长的阶段

（续表）

中国科技投入体制	演化过程
科技贷款	1985年10月7日，中国人民银行和国务院科技领导小组办公室联合下发了《关于积极开展科技信贷的联合通知》，规定一些专业银行和其他金融机构要在其核定的信贷计划总量范围内调剂一部分贷款，积极支持科技事业的发展。从此科技贷款成为中国科技资金投入的又一方式
风险投资	1985年中共中央下发了《关于科学技术体制改革的决定》，决定对于变化迅速、风险较大的高技术开发工作可以设立创业投资给予支持，从而为中国发展风险投资提供了政策上的支持和依据
成本补偿式和定额补助式	1999年，中共中央、国务院在《关于加强技术创新，发展高科技，实现产业化的决定》中提出了国家科研计划实行课题制，大力推行项目招标和中介评估制度的要求。为进一步贯彻落实这一要求，2002年1月4日，国务院办公厅转发了科技部等部门《关于国家科研计划实施课题制管理的规定》，对课题制下的经费资助方式做出了规定，增设了成本补偿式和定额补助式科技经费投入方式
重大科技成果产业化	2013年，国务院办公厅下发《关于强化企业技术创新主体地位全面提升企业创新能力的意见》，指出推进新材料、新技术、新工艺、新模式、高端装备等的集成应用，实施国家高新技术产业化示范项目、国家科技成果转化引导基金、国家重大科技成果转化项目、国家文化科技创新工程等，大力培育发展战略性新兴产业
科技成果转化	为了解决中国科技经济的“两张皮”现象、科技成果转化率仅有10%等问题，全国人大修订了《中华人民共和国促进科技成果转化法》，鼓励国家设立的研发机构、高等院校通过转让、许可或作价投资等方式向企业或其他组织转移科技成果。自主决定转移其持有的科技成果，原则上不需要审批或者备案。鼓励优先向中小微企业转移成果。支持设立专业化技术转移机构。成果转移收入全部留归单位，主要用于奖励科技人员和开展科研、成果转化等工作。通过转让或许可取得的净收入作价投资获得的股份或出资比例，应提取不低于50%用于奖励，对研发和成果转化作出主要贡献人员的奖励份额不低于奖励总额的50%。科技人员可以按照规定在完成本职工作的情况下到企业兼职从事科技成果转化活动或者在3年内保留人事关系离岗创业，开展成果转化，等等

7.3.3 中国科技经费投入政策的演化

国家科研经费管理改革，其力度之大、影响之深远，将载入史册。从文件的法律效力来看，层次高、力度大、权威性都很强。国家“十一五”期间的科研经费管理政策一般均由财政部联合科技部、国家自然科学基金委等项目主管部门共同制定与颁布，属于部门行政规章。而“十二五”期间，2014年3月，《国务院关于改进加强中央财政科研项目和资金管理的若干意见》（国发〔2014〕11号），是新中国成立以来中国科研经费管理方面的第一个行政法规，地位和效力均高于以往各项管理文件。之后，《国务院印发关于深化中央财政科技计划（专项、基金等）管理改革方案的通知》（国发〔2014〕64号）和《中共中央办公厅　国务院办公厅印发〈关于进一步完善中央财政科研项目资金管理等政策的若干意见〉的通知》（中办发〔2016〕50号）等一系列文件。党的十八大以后，为了保障国家重点研发计划的组织实施，规范国家重点研发计划资金管理和使用，财政部和科技部印发了《国家重点研发计划资金管理办法》等文件。

从改革深度来看，涉及科技投入体制等根本问题①。国家“十一五”期间资助项目类别较为分散，归口管理的项目主管部门众多，因此相对应的科研经费管理政策也较多，可谓政出多门。表7-4列出了一些主要科研项目类型和经费管理政策，单涉及科技部归口管理的项目就包含国家自然科学基金项目、国家重点基础研究发展计划（“973”）、国家高技术研究发展计划（“863”）、国家科技支撑计划、公益性行业科研专项、国际科技合作与交流专项、民口科技重大专项 7 大类别，而16个科技重大专项根据所属研究领域，除由科技部、发改委牵头负责以外，还涉及工信部、农业部、环保部、卫生部等多个部委。另外，各省、区、市地方政府部门也相应发布了基金和专项政策。从投入体制看，国家科技投入可谓多头管理，顶层设计、统筹协调、分类资助方式不够完善，现有的各类计划（专项、基金等）立项重复、分散、封闭、低效，资源配置“碎片化”现象突出。基础研究主要靠中央财政，地方和企业投入较少，基础研究占研究与试验发展支出的比例偏低。

“十二五”期间，国家对科研经费管理的重点在于整合和调整（见表7-5），因涉及管理体制问题，以国务院名义就直接下发了 3 个文件。从改

---

① 胡勇军.国家科研经费管理改革及其对地方政府科技政策的影响——基于北京、上海、广州、深圳的案例分析［J］.科技进步与对策，2015（22）：93-99.

革重点看，国家对分散、重复的科研项目类别进行了大幅优化和整合，科研项目只包括5个类别，即国家自然科学基金、国家科技重大专项、国家重点研发计划、技术创新引导专项（基金）以及基地和人才专项，并明确政府各部门不再直接管理具体项目，充分发挥专家和专业机构在科技计划（专项、基金等）具体项目管理中的作用。政府各部门要简政放权，主要负责科技发展战略、规划、政策、布局、评估和监管，对中央财政各类科技计划（专项、基金等）实行统一管理，建立统一的评估监督体系，加强事中、事后的监督检查。这将在极大程度上改变以往颇受诟病的科研经费管理体制的弊端。

从改革内容来看，着重解决经费管理的瓶颈问题。明确了政府与市场的关系。政府重点支持市场不能有效配置资源的基础前沿、社会公益、重大共性关键研究等公共科技活动，积极营造激励创新的环境，有效解决了“越位”和“缺位”问题。发挥好市场配置技术创新资源的决定性作用和企业技术创新主体的作用，突出成果导向，以税收优惠、政府采购等普惠性政策和引导性为主的方式支持企业技术创新和科技成果转化活动。“十二五”期间的国家科研经费管理政策改革，着重解决了间接费用、预算编制与调整、结余经费使用及人员绩效等4个关键问题，它们直接关系到科研活动的顺利开展，也是长期困扰科研管理政策制定的重大问题。党的十八大以来，以习近平同志为核心的党中央出台了大量关于科技改革和发展的政策、措施、行动方案等文件。2016年11月，中共中央办公厅、国务院办公厅印发了《关于实行以增加知识价值为导向分配政策的若干意见》，明确指出实施创新发展战略，实施以增加知识价值为导向的分配政策，充分发挥收入分配政策的激励导向作用，激励广大科研人员的积极性、主动性和创造性，鼓励多出成果、出好成果，推动科技成果转化。关于科研经费使用的问题也出台了相关文件规定。首先，间接费用政策关系到项目承担单位为改善科研活动支撑条件而投入的各类现有仪器设备、房屋、水、电、气、暖消耗，以及管理费用等间接成本的补偿，是否得到合理补偿直接决定项目承担单位科学研究的长期性和可持续性。其次，科学研究是一项充满创造性和挑战性的弹性工作，预算编制是否科学合理，以及是否给予合理适度的柔性预算调整区间，将直接影响科研活动的效率和效果。最后，科研工作并非一蹴而就的一次性活动，前期的预先研究和培育孵化、后期的成果转化和技术转移均需要一定的种子基金，是否具有灵活可控的结余经费及其使用情况将直接决定科研活动的延续性和价值性。

表7-4　　国家"十一五"期间适用及发布主要科研经费管理政策

序号	政策文件名称	文号	颁布部门
1	《国家自然科学基金项目资助经费管理办法》	财教〔2002〕65号	财政部、国家自然科学基金委员会
2	《国家重点基础研究发展计划专项经费管理法》	财教〔2006〕159号	财政部、科技部
3	《国家科技支撑计划专项经费管理办法》	财教〔2006〕160号	财政部、科技部
4	《国家高技术研究发展计划（863计划）专项经费管理办法》	财教〔2006〕163号	财政部、科技部、总装备部
5	《公益性行业科研专项经费管理试行办法》	财教〔2006〕219号	财政部、科技部
6	《国际科技合作与交流专项经费管理办法》	财教〔2007〕428号	财政部、科技部
7	《民口科技重大专项资金管理暂行办法》	财教〔2009〕218号	财政部、科技部、发革改展委

表7-5　　国家"十二五"期间发布的主要科研经费管理政策

序号	政策文件名称	文号	颁布部门
1	《关于调整国家科技计划和公益性行业科研经费管理办法若干规定的通知》	财教〔2011〕434号	财政部、科技部
2	《关于民口科技重大专项项目（课题）预算调整规定的补充通知》	财教〔2012〕277号	财政部
3	《关于改进加强中央财政科研项目和资金管理的若干意见》	国发〔2014〕11号	国务院
4	《关于深化中央财政科技计划（专项、基金等）管理改革方案的通知》	国发〔2014〕64号	国务院
5	《关于深化体制机制改革加快实施创新驱动发展战略的若干意见》	中发〔2015〕8号，简称"国30条"	中共中央、国务院

（续表）

序号	政策文件名称	文号	颁布部门
6	《关于加强中央部门所属高校科研经费管理的意见》	教财〔2012〕7号	教育部、财政部
7	《民口科技重大专项后补助项目（课题）资金管理办法》	财教〔2013〕443号	财政部
8	《国家科技计划及专项资金后补助管理规定》	财教〔2013〕433号	财政部、科技部
9	《国家自然科学基金资助项目资金管理办法》	财教〔2015〕15号	财政部、国家自然科学基金委员会
10	《国家科技成果转化引导基金贷款风险补偿管理暂行办法》	国科发资〔2015〕417号	科技部、财政部
11	《关于财政资金注资政府投资基金支持产业发展的指导意见》	财建〔2015〕1062号	财政部

表7-6　　国家“十三五”期间发布的主要科研经费管理政策

序号	政策文件名称	文号	颁布部门
1	《国有科技型企业股权和分红激励暂行办法》	财资〔2016〕4号	财政部、科技部、国资委
2	《中央财政科技计划（专项、基金等）项目管理专业机构管理暂行规定》	国科发创〔2016〕70号	科技部
3	《中央引导地方科技发展专项资金管理办法》	财教〔2016〕81号	财政部、科技部
4	《中央级公益性科研院所基本科研业务费专项资金管理办法》	财教〔2016〕268号	财政部
5	《关于推进中央与地方财政事权和支出责任划分改革的指导意见》	国发〔2016〕49号	国务院
6	《政府和社会资本合作项目财政管理暂行办法》	财金〔2016〕92号	财政部
7	《工业和信息化部部属高校中央财政投资建设项目管理办法》	工信部联规〔2016〕303号	工业和信息化部、财政部

7.3.4 中国创新政策工具分析

由于企业技术创新具有一定的风险，因此政府需要制定一定的政策措施来促进投资方投入资金。创新政策的主要目标是降低技术创新过程中的风险与不确定性，主要包括技术方面的不确定性、市场方面的不确定性、收益分配的不确定性和制度环境方面的不确定性，从而缩短技术创新时滞，促进企业技术创新。因此，创新政策规定了所要达成的目标，而创新政策工具则是达成目标的手段。在对创新政策的分析中，最为经典的当属罗斯维尔和泽格威尔的创新政策工具分类法，该方法将创新政策工具分为三类，分别为供给面的创新政策工具、需求面的创新政策工具和环境面的创新政策工具（表7-7）。只有三种政策工具组合使用，对技术创新过程的各环节产生影响的时候，才能够对创新起到推动作用。其中，供给面的政策工具是指通过财务、人力、技术等方面的直接支持扩大对技术的供给，推动技术创新；需求面的政策工具是指政府为减少市场的不确定性而采取的采购与贸易管制等做法；环境面的政策工具是指政府主要通过提供有利的政策环境，间接推动技术创新，如制定法律法规、财务金融和税收制度等。

表7-7 创新政策工具分析

创新政策工具	作用	备注
供给面的政策工具	建立公益性、提供公共服务的企业	往往是针对基础事业，对国计民生有重大影响的企业
	促进科学技术发展，解决基础研究重大问题	主要针对基础学科的发展，如建立研究型实验室、对研究性协会给予资助
	提供教育产品、体制和环境	如普及性教育、大学高等教育、技术教育等
	提供创新所需信息	如建立信息网络与中心、图书馆，提供建议咨询服务、数据库等
需求面的政策工具	政府购买	如中央政府和地方政府的购买活动及购买合约，公共服务的企业R&D，标准购买、技术服务等
	提供公共服务	如建立公共设施，购买及维护公共服务项目和产品

（续表）

创新政策工具	作用	备注
需求面的政策工具	有关商业的取向引导	如贸易协定，关税、汇率管制条例等
	有关的海外机构	如国防采购组织等
环境面的政策工具	针对企业的创新活动提供所需资金	如发放贷款、津贴，提供财务分担计划，提供设备安装与服务，提供贷款担保、出口信贷等
	提供税收优惠	如公司直接或间接的工资优惠、税收津贴
	确立相关的法律规范，完善法律体制，建设公平的竞争环境	如专利、环境与健康法规，以及反垄断法规等
	确保整治环境的稳定性	如地区性政策、创新奖励、鼓励联合体的合并、公共咨询等

与美国、日本、德国等创新型国家相比，中国的创新政策尚处于起步阶段，但是自科技体制改革以来，其对中国的技术创新起到了一定推动作用。中国目前主要的创新政策工具如表7-8所示。

表7-8　　　　中国主要的创新政策工具

创新政策工具类型	主要内容
政府资助研发政策	是政府最为普遍使用的政策工具之一，主要是政府向企业和一些研究机构提供研究资金、政府担保、政府贴息和政府贷款的政策，以达到降低技术创新成本、刺激企业增加技术创新投入的目的。通常是用于支付高新技术企业的研发活动，或者通过赠款支持创新过程中的早期阶段来帮助个别发明家或新企业
税收优惠	税收刺激在世界上是一种更为普遍的政府资助形式，主要通过允许企业从应税收入中扣除当年发生的R&D费用，允许企业从收入税中扣除基于一定基础的R&D费用或加速折旧用于技术创新的机器、设备和建筑的投资。中国自1998年以来出台了一系列促进创新的税收政策，但是目前中国政府的税收优惠政策针对性和可操作性都不强。如中国的税收优惠目前只是对企业开发的新产品所带来的利润予以一定税收减免，没有考虑企业开发过程中可能遇到的失败

（续表）

创新政策工具类型	主要内容
政府采购政策	是指政府为了特定需要，与研究开发机构达成协议购买其研究成果或创新产品的一种政策。中国在1998年明确规定将政府采购政策作为财政部的主要职责之一，但是中国的政府采购政策仍处于起步阶段，对技术创新的推动作用不明显
风险投资发展政策	风险投资是主要通过私人资本、风险基金和政府投入等方式来解决技术创新投资不足的问题，从而获取资本的高回报所采取的一种政策措施。中国政府高度重视风险投资的实施，于1985年首次提出通过风险投资的方式促进高新技术产业发展，并于1991年和1995年再次强调了要发展风险投资。但是与美国等发达国家的风险投资相比，中国的风险投资存在规模较小、资金来源单一、投资难以回收、投向过于保守等问题
中小企业政策	中小企业是技术创新不可或缺的重要部分。中国主要通过出台政策法规营造良好的制度环境，以设立中小企业服务中介机构和设立中小企业技术创新基金等方式支持中小企业的创新发展

7.3.5 山东省及发达省份出台支持科技创新的相关政策

科技创新是推动现代生产力发展的动力源泉，影响着中国经济和社会发展进程。“十三五”期间，山东省经济发展已经进入了从旧常态突围和向新常态迈进的关键时期，科技创新是保障山东省经济平稳持续发展的重要条件。持续加大对科技创新的支持力度，有利于进一步改善科技创新环境和条件，提高科技创新能力。政府作为地方创新驱动的重要力量，其创新政策的颁布对科技创新具有重要的支撑作用。因此，以山东省科技创新政策为主要研究对象，通过同全国以及京、粤、苏、浙四省（市）的科技创新政策进行比较分析，发现山东省政策的优势与存在的不足，对进一步更有针对性地进行政策实施具有重要意义，也能够更好地指导山东省的创新实践。本书则从科技创新人才政策、科技创新平台政策、科技创新资金、产业发展政策、工业发展政策、制造业发展政策、中小企业政策等几个方面出发进行探讨。

（1）科技创新人才政策。自国务院发布《“十三五”国家科技创新规划》以来，科技创新人才建设进一步成为各省关注的重点。该规划指出，坚持把人才驱动作为本质要求。落实人才优先发展战略，把人才资源开发摆在科技创新最优先的位置，在创新实践中发现人才，在创新活动中培养人才，在创新事业中凝聚人才，改革人才培养使用机制，培育造就规模宏大、结构合理、素质优良的人才队伍。人才评价、流动、激励机制应更加完善，使各类人才的创新活力充分激发。同时，该规划也指出，需加强面向青少年的科技教育，开展各类科技创新类竞赛等活动。拓展校外青少年科技教育渠道，鼓励青少年广泛参加科技活动，推动高等学校、科研院所、科技型企业等面向青少年开放实验室等教学、科研设施。该规划还指出，要巩固农村义务教育普及成果，提高农村中小学科技教育质量，为农村青少年提供更多接受科技教育和参加科普活动的机会。

其实，在此之前，山东省就已针对具体人才发展情况发布了《山东省“十三五”人才发展规划》，总结了“十二五”期间几点重大成就：一是大力强化各级党委责任意识，党管人才工作格局日益完善；二是坚持扩大规模与优化结构并重，统筹各类人才队伍发展；三是着力推进人才产业融合发展，强力实施重点人才工程；四是持续加大人才平台建设力度，人才承载能力明显增强；五是建立健全省市县三级党委联系专家制度体系，开发建设省人才公共服务信息平台，成立省高层次人才发展促进会，出台引进高层次高技能人才服务绿色通道规定，制定促进人才服务体系建设的意见，人才发展环境明显优化。在此基础上，提出“十三五”期间四大发展目标：要通过创新人才发展体制机制、优化人才发展扶持政策等措施进一步优化结构，着力引进培养“高精尖缺”人才；凝聚合力，着力统筹推进各类人才队伍建设；完善布局，着力打造区域人才发展高地；补齐短板，着力促进人才向基层和西部地区流动。为落实山东省人才发展规划，科技厅制定了“山东省科技人才推进计划”实施方案。以壮大山东省科技人才队伍规模、优化结构、优化人才成长环境、丰富创作成果为目标，加强体制机制创新，营造尊重人才、鼓励创新、宽容失败的良好氛围。方案综合考虑科技人才的年龄结构、科研水平、创新能力等因素，整合多种资源，构建多层次、全方位的科技人才计划体系，实施创新创业扶持计划、青年人才培养计划、杰出青年接力计划、拔尖人才支持计划和领军人才助推计划。具体措施有：加快引进海外高层次人才，实施泰山学者工程、泰山产业领军人才工程、齐鲁系列人才工程等。

北京市委提出《关于深化首都人才发展体制机制改革的实施意见》。坚持统筹设计、市场导向、区域协同、全球视野、首善标准，通过深化改革，到2020年，在首都人才发展体制机制的重要领域和关键环节上取得突破性进展，与首都作为全国政治中心、文化中心、国际交往中心、科技创新中心城市战略定位相适应的人才发展治理体系基本建立，京津冀人才一体化发展格局初步确立，各类人才的创新创造创业活力充分释放，人才对首都构建“高精尖”经济结构和开放型经济体系的贡献率明显提升，率先形成符合首都经济社会发展需要、人人皆可成才、人人尽展其才的制度环境和社会环境。从具体政策措施上，北京市出台了系统完备、层次鲜明的科技人才政策体系；北京市大力引进海外高层次人才，出台了不同层次的“北京市鼓励海外人才来京创业和工作办法”，针对不同层次的人群，覆盖范围广泛，受益主体更加全面；北京市实施各项人才工程，鼓励人才创新创业，如中关村高层次人才聚集工程、北京海外人才聚集工程、雏鹰人才工程等。

浙江省印发了《浙江省人才发展“十三五”规划》，以围绕中心、服务发展，高端引领、整体推动，补齐短板、精准施策，深化改革、创新机制为基本原则，以实现人才总量稳步增长、人才素质明显提升、人才分布更趋合理、人才效能逐步增强的主要目标。主要任务是紧紧围绕率先建成创新型省份的目标，坚持创新发展，协调发展，绿色发展，开放发展，共享发展；培养集聚高层次创业创新人才，推进人才资源整体开发，提高人才国际化水平，加强社会发展重点领域人才供给。在具体政策措施上，浙江省全力打造科技领军人才和队伍，实施院士智力集聚工程、浙江海外高层次人才引进计划、“151”人才工程等；重视对科技领军创新创业团队的引进和培养，围绕重点产业、重点领域引进100个左右有巨大经济、社会等效益的科技型领军团队。

江苏省出炉《江苏省“十三五”人才发展规划》，围绕“五个迈上新台阶”“一中心，一基地”的建设目标，建设新型人才队伍，促进人才发展与产业发展深度融合，深化体制机制改革，让更多人才实现价值。打造四支高精尖人才队伍，包括既懂科技又懂市场的复合型创新创业人才、高科技领军人才、战略性新兴产业高端人才、高技能领军人才等。在具体实施上，分层次大力实施人才工程，如江苏的外高层次人才“凤还巢”计划、江苏双创引才计划等，大力引进海外高层次人才。江苏省出台了《江苏省“十三五”互联网产业人才发展规划》，目标定位于建设一支高水平的互联网企业领军人才队伍，建设一支高水平的互联网中坚骨干人才队伍，建设一支高水平的互联网服务保障人才队伍，建设一支强有力的互联网跨界融合人才队伍。在“十三五”期间，将江苏省建成结构合理、布局科学、优势明显、特色鲜明、国内一流的互联网产业人才集聚区，建立多层次、全方位、宽领域的互联网人才培养、引进和融合服务体系。

上海市修订《上海市优秀科技创新人才培育计划管理办法》，以扬帆计划、启明星计划、学术/技术带头人计划和浦江计划（A、B类）项目形式资助入选者创新创业。

此外，国务院还发布《关于深入推行科技特派员制度的若干意见》，山东省也发布《加强科技特派员队伍建设的实施意见》，引导各类科技创新创业人才和单位整合科技、信息、资金、管理等现代生产要素，深入农村基层一线开展科技创业和服务，与农民建立"风险共担、利益共享"的共同体，推动农村创新创业深入开展，推进农村大众创业、万众创新，促进一二三产业融合发展。

（2）科技创新平台政策。《"十三五"国家科技创新规划》指出，要瞄准世界科技前沿和产业变革趋势，聚焦国家战略需求，按照创新链、产业链加强系统整合布局，以国家实验室为引领，形成功能完备、相互衔接的创新基地，充分聚集一流人才，增强创新储备，提升创新全链条支撑能力，为实现重大创新突破、培育高端产业奠定重要基础。要结合区域创新发展需求，引导高端创新要素围绕区域生产力布局加速流动和聚集，以国家自主创新示范区和高新区为基础、区域创新中心和跨区域创新平台为龙头，将优势区域打造成具有重大引领作用和全球影响力的创新高地，形成区域创新发展梯次布局，带动区域创新水平整体提升。《国家小型微型企业创业创新示范基地建设管理办法》的出台，以深入贯彻落实促进小型微型企业发展的政策措施，推动大众创业、万众创新，加快小型微型企业创业创新基地发展步伐，优化小型微型企业创业创新环境，支持中小企业健康发展。《国家企业技术中心认定管理办法》的出台进一步强化了企业的技术创新主体地位，引导和支持企业增强技术创新能力，健全技术创新市场导向机制，规范国家企业技术中心管理。财政部、国家税务总局出台《关于科技企业孵化器税收政策的通知》，明确其税收优惠。国家发展改革委的《关于建立大众创业万众创新示范基地联系协调机制的通知》则通过明确联系协调机制联络员以实现经验梳理和监测统计、推动宣传和信息沟通、能力建设和人员交流、重大问题和政策研究的目的。

山东省紧跟国家发展要求，相继出台《山东省众创空间和科技企业孵化器备案服务暂行办法》《山东省农业高新技术产业开发区建设管理办法》《山东省企业技术中心认定管理办法》《关于加快山东半岛国家自主创新示范区建设发展的实施意见》等政策，以期为实现山东省产业创新升级营造良好的平台基础。孵化器作为支持创新创业的重要载体，通过提供工作和社交空间，可以搭建创新资源共享平台，促进创新成果孵化转化，积极培育科技型企业和企业家。因此，支持众创空间和孵化器加快发展，是培育经济发展新动能的有效途径，是科技创新服务实体经济转型升级的重要举措。通过建设济南、青岛、淄博、潍坊、烟台、威海6个国家高新技术产业开发区，以期破解山东发展瓶颈，推动全省经济提质增效升级。

上海市相继出台《上海系统推进全面创新改革试验 加快建设具有全球影响力的科技创新中心方案》《中国（上海）跨境电子商务综合试验区实施方案》《关于加强知识产权运用和保护支撑科技创新中心建设的实施意见》等文件，以"互联网+"为切入点，不断将大众创业、万众创新引向深入，把"互联网+"植入更广领域，把科技人员与普通群众、企业与科研院所、大中小微企业、线上线下的创业创新活动有机结合起来，推动科技创新与经济社会发展深度融合，加快向具有全球影响力的科技创新中心进军，通过一系列改革的实施，形成一套线上交易、线上监管、线上服务、线下支撑的规则体系，适应和引领跨境电子商务产业发展，建成政府服务高效、市场环境规范、投资贸易便利、资源配置优化、产业特色明显的全球跨境电子商务运营中心、物流中心、金融中心和创新中心。

北京市通过落实《关于加强首都科技条件平台建设进一步促进重大科研基础设施和大型科研仪器向社会开放的实施意见》《北京加强全国科技创新中心建设总体方案》《北京市产业创新中心实施方案》《进一步加强北京市企业技术中心建设实施方案》等一系列文件以及修订《北京市国际科技合作基地管理办法》，服务于国家级创新中心建设。尤其是，北京市通过促进市重大科研基础设施和大型科研仪器社会开放，实现了充分提高科技资源利用效率、将科技资源优势转化为创新发展优势的目标。通过一系列举措推动北京创新中心建设：强化原始创新，打造世界知名科学中心；实施技术创新跨越工程，加快构建"高精尖"经济结构；推进京津冀协同创新，培育世界级创新型城市群；加强全球合作，构筑开放创新高地；推进全面创新改革，优化创新创业环境。

江苏省出台《中国（苏州）跨境电子商务综合试验区实施方案》，着力在跨境电子商务企业对企业（B2B）方式相关环节的技术标准、业务流程、监管模式和信息化建设等方面先行先试，创新"互联网+中国制造2025+自主品牌国际化"商业模式，促进传统外贸和制造企业通过"互联网+"拓展发展空间，提升产业国际竞争力；《江苏省高新技术产业开发区知识产权试点示范园区建设管理办法》则着力于提升高新技术产业开发区知识产权创造、运用、保护、管理和服务能力，培育发展知识产权密集型产业，增强高新区的核心竞争力，为推进知识产权强省建设、促进经济转型升级提供有力支撑。

浙江省为提升可持续发展实验区建设水平，加强可持续发展创新示范区建设和管理，发挥示范区在实施“八八战略”和“两富”“两美”浙江建设中的先行实验与示范作用，出台了《浙江省可持续发展创新示范区建设与管理办法》，在申报与设立、建设与管理、验收与评估三个方面对示范区建设作出明确规定。《浙江省信息化和工业化深度融合国家示范区建设“十三五”规划（2016—2020年）》则指出，“十三五”时期要着力培育网络化生产新模式，着力构建制造业“双创”新体系，着力发展智能化新产品和装备，加快推动数字化工厂建设，加快推广两化融合管理体系，加快提高生产性服务业智能化水平，强化两化融合技术和服务支撑，强化信息基础设施建设。

（3）科技创新资金。为贯彻落实中央关于深化改革创新、形成充满活力的科技管理和运行机制的要求，中共中央办公厅、国务院办公厅联合印发了《关于进一步完善中央财政科研项目资金管理等政策的若干意见》，旨在通过进一步简政放权、放管结合、优化服务、强化落实，改革和创新科研经费使用和管理方式，促进形成充满活力的科技管理和运行机制，更好地激发广大科研人员的积极性和创造性。该意见主要有四大亮点：一是扩大科研项目资金管理权限，主要包括项目预算调剂自主权、劳务费分配管理自主权、间接费使用管理自主权和结转结余资金按规定使用自主权等；二是下放差旅会议管理权限，不简单套用行政预算和财务管理方法；三是完善中央高校、科研院所科研仪器设备采购管理；四是完善中央高校、科研院所基本建设项目管理。同时，为更好地支持中国专利事业发展，财政部等制定了《专利收费减缴办法》，规定凡上年度月均收入低于3500元（年4.2万元）的个人，上年度企业应纳税所得额低于30万元的企业，以及事业单位、社会团体、非营利性科研机构，都可以向国家知识产权局请求减缴该办法规定的申请费、发明专利申请实质审查费、年费、复审费等4项专利收费，以减轻企业和个人专利申请和维护的负担。

各省市为加快推进科研资金管理改革等各项工作，也分别出台了各项政策。

北京市发布《北京市进一步完善财政科研项目和经费管理的若干政策措施》，28条改革举措为科研经费“松绑”。该文件规定，对科研项目预算编制进行简化，对采用前补助方式支持的科研项目，在编制预算时只需编制一级费用科目；同时，取消财政预算评审程序，将科研项目实施方案论证和预算评审“合二为一”，由项目主管部门组织科技、财务等方面的专家进行论证。根据该文件的规定，科技成果转化所获收益可按70%及以上的比例，划归科技成果完成人以及对转化作出重要贡献的人员所有，剩余部分留归单位用于科技研发与成果转化工作。此外，一般科研人员同样能享受到政策福利。北京市还印发了《北京市深化市级财政科技计划（专项、基金等）管理改革实施方案》。前述政策措施文件聚焦的是科研人员最关注、社会反响最热烈的科研项目和经费管理改革问题，而该实施方案则是重点关注和落实前述政策措施文件在推进政府部门统筹协调、促进科技计划项目管理改革方面的问题。

上海市修订了《上海市科研计划专项经费管理办法》，进一步加大项目（课题）承担单位的经费使用自主权，预算调整权限进一步下放，主要包括以下两个方面：一是提出差旅费、会议费、国际合作与交流费在不突破三项支出预算总额的情况下，三项之间可调剂使用；二是进一步下放对设备费预算调整的权限，市科委只保留项目（课题）预算中设备费预算总额调增、单台/套/件价格在50万元以上设备用途和数量发生调整的审批权，其他因项目（课题）研究需要调整设备费预算的，则由承担单位负责审批。

浙江省印发了《深化省级财政科技计划（专项、基金）管理改革方案》，围绕知识创新、技术创新、转化应用、环境建设4个创新链环节，改革省级科技计划体系，优化省级财政科技资金配置，设立基础公益研究、重点研发、技术创新引导、创新基地和人才4类省级科技计划（专项），并开始公开征求《关于进一步完善省财政科研项目资金管理等政策的若干实施意见（征求意见稿）》的意见。浙江省的创新资金政策主要集中于产业基金，分别修订了《浙江省创新强省产业基金管理办法》，并印发了《浙江省政府产业基金投资退出管理暂行办法》，积极发挥创新基金对于优化浙江省产业结构的作用，促进创新驱动战略的实施，加快推进创新强省建设。

江苏省出台了《江苏省知识产权专项资金管理办法》，并制定了《江苏省知识产权保护专项资金管理实施细则》《江苏省知识产权创造与运用专项资金管理实施细则》等相应配套的实施政策，以提升知识产权创造、运用、保护、管理和服务能力，规范知识产权专项资金管理。

山东省印发了《山东省重点产业知识产权运营引导基金管理实施细则》，明确引导基金主要投向高价值专利培育、专利产业化投融资、专利布局等，重点投资国家和山东省确定的重点发展产业、战略性新兴产业、专利密集型产业领域，特别是海洋化工及生物资源开发产业及其关键领域的知识产权运营项目和服务，并随之出台了《山东省知识产权质押融资风险补偿基金管理办法》，以鼓励和引导金融机构加大对中小微企业的信贷支持力度，切实拓宽中小微企业融资渠道。

此外，国务院相继出台了《工业企业结构调整专项奖补资金管理方法》《关于金融支持工业稳增长调结构增效益的若干意见》《关于加强工业企业结构调整专项奖补资金使用管理的通知》，对地方和中央企业化解钢铁、煤炭行业过剩产能工作给予奖补，以促进工业企业兼并重组，改造工业企业发展传统动能，积极培养工业发展新动能。江苏省、浙江省、北京市也结合本省（市）的实际情况，分别制定了《江苏省工业企业技术改造综合奖补资金实施细则》《浙江省工业企业结构调整专项奖补资金管理方法》《北京市工业企业结构调整中央专项奖补资金管理实施细则》。山东省虽然没有制定具体的实施细则，但是为增加投入支持经济结构调整和转型升级，省政府出台了《关于加快省级政府引导基金投资运作若干政策措施》，提出16条新的政策措施，旨在通过整合提升，将现有引导基金优化为科技成果转化、资本市场发展、新兴产业发展、工业转型升级、服务业创新等若干投资方向，进一步带动金融和社会资本出资，尽快形成总规模3000亿元以上的基金群，更好地支持经济社会发展。

值得注意的是，山东省非常重视高新企业的资金管理，相继出台了《山东省高新技术企业科技保险补偿财政扶持办法》《山东省小微企业升级高新技术企业财政补助资金管理办法》，以提高相关资金使用效益，有效分散和化解高新技术企业创新创业风险。

（4）产业发展政策。习近平总书记反复强调推进供给侧结构性改革的重要性，深刻解答了有关供给侧结构性改革的一系列重大问题。推进供给侧结构性改革，是应对新一轮科技和产业变革、打造国际竞争新优势的主动选择，也是破解制造业突出矛盾和问题、加快制造强国建设的必由之路。为促进经济平稳健康发展和社会和谐稳定，必须着力推进供给侧结构性改革，由此全国及各省市出台了一系列产业政策。

（5）工业发展政策。为贯彻落实党中央、国务院关于推进结构性改革、抓好去产能任务的决策部署，国务院先后出台了《煤炭行业化解过剩产能实现脱困发展的意见》《钢铁行业化解过剩产能实现脱困发展的意见》，明确了煤炭、钢铁行业化解过剩产能的总体方向、工作目标、主要任务和政策要点，对今后一个时期化解煤炭钢铁行业过剩产能、推动煤炭钢铁企业实现脱困发展作出全面部署和安排，并制定了《关于在化解钢铁煤炭行业过剩产能实现脱困发展过程中做好职工安置工作的意见》《关于钢铁煤炭行业化解过剩产能金融债权债务问题的若干意见》等配套政策。工业方面，国务院先后制定了《促进建材工业稳增长调结构增收益的指导意见》《石化产业调结构促转型增收益的指导意见》《营造良好市场环境促进有色金属工业调结构促转型增收益的指导意见》，工业和信息化部先后出台了《有色金属工业发展规划（2016—2020年）》《石化和化学工业发展规划（2016—2020年）》，以推进供给侧结构性改革、加快产业转型升级，促进建材工业、石化产业和有色金属工业持续健康发展。为引导工业企业转变能源消费方式，促进电力需求侧与供给侧良性互动，工业和信息化部印发了《工业领域电力需求侧管理专项行动计划（2016—2020年）》，从制定工业领域电力需求侧管理工作指南、建设工业领域电力需求侧管理系统平台、推进工业领域电力需求侧管理示范推广、支持电力需求侧管理技术创新及产业化应用、加快培育电能服务产业等五方面提出了具体任务。

山东省修订了《山东省产业关键共性技术发展指南（2016年）》，以加快转变发展方式、培育和发展战略性新兴产业、促进产业结构优化升级。山东省发布了《关于加快推进全省煤炭清洁高效利用工作的意见》，由于工业和信息化部正式批复淄博、泰安、临沂、德州等市上报的《工业领域煤炭清洁高效利用实施方案》，便确定上述4个城市为全省高效环保煤粉锅炉试点示范城市，从而建立了山东省工业领域煤炭清洁高效利用调度制度。

浙江省出台了《关于加快供给侧结构性改革的意见》，提出经过5年的努力，供给侧结构性改革取得重要进展，去产能、去库存、去杠杆、降成本、补短板取得明显成效，并先后制定了《浙江省供给侧结构性改革补短板行动方案（2016—2017年）》《浙江省供给侧结构性改革去杠杆行动方案（2016—2017年）》《浙江省供给侧结构性改革去产能行动方案（2016—2017年）》配套政策。工业方面，浙江省印发了《关于推进绿色建筑和建筑工业化发展的实施意见》，以大力推进绿色建筑发展，促进建筑产业现代化，提出实现绿色建筑全覆盖、提高装配式建筑覆盖面、实现新建住宅全装修全覆盖三大目标。

北京市印发《关于推进供给侧结构性改革进一步做好本市民间投资工作的有关措施》，重点从放宽市场准入、拓展投资领域、深化审批改革、加强金融服务、加大政策扶持等5个方面制定了促进民间投资的工作方案。北京市还发布重点产业发展详细目录，包括《北京市鼓励发展的高精尖产品目录（2016年版）》和《北京市工业企业技术改造指导目录（2016年版）》，这两个目录对未来北京重点发展的产业方向进行了明确规定，可以视为北京未来产业发展的纲领性文件。

江苏省制定了《江苏省工业领域能效领跑行动实施方案》，在全省范围内开展工业领域能效领跑行动，即将重点高耗能行业中相关产品能效最好的列为领跑者，而该行动则在全省主要高耗能行业中，通过企业自愿申请、组织专家评审、邀请第三方现场审核等环节，确定单位产品能耗最低的高耗能产品生产企业名单及其能效指标，将该企业产品能效作为行业能效“领跑者”，每两年发布更新一次。江苏省还印发了《关于深入推进全省化工行业转型发展的实施意见》，明确了江苏石化产业转型升级措施，提出了产业结构调整限制、淘汰目录，并对沿江、沿海、太湖和苏北四大石化产业聚集区提出了有针对性的发展重点和方向指引。

上海市发布了《关于推进供给侧结构性改革促进工业稳增长调结构促转型的实施意见》，围绕优化供给结构、补齐创新短板、推进供需协同、降低企业成本、优化要素配置、深化制度改革等“六个着力”，提出了27项重点任务。

（6）制造业发展政策。工业和信息化部印发《关于完善制造业创新体系，推进制造业创新中心建设的指导意见》，提出围绕重点行业转型升级和新一代信息技术、智能制造、增材制造、新材料、生物医药等领域创新发展的重大共性需求，到2020年形成15家左右，到2025年形成40家左右国家制造业创新中心。为落实《中国制造2025》、全面推行绿色制造的战略部署，工业和信息化部与国家标准化管理委员会共同编制了《绿色制造标准体系建设指南》，以推动建立高效、清洁、低碳、循环的绿色制造体系，促进中国制造业绿色转型升级。

山东省制定了《〈中国制造2025〉山东省行动纲要》，简要阐述了山东省制造业发展的宏观背景，从规模总量和产业结构、产业门类和产品层次、市场占有率和市场竞争力、创新体系和成果转化、发展速度和发展模式等5个方面，深入分析了山东省制造业的优势和短板，并提出了“发展壮大十大装备制造业，培植提升十大特色优势产业，组织实施八大专项工程”的战略任务框架。

北京市发布了《〈中国制造2025〉北京市行动纲要》，紧扣制造业创新和京津冀协同发展主题，重点突出坚持将构建高精尖产业结构作为主攻方向和突破口等四个原则，以实现“在北京制造”向“由北京创造”的转型。

浙江省印发了《浙江省制造业发展“十三五”规划》，提出要立足现有产业基础，主攻新兴产业、特色优势产业、现代制造服务业，重点实施制造业创新中心、智能制造、产品升级与工业强基、绿色制造等11项工程，以加快形成新型产业体系。

上海市发布了《上海市制造业转型升级“十三五”规划》，从创新能力、质量效益和绿色发展三个方面提出15项具体指标，以实现上海制造向上海智造、上海速度向上海质量、上海产品向上海品牌的转变，力争实现完成“十三五”末制造业增加值占GDP比重保持25%左右的目标。

江苏省以《中国制造2025江苏行动纲要》为重点，以加快建设具有国际竞争力的先进制造业基地为目标，提出《江苏省企业制造装备升级计划》，以加快推进结构调整、转型升级、创新发展，为供给侧结构性改革积蓄新的动能。

（7）中小企业政策。在20世纪80年代，中国颁布的一系列政策法规都是为了促进大中型企业的发展，对中小企业的创新推动作用很少涉及。改革开放以来，随着市场经济的发展，中小企业在中国国民经济中占据的地位越来越重要，逐渐成为现代市场经济技术创新的重要力量。20世纪90年代，中国有关部门颁布了一系列措施促进中国中小企业的发展：1999年，科技部和财政部联合发布了《科技型中小企业技术创新基金的暂行规定》，中国人民银行发布了《关于进一步改善对中小企业金融服务的意见》；2002年国家经贸委发布的《关于鼓励和促进中小企业发展的若干政策意见》明确提出，“切实加大对中小企业特别是高新技术类中小企业的扶持力度”；2009年国务院颁布的《关于进一步促进中小企业发展的若干意见》，要求进一步营造有利于中小企业发展的良好环境，切实缓解中小企业融资困难，加大对中小企业的财税扶持力度等；2015年科技部发布的《关于进一步推动科技型中小企业创新发展的若干意见》，在优化政策环境、拓宽融资渠道、完善服务体系、强化协同创新等方面提出意见措施，从而凝聚各方资源，提高中小企业科技创新能力，培育壮大科技型中小企业群体。

山东省出台多项政策措施、建立多渠道服务体系，为中小企业的健康发展创造良好环境。山东省为贯彻落实国务院《关于进一步促进中小企业发展的若干意见》，于2009年颁布《山东省人民政府关于贯彻国发〔2009〕36号文件进一步促进中小企业发展的实施意见》，为促进山东省中小企业发展做出整体规划。为贯彻落实该实施意见，山东省出台多项意见措施。例如省财政厅印发了《关于加大财税扶持力度促进中小企业持续健康发展的实施意见》，解决中小企业融资困难、引导中小企业转方式调结构等问题；实施“一企一技术”计划，通过税收减免、专项资金等方式支持中小企业技术创新。2011年山东省中小企业局颁布实施《山东省中小企业服务体系建设实施意见》，打造全省中小企业公共服务平台，为中小企业提供国内外信息、技术信息，服务内容涵盖了融资服务、信用担保、信息化服务等8大服务板块，涵盖87个省级重点产业集群服务，汇聚全省各行业优质资源，为中小企业的发展提供了一个良好的信息化、专业化服务平台。针对中小企业融资难的问题，山东省注重引导银行等金融机构改进中小企业信贷服务，如不断加强中小企业融资担保体系建设，引导和鼓励担保机构对中小企业扩大担保规模。实施“A级中小企业信用培植工作”全面启动市级中小企业征信数据库建设，为中小企业培育良好的信用环境。

北京市出台了《北京市中小企业发展条例》和《北京市人民政府关于贯彻国务院进一步促进中小企业发展若干意见的实施意见》，致力于解决制约中小企业发展的突出问题，为中小企业发展营造良好环境；“十二五”期间编制了《北京市“十二五”时期中小企业发展促进规划》《北京市人民政府关于进一步支持小型微型企业发展的意见》，重点在财税支持、创新融资、公共服务体系、科技创新、结构调整、民生服务和稳定就业方面促进小微型企业的发展。为加强中小企业公共服务体系建设，出台了《北京市中小企业公共服务平台管理暂行办法》《北京市小企业创业基地管理暂行办法》，力图建成立体式公共服务平台网络，实现市级平台网络统一运作、16个区县和多个重点产业集群全覆盖，为中小企业提供更多资源、更加完善的服务。在财政金融支持方面，北京市建立并完善市区两级中小企业投融资服务体系建设，形成银行融资、担保融资、集合融资、融资租赁、创业投资等多方面的服务体系。

上海市在2010年发布了《上海市人民政府贯彻国务院关于进一步促进中小企业发展若干意见的实施意见》，要求进一步优化中小企业发展环境，缓解中小企业融资困难，完善中小企业工作和服务体系。上海市人大常委会于2011年出台了《上海市促进中小企业发展条例》，该条例在中小企业的创业扶持、资金支持、创新驱动、市场开拓、服务保障等方面做出了详细规定，目的在于保护中小企业公平竞争的权利，促进中小企业健康发展，使中小企业在国民经济和社会发展中发挥更大的作用。为贯彻落实上述文件，上海市给予中小企业财政大力支持。例如设立中小企业发展专项资金，并颁布实施《上海市中小企业发展专项资金管理办法》；为支持地方特色产业中小企业发展，上海市财政局制定了《上海市地方特色产业中小企业发展资金管理操作办法》《上海市政府采购促进中小企业发展暂行办法》等。上海市中小企业服务体系得到进一步完善，基本形成覆盖全市的网格化服务体系，依托各类资源，对接全市、街镇、园区、楼宇的中小企业需求，提供各级服务，如宣传落实各项政策、受理企业诉求与建议、组织服务对接等，为本市中小企业发展提供良好的平台。

作为全国闻名的中小企业大省，浙江省采取各种措施支持鼓励中小企业的发展，制定出台了一系列法规文件、政策意见。如早在2002年，浙江省便制定了《浙江省人民政府关于鼓励和促进中小企业发展的若干政策意见》，从优化企业结构、加快企业制度创新、加大扶持力度等方面提出要求，优化中小企业发展环境，促进中小企业健康发展。之后又出台了《浙江省促进中小企业发展条例》《浙江省人民政府关于促进中小企业加快创业创新发展的若干意见》《浙江省国家税务局关于支持中小企业健康发展的若干意见》。浙江省大力解决中小企业发展的瓶颈问题，在财政支持方面加大扶持力度：2014年出台了《浙江省促进中小企业发展专项资金管理办法》，主要用于支持中小企业创业创新发展、中小企业服务体系建设、中小企业信用和融资服务体系建设、小微企业培育与监测体系建设、全省性中小企业重大活动和省级重点项目等；2016年制定了《浙江省中小企业发展“十三五”规划》，成为“十三五”时期浙江省中小企业优化结构、提高质量、增强活力、提升效益，进一步发挥在国民经济和社会就业中贡献的纲领性文件。

7.4 本章小结

创新是推动一个国家和民族向前发展的重要力量，也是推动整个人类社会向前发展的重要力量。本章从中国研发经费投入、企业研发经费投入、基础研发经费投入等三个角度，将中国与美国、日本、德国等世界上主要发达国家进行比较分析，分析了当前中国在科技投入上存在的问题。

实施创新驱动发展战略，进一步加大科技投入，对山东省提高经济增长的质量和效益、加快转变经济发展方式具有现实意义。本章比较了鲁、苏、浙、粤四省的科技投入情况，从科技投入总量上、科技投入增速上、科技投入结构上分析了四省不同的投入特征，分析了鲁、苏、浙、粤四省之间差距，从规模以上企业从事研发活动的数量、工业企业研发投入占主营业务的比重、高技术产业R&D经费投入比重、企业研发经费在不同规模工业企业的分布等方面，探讨了山东省科技投入存在的主要问题。

研究了科技经费投入体制形成、科技资金投入体制的演化、科技经费投入政策的演化等，探讨了供给面、需求面和环境面三个层面的创新政策工具，梳理了山东省及其他省份出台的科技创新相关的政策文件。

8 对策与建议

发达国家政府普遍通过财政投入、税收优惠、金融支持等政策来扶持企业创新的发展，且具有很强的针对性和明确的范围，基本以基础研究、核心关键技术等为投入领域。要充分发挥政府资金的引导作用，引导和带动更多社会资本特别是民间资本参与，政府重点支持市场不能有效配置资源的基础前沿、社会公益、重大共性关键技术研究等公共科技活动。发挥好市场配置技术创新资源的决定性作用和企业技术创新的主体作用，突出成果导向，以税收优惠、政府采购等普惠性政策和引导性为主的方式支持企业技术创新和科技成果转化活动。

（1）充分发挥政府资金撬动企业和社会资源的杠杆作用。目前，中国企业的创新能力依然薄弱，许多领域缺乏具有自主知识产权的核心技术，企业尚未真正成为创新决策、研发投入、科研组织和成果应用的主体，制约企业创新的体制机制障碍仍然存在。中国企业虽然已经成为创新投入的主体，但企业本身的研发投入强度仍然偏低。2015年，全社会研究与试验发展（以下简称研发或R&D）经费继续保持增长，投入总量为1.4万亿，比2012年增长38.1%，年均增长11.4%，R&D经费投入强度（R&D经费投入与国内生产总值之比）突破2.10%。目前，中国已经是仅次于美国的世界第二大研发经费投入国家。中国企业研发投入强度10年来一直徘徊在1%左右。2009年，工业企业研发投入强度为0.7%，其中，大中型企业研发投入强度为0.96%，与国际上创新型国家2%—3%的水平相比仍有较大差距。因此，中国可以借鉴创新型国家的做法，严格制定科技计划项目支持力度和资金匹配要求的标准，鼓励企业加大研发投入；同时，将引导人才、技术、资本、管理等创新要素向企业集聚作为重要原则，鼓励各种形式的产学研合作，建立以政府财政投入为资金引导方式、以企业投入为主体的科技创新机制。

（2）按照分类支持原则，采取不同的财政资助政策。按照分类支持原则，处于不同阶段的项目，其所遇到的问题、生存发展的关键点是不一样的，需要政府按照项目所处不同阶段和创新形式进行分类支持，提高政策的针对性和有效性。在研发链条上，对于基础性和公益性研究，以及重大共性关键技术研究、开发、集成等公共科技活动，采取前补助等方式；对于具有明确的和可考核的产品目标和产业化目标、成果边界清晰的项目，引入市场机制，利用后补助、贷款贴息、风险投资、以奖代补等其他方式进行激励。在投入组合上，注重直接投入与间接投入相结合，加强直接投入与税收激励、科技金融、政府采购、知识产权、人才培养等政策的衔接，注重供给面政策与需求面政策的结合，充分发挥财政资金的杠杆作用，引导金融资金和民间资本进入创新领域。

（3）重点支持创新基地、创新平台和创新网络建设，促进产业关键共性技术创新突破。中国的财政科技经费有限，对企业的经费支持必须突出重点，集中资金保证重点领域和重点项目的投入，保证满足国家重大需求而市场机制不能有效配置资源的共性关键技术和革命性技术的研究开发，并力争借此发展和打造一批具有国际竞争力的龙头企业。从无偿使用向有偿使用转变，从直接支持向间接支持转变，从“点对点”支持企业向支持市场失灵领域转变。同时，投入支持公共研发机构建立满足区域、市场、行业和企业创新发展需求的新型研发机制与体系，投入支持科技服务业发展；支持企业公共性及市场化的研发机构建立多层次创新合作模式，不断拓展自身创新网络深度和广度，充分借助专业化科技服务机构资源，提升创新能力，降低创新成本和风险。

（4）加强对中小企业技术创新的支持。实施创新驱动发展战略，适应和引领经济发展新常态，在大众创业、万众创新的背景下，加快发展中小企业技术创新空间等新型创业服务平台，营造良好的创新创业生态环境，激发中小企业技术创新创造活力，打造经济发展新引擎。科技型中小企业对国民经济和社会发展发挥着越来越重要的作用，要尽快推进科技与金融的结合，在创业投资、科技信贷、资本市场、科技保险等方面不断创新模式，推进科技和金融的结合试点来建立多元化、多层次、多渠道的科技投融资体系。一是不断加大中小企业发展专项资金和技术改造资金对中小企业技术创新的支持力度，扩大科技型中小企业技术创新基金规模。探索借助投资银行、风险投资、产业基金等机构，依托市场化机制，形成对中小企业的科技创新发现机制，正确引导政府资源投向。加快推进与银行和金融机构的合作，组建一批科技支行。促进全国科技金融创新试点，鼓励创新产业技术进步的投入方式，争取商业银行、资产管理公司、信托公司、金融租赁公司等银行金融机构和投资银行、证券公司等间接财政支持中小企业科技创新的金融服务试点。同时，支持公共性科技服务机构为中小企业提供创新资源共享、专业技术和成果转化等方面的服务。二是深化实施“创新券”政策。在东部比较发达省份试行的基础上，对“创新券”政策进行评估、调整和完善，进而在国家层面尝试设立“创新券”专项基金，资助中小企业多类型的创新活动。

（5）借鉴英国政府远期约定采购的经验，试点创新约定采购。政府采购是当前财政资金支持企业创新政策的发展趋势，中国可以借鉴英国的“远期约定采购”政策，开展“创新约定政府采购”试点。在科技部门和财政部门的共管机制下，建立专门的创新采购机构，留出专项预算面向各类企业开展创新约定采购试点。政府参与进入创新工程，创新采购机构会同各类科技服务机构，采集和发布政府未来需求信息，吸收用户单位、供应商、技术专家等利益和技术相关者“参与市场”，经评标形成创新约定采购合同。政府远期约定采购能够把创新过程和创新产品绑定，更充分地发挥政府资金对创新的深入而持续性的拉动作用。

（6）以财政资金支持企业培养和引进研发人才。一是支持企业引进（海外）中高端研发人才。目前，浙江、江苏、广东等省市都在积极开展资助企业引进（海外）高端人才的工作，需要对其成效进行监测和评估，不断吸收经验与教训。若成效显著，可从国家层面出台鼓励企业引进研发人才的相关办法或政策，为各地区政府和企业引进高端人才出台指导意见，鼓励各地区依据本地产业发展重点和企业发展实际需求，开拓和探索多种人才引进的渠道和方式。二是借鉴日本和法国的经验，面向产业需求培养研发人才。可推行产学研合作教育模式，在财政资助下，支持硕士、博士研究生进入企业，参与企业研发活动，面向企业创新需求调整和完善创新人才的培养模式，为高层次人才进入企业就业、为企业吸纳优质对口人才搭建桥梁。三是借鉴德国和韩国的经验，帮助中小企业引进人才。如可制订中小企业人才支援计划，对中小企业引进理工科高校毕业生、有经验的技术人才或已退休的科技人才给予较高的薪金补助（如50%）。

（7）加大高新技术企业的科技投入力度，增强自主创新。政府应对高新技术企业研发给予激励措施，引导高新技术企业加大自主创新力度，建立独立的研发机构，开展科学研究和技术创新活动。首先，要注重高新技术开发区的运营与监管。应该加强对高新技术开发区的监管，以技术为准绳严格准入门槛，对进入技术园区的企业则实行监督，以保证区域技术资源的有效利用。其次，制定优惠政策激励企业自主创新。应该根据区域经济环境和发展阶段，制定合理的高新技术产业发展规划和细则，鼓励风险投资公司、金融机构对拥有较好市场前景和较强技术导向作用的高新企业给予支持，通过政策支持对企业自主创新进行激励和保护，重点提高高新区企业的自主开发和技术创新能力、对创新人才的培养和科技企业的孵化能力，提高对传统产业和区域经济的辐射带动能力和产品竞争力。此外，高新技术企业自身也应该对财务预算进行合理调整，适当增加R&D的投入比例。

（8）建立更加紧密的产学研协同创新机制。完善产学研协同创新政策体系，建立产学研合作法律机制，构建产学研协同创新评价体系。目前，在应用科学研究领域，中国高等院校、科研院所与企业、市场结合不紧密，相互脱节，存在“两张皮”现象。企业找不到需要的技术，高校、科研院所的研究成果不“接地气”，主要原因是企业自主创新的动力不强烈，科研立项大多并非来自实际生产需求，产、学、研三方时常陷入“脱节”的尴尬境地。产、学、研三方的主体不同，需求千差万别，参与合作受到的约束条件也不同，使得产学研合作在实践中存在不同的模式，比如以项目为纽带的合作模式、共建研发平台合作模式以及产业技术联盟合作创新模式等。围绕区域特色和支柱产业发展，在产学研协同技术创新联盟的基础上，要构建协同区域创新体系，以市场需求为导向，强化市场机制在协同技术创新联盟中的作用，以产业技术创新需求为基础，突破产业发展的关键技术，构建共性技术平台，凝聚和培育创新人才，加速技术推广应用和产业化。

附 录

附录一：调查问卷（一）

该部分主要收集与本次调查相关的背景性信息，包括贵企业基本信息、贵企业技术创新的基本现状以及获得政府科技投入支持情况。现在请认真阅读下列问题，并根据实际情况，在相应空白处作答。在填答相关问题时，请注意：

1. 本问卷中所有涉及资本度量方面的题项，其计量单位均为人民币。

2. 该部分客观提问不必要求您提供完全准确的数值，但仍希望您给出尽可能准确的估计，从而使本次调研的结果更可靠。

3. 该部分请贵企业高层领导或由贵公司高层领导委托相关负责人员回答。

4. 近三年是指2013年、2014年和2015年。

第一部分：企业的基本情况

1. 企业名称：________________________________。

是否为上市公司？ □是 □不是

若是上市公司，在哪里上市？ □上海 □深圳 □香港 □国外

2. 企业位于________市________县（市、区）。

企业注册地位于（可多选）：

□国家级高新技术产业开发区 □省级高新技术产业开发区

□国家级经济技术开发区 □省级经济技术开发区

□国家级高新技术特色产业基地 □省级高新技术特色产业基地

3. 企业性质：

□国有企业 □民营企业 □中外合资企业

□外商独资企业 □集体企业 □事业单位

（注：企业性质以企业的控股股东身份决定）

4. 企业所属行业领域为：

□电子信息 □生物与新医药 □航空航天

□新材料 □高技术服务业 □新能源及节能

□资源与环境　　　　　□高新技术改造传统产业

□其他________

5. 企业员工总数_____人，总资产_____万元，净资产_____万元。

6. 企业是否被认定为高新技术企业？　□是　□不是

7. 企业有没有接受过风险投资？　□有　□没有

若有的话，投资金额是_____万元。

8. 本企业所处行业的竞争情况属于以下哪一种？

□完全垄断（指整个行业中只有一个生产者并由其垄断的市场结构）

□寡头垄断（即竞争与垄断并存，并以垄断为主的市场，是一种由少数卖方或寡头主导市场的市场状态）

□垄断竞争（即竞争和垄断并存，并以竞争为主的市场，存在着较多的厂商）

□完全竞争（即不存在任何垄断的市场，市场的进入门槛极低，存在着大量的厂商）

第二部分：企业在科技投入方面的情况

1. 近三年基本建设投入（主要指厂房、土地、其他基础设施等）分别为_____万元、_____万元、_____万元。

2. 近三年技术改造投入（主要指设备更新等）分别为_____万元、_____万元、_____万元。

3. 近三年研究开发投入（主要指研发人员的工资、研发设备及原材料等投入、因研发所产生的其他费用等）分别为_____万元、_____万元、_____万元。

4. 最近三年研发费用的总额占本企业近三年销售收入总额的比例为_____。

5. 和行业内其他竞争对手相比，本企业的科技投入是多还是少？

□远多于竞争对手　□略多于竞争对手　□处于行业平均水平

□略少于竞争对手　□远少于竞争对手

第三部分：企业科技人才方面的情况

1. 具有大学专科以上学历的科技人员占企业职工总数的比例为_____。其中，研发人员占企业职工总数的比例为_____。

2. 拥有研究生学历的员工总数占企业当年职工总数的比例为_____。

3. 副高以上职称的总人数：_____。其中，近三年引进的有_____人。

4. 在本企业的管理团队中，研究生学历的比例为_____。

企业董事长的学历是：□高中及以下 □专科 □本科 □硕士 □博士

企业总经理的学历是：□高中及以下 □专科 □本科 □硕士 □博士

5. 近三年，企业引进的人才总数为_____人，创新团队__________个。

第四部分：企业创新平台方面的情况

1. 企业有没有研发机构？ □有 □没有（如果有的话，企业现有研发机构的数量为_____个）

企业有无博士后流动站？ □有 □没有

企业是否在异地设有研发机构？ □有 □没有

有无在海外设立的研发机构？ □有 □没有

2. 研发机构的总人数为_____人。研发机构的固定资产总值为_____万元。研发机构近三年的总经费分别是______万元、_____万元、_____万元。

3. 企业的研发机构是：（可多选）

□国家级高新技术研发中心 □省级高新技术研发中心

□国家级工程中心 □省级工程中心

□国家级重点实验室 □省部级重点实验室

4. 企业主导或参与的产业技术创新联盟有_____个。

5. 企业拥有的国家级创新平台数量_____个，省级创新平台_____个。

第五部分：企业与高校、科研院所的合作情况

1. 本企业的技术来源主要是：

□企业自主研发 □和高校、科研院所合作，共同研发

□从外部购买科研成果

2. 和本企业有科技项目合作的高校、科研院所等单位总共有_____家。

3. 近三年产学研的项目数分别为_____个、_____个、_____个，占企业总的科技项目比例分别是_____%、_____%、_____%。

4. 近三年产学研合作的投入金额数分别为______万元、______万元、_____万元，占企业总的科技经费比例分别是_____%、_____%、_____%。

5. 企业与高校、科研院所合作形式主要是：（可多选）

□购买科技成果 □共同实施科研项目 □共建企业研发机构

□共享其实验室和实验设备 □与高校或院所共同创立科技企业

第六部分：企业专利、品牌建设等方面的情况

1. 企业是否拥有自主产权的核心技术?

□有 □没有

2. 近三年，企业申请的专利总数累计为______个，获得授权的专利总数累计有______个；发明专利的申请量累计为______个，获得授权的有______个；实用新型专利申请量累计为______个，获得授权的有______个；外观设计专利申请量累计为______个，获得授权的有______个。

3. 企业通过购买获得的专利有_____个，其中来自国外的有_____个。

4. 本企业牵头或参与制定的国际标准分别有_____个和_____个，本企业牵头或参与制定的国家标准分别有_____个和_____个，本企业牵头或参与制定的行业标准分别有_____个和_____个。

5. 企业拥有“中国驰名商标”_____个，“中国名牌”_____个，“世界名牌”_____个，“省著名商标”_____个，品牌的总评估价值为_____万元。

第七部分：企业创新的成绩和财务指标等情况

1. 企业近三年的销售额分别为_____万元、_____万元、_____万元，比上年分别增长_____%、_____%、_____%。

2. 近三年的劳动生产率（企业总产值/总人数）分别为_____、______、_____。

3. 近三年的新产品销售收入分别为_____万元、_____万元、_____万元。

4. 近三年的净利润分别为_____万元、_____万元、_____万元，比上年分别增长_____%、_____%、_____%。

5. 近三年交纳的税收分别为_____万元、_____万元、_____万元，比上年分别增长_____%、_____%、_____%。

6. 近三年的利税总额的增长率分别为_____%、_____%、_____%。

7. 近三年来，新产品的利润占企业当年总利润的比例分别为_____%、_____%、_____%。

8. 近三年的国内市场占有率分别为_____%、_____%、_____%。

第八部分：企业获得的政府科技投入支持情况

1. 企业近三年获得的研发所得税加计扣除分别为_____万元、_____万元、_____万元。

2. 企业近三年获得的政府直接支持企业研发的财政补贴数额分别为

_____万元、_____万元、_____万元。

3. 企业近三年获得的政府支持企业人才引进和培养的经费数额分别为_____万元、_____万元、_____万元。

4. 企业近三年获得的政府支持企业创新自有平台建设的经费数额分别为_____万元、_____万元、_____万元。

5. 企业近三年获得的政府支持企业创新合作平台建设的经费数额分别为_____万元、_____万元、_____万元。

6. 企业近三年获得的技术交易免营业税和增值税优惠数额分别为_____万元、_____万元、_____万元。

7. 近三年企业得到政府采购的额度分别为______万元、______万元、______万元。

8. 近三年企业使用创新券的总金额分别为______万元、______万元、______万元。

调查问卷（一）到此全部结束，请您检查一下是否有漏填之处。

感谢您的鼎力协助！

附录二：调查问卷（二）

请安排3～5位企业领导（例如董事长、总经理、技术副总、生产副总、市场副总、管理副总等）填写本问卷，一人填一份。请认真阅读下列问题，结合您对贵企业技术创新及政府科技投入的支持情况进行判断，在相应的选项上画“√”。选项各数字分别代表对题项说法的认可程度，且这种认可程度从1到7递增。1代表对题项说法非常不认同，而7则表示非常认同，4则代表一种中立性质的评判（即难以做出明确判断）。

说明：各问项中的“政府科技投入”以英文缩写“STI”表示。

一、您的基本情况（不用填写姓名）

1. 所在企业的名称：________________________________。

2. 性别：□男　　□女

3. 年龄：□30岁及以下　　□31～40岁　　□41～50岁
　　□51～60岁　　□60岁以上

4. 学历：□高中及以下　□专科　□本科　□硕士　□博士

5. 职称：□没有　□初级　□中级　□副高级　□高级

6. 已在本企业工作的时间是______，在本岗位工作的时间是______。
（1）2年以下　（2）3～5年　（3）6～10年　（4）11～15年
（5）16～20年　（6）20年以上

7. 职位：□企业主要负责人　□研发（技术）负责人　□营销负责人　□行政管理负责人　□生产（制造）负责人　□财务负责人

8. 您主管或分管的部门有：□主持企业全面工作　□研发　□生产　□市场营销　□行政管理　□其他________

二、企业的STI基本认知情况

题项	不同意←→同意
1. STI是企业技术创新不可或缺的外部条件	1　2　3　4　5　6　7
2. STI是企业非常主要的创新资金来源	1　2　3　4　5　6　7
3. 获得STI是企业创新的主要动力	1　2　3　4　5　6　7
4. 获得STI能够有效提升企业对创新失败的承受能力	1　2　3　4　5　6　7
5. STI能够有效解决企业的创新资金约束	1　2　3　4　5　6　7
6. STI比其他类别的政府科技政策更能有效支持企业创新	1　2　3　4　5　6　7

（续表）

题项	不同意←→同意
7. 无偿STI应该惠及行业内大多数企业	1 2 3 4 5 6 7
8. 无偿STI应该惠及行业内创新能力薄弱的成长性小企业	1 2 3 4 5 6 7
9. STI评选应采用公平、公正、公开的方式，受社会有效监督	1 2 3 4 5 6 7
10. STI能够改变行业内企业竞争格局	1 2 3 4 5 6 7
11. STI对企业技术创新发挥作用的时效性强，作用持久	1 2 3 4 5 6 7
12. STI应该大力支持创新绩效强的企业	1 2 3 4 5 6 7
13. STI能够大大影响企业的创新战略和经营模式	1 2 3 4 5 6 7
14. STI改变了企业文化，有利于创新型文化的培育	1 2 3 4 5 6 7
15. 政府对于公共科技服务平台的建设投入降低了企业的创新成本	1 2 3 4 5 6 7
16. 获得STI支持可以替代企业正常的科技投入	1 2 3 4 5 6 7

三、企业技术创新外部环境

（一）宏观与行业环境

题项	不同意←→同意
1. 本企业所处行业内有着众多的竞争者	1 2 3 4 5 6 7
2. 本企业所处行业的进入门槛较低	1 2 3 4 5 6 7
3. 本企业主导产品的可替代性较强	1 2 3 4 5 6 7
4. 本企业所处行业的竞争不断强化和激烈，而非弱化	1 2 3 4 5 6 7
5. 本企业属于行业领先者	1 2 3 4 5 6 7
6. 本企业所在行业的市场环境不断发生变化	1 2 3 4 5 6 7
7. 本地政府高度重视企业的技术创新和知识产权工作	1 2 3 4 5 6 7
8. 本地政府的领导关心和支持本企业发展	1 2 3 4 5 6 7
9. 政府部门对本企业的服务或监管非常到位	1 2 3 4 5 6 7
10. 企业融资方面不存在困难	1 2 3 4 5 6 7

（二）STI政策环境

题项	不同意←→同意
1. STI政策信息可以按需要及时获取	1 2 3 4 5 6 7
2. STI政策覆盖的支持对象非常广泛	1 2 3 4 5 6 7
3. STI政策支持的企业创新方式灵活多样	1 2 3 4 5 6 7
4. 企业获得STI支持的程序和手续办理非常简便	1 2 3 4 5 6 7
5. STI支持项目的选择公平、公正、公开	1 2 3 4 5 6 7
6. STI支持的资金政府能够全部按时拨付	1 2 3 4 5 6 7
7. 关于STI的奖励，政府能够全部兑现	1 2 3 4 5 6 7

四、企业技术创新基本特征

（一）企业技术创新内部条件

题项	不同意←→同意
1. 本企业制定了比较完备的科技管理制度	1 2 3 4 5 6 7
2. 本企业制定了技术创新战略或规划	1 2 3 4 5 6 7
3. 本企业有较为完善的技术创新组织管理体系	1 2 3 4 5 6 7
4. 本企业对技术创新有较为完善的激励机制	1 2 3 4 5 6 7
5. 本企业的领导热爱学习，积极参与各种培训	1 2 3 4 5 6 7
6. 本企业的领导支持员工参加各种形式的学习	1 2 3 4 5 6 7
7. 本企业领导经常有新的理念和想法，并去尝试	1 2 3 4 5 6 7
8. 本企业的领导关注企业的知识产权	1 2 3 4 5 6 7
9. 本企业的领导能够尊重不同的意见与异议	1 2 3 4 5 6 7
10. 本企业的领导能够信任部属并适当授权	1 2 3 4 5 6 7
11. 本企业的领导在技术创新上能够给予较多的投入	1 2 3 4 5 6 7
12. 本企业的领导鼓励员工尝试新工艺、开发新产品	1 2 3 4 5 6 7
13. 本企业的领导对于员工的创新行为能够提供各种支持	1 2 3 4 5 6 7
14. 本企业的领导对于因创新而导致的失败持宽容的态度	1 2 3 4 5 6 7
15. 本企业员工主动学习的意识比较强	1 2 3 4 5 6 7
16. 本企业员工能够从不同角度看待问题	1 2 3 4 5 6 7
17. 本企业员工善于寻求解决问题的新主意与新方法	1 2 3 4 5 6 7
18. 本企业员工有较强的创新意识	1 2 3 4 5 6 7
19. 本企业员工敢于尝试有挑战性的研究课题或方向	1 2 3 4 5 6 7
20. 本企业员工在业务上不迷信权威	1 2 3 4 5 6 7

（二）企业技术创新模式

题项	不同意⟵⟶同意
1. 本企业流程创新活动较多	1 2 3 4 5 6 7
2. 本企业产品创新活动较多	1 2 3 4 5 6 7
3. 本企业对外技术开发活动较多	1 2 3 4 5 6 7
4. 本企业对外技术转让活动较多	1 2 3 4 5 6 7
5. 本企业对外技术咨询活动较多	1 2 3 4 5 6 7
6. 本企业对外技术服务活动较多	1 2 3 4 5 6 7
7. 本企业非常注重同上下游企业的协作创新	1 2 3 4 5 6 7
8. 本企业非常注重同地方科研院所的创新合作	1 2 3 4 5 6 7
9. 本企业非常注重同国内高校的创新合作	1 2 3 4 5 6 7
10. 本企业非常注重利用政府的公共性研发服务平台	1 2 3 4 5 6 7
11. 本企业非常注重利用政府的公共性创新创业服务平台	1 2 3 4 5 6 7
12. 本企业非常注重利用政府的科技成果转化平台	1 2 3 4 5 6 7

（三）企业技术创新困难与问题

题项	不同意⟵⟶同意
1. 本企业管理者的创新意识不够强	1 2 3 4 5 6 7
2. 本企业的创新管理团队不够协调	1 2 3 4 5 6 7
3. 本企业员工缺乏创新动力	1 2 3 4 5 6 7
4. 本企业创新方面的投入不够高	1 2 3 4 5 6 7
5. 本企业研发团队与平台的能力不够强	1 2 3 4 5 6 7
6. 本企业缺乏创新性人才	1 2 3 4 5 6 7
7. 本企业的科技管理、创新激励制度不够健全	1 2 3 4 5 6 7
8. 本企业的创新文化和创新氛围不好	1 2 3 4 5 6 7
9. 本企业缺乏创新发展战略	1 2 3 4 5 6 7
10. 本企业产学研合作力度不够强	1 2 3 4 5 6 7
11. 本企业不关注和不利用STI有关政策	1 2 3 4 5 6 7
12. 本企业不关注和不利用政府投资建设的公共创新服务平台	1 2 3 4 5 6 7
13. 本企业不关注和重视政府其他方面的政策支持（非STI）	1 2 3 4 5 6 7

五、企业获得的STI支持情况

题项	不同意⟷同意
1. 本企业获得的STI资助水平高于行业内其他企业	1 2 3 4 5 6 7
2. 本企业获得的STI资助项目数量高于行业内其他企业	1 2 3 4 5 6 7
3. 本企业获得的支持研发的STI数量较大	1 2 3 4 5 6 7
4. 本企业获得了多类STI资助方式的支持	1 2 3 4 5 6 7
5. 本企业在创新多个环节上获得了STI资助	1 2 3 4 5 6 7
6. 本企业获得较多的无偿STI资助	1 2 3 4 5 6 7
7. 本企业获得较多的有偿STI资助	1 2 3 4 5 6 7
8. 本企业获得较多的用于自有创新平台建设的STI资助	1 2 3 4 5 6 7
9. 本企业获得较多的用于共有创新平台建设的STI资助	1 2 3 4 5 6 7
10. 本企业获得较多的用于创新人才引进与培养STI资助	1 2 3 4 5 6 7

六、STI对企业的影响作用

题项	不同意⟷同意
1. 本企业为获得和利用STI配比了大量的企业自有资金	1 2 3 4 5 6 7
2. 本企业在获得STI项目的同时吸纳了大量社会资金	1 2 3 4 5 6 7
3. STI有力缓解了本企业的创新资金压力	1 2 3 4 5 6 7
4. STI有效降低了本企业的创新风险	1 2 3 4 5 6 7
5. STI有效增强了本企业的创新动力	1 2 3 4 5 6 7
6. STI对提高本企业的创新能力发挥了重大作用	1 2 3 4 5 6 7
7. STI对本企业集聚创新人才发挥了重大作用	1 2 3 4 5 6 7
8. STI对本企业提高新产品收入发挥了重大作用	1 2 3 4 5 6 7
9. STI对本企业提高技术性收入发挥了重大作用	1 2 3 4 5 6 7
10. STI对本企业获得知识产权发挥了重大作用	1 2 3 4 5 6 7
11. STI有力提升了本企业在行业的市场地位	1 2 3 4 5 6 7
12. STI有力扩大了本企业对竞争者的技术优势	1 2 3 4 5 6 7
13. STI有力提升了本企业的国际地位	1 2 3 4 5 6 7
14. STI大大密切和加强了本企业同政府部门的关系	1 2 3 4 5 6 7
15. 政府投入建设的公共科技服务平台改变了企业创新战略	1 2 3 4 5 6 7
16. 政府投入建设的公共研发平台大大降低了企业研发成本	1 2 3 4 5 6 7

（续表）

题项	不同意←→同意
17. 政府投入支持的创新创业平台大力支持了企业技术创新	1 2 3 4 5 6 7
18. 政府投入支持的科技成果转化平台大力支持了企业技术创新	1 2 3 4 5 6 7
19. STI从总体上大大节约和替代了企业科技投入	1 2 3 4 5 6 7

七、请问关于STI支持企业创新，您对政府和科技主管部门有什么其他的思考和建议？

调查问卷（二）到此全部结束，请您检查一下是否有漏填之处。

感谢您的鼎力协助！

主要参考文献

[1] Achilladelis B, Jervis P, Robertson A. A Study of Success and Failure in Industrial Innovation [M]. Brighton: University of Sussex Press, 1971.

[2] Antonelli C, Crespi F. The "Matthew effect" in R&D Public Subsidies: The Italian Evidence [J]. Technological Forecasting and Social Change, 2013, 80(8): 1523-1534.

[3] Arrow K J. The Economic Implications of Learning by Doing [J]. The Review of Economic Studies, 1962, 29(3): 155-173.

[4] Ashford N A. Government and Environmental Innovation in Europe and North America [J]. The American Behavioral Scientist, 2002, 45(9): 1417-1434.

[5] Autio E. Evaluation of RTD in Regional Systems of Innovation [J]. European Planning Studies, 1998, 6(2): 131-140.

[6] Barney J B. Strategic Factor Markets: Expectations, Luck, and Business Strategy [J]. Management Science, 1986, 32(10): 1231-1241.

[7] Blank D M, Stigler G J. The Demand and Supply of Scientific Personnel [M]. New York: Inc, 1957.

[8] Bloom N, Griffith R, Van Reenen J. Do R&D Tax Credits Work? Evidence from a Panel of Countries 1979-1997 [J]. Journal of Public Economics, 2002, 85(1): 1-31.

[9] Bowen F E, Rostami M, Steel P. Timing is Everything: A Meta-Analysis of the Relationships between Organizational Performance and Innovation [J]. Journal of Business Research, 2010, 63(11): 1179-1185.

[10] Buijs J A. Innovation can be Taught [J]. Research Policy, 1987, 16(6): 303-314.

[11] Bygrave W D, Timmons J A. Venture Capital at the Crossroads [M]. Cambridge: Harvard Business Press, 1992.

[12] Caballero R J, Jaffe A B. How High are the Giants' Shoulders: An Empirical Assessment of Knowledge Spillovers and Creative Destruction in a Model of Economic Growth [J]. NBER Macroeconomics Annual,

1993: 15-86.

[13] Cobbenhagen J. Successful Innovation: Towards a New Theory for the Management of Small and Medium Sized Enterprises [M]. Cheltenham: Edward Elgar Publishing, 2000.

[14] Cohen W M, Levin R C. Empirical Studies of Innovation and Market Structure [J]. Handbook of Industrial Organization, 1989: 1059-1107.

[15] Cooke P. Regions in a Global Market: The Experiences of Wales and Baden-Württemberg [J]. Review of International Political Economy, 1997, 4(2): 349-381.

[16] Coombs R, Narandren P, Richards A. A Literature-Based innovation output indicator [J]. Research policy, 1996, 25(3): 403-413.

[17] Coombs R, Tomlinson M. Patterns in UK Company Innovation Styles: New Evidence from the CBI Innovation Trends Survey [J]. Technology Analysis & Strategic Management, 1998, 10(3): 295-310.

[18] Coombs R. Core Competencies and the Strategic Management of R&D [J]. R&D Management, 1996, 26(4): 345-355.

[19] Cooper, A. C. R&D is More Efficient in Small Companies [J]. Harvard Business Review, 1964, 42(3), 75-83.

[20] Cravens D W, Piercy N F, Shannon H S. New Organizational Forms for Competing in Highly Dynamic Environments: The Network Paradigm [J]. British Journal of Management, 1996, 7: 203-218.

[21] Dhewanto W. Moderating Effect of Cluster on Firm's Innovation Capability and Business Performance: A Conceptual Framework [J]. Social and Behavioral Sciences, 2012, 65: 867-872.

[22] Dyer J H, Nobeoka K. Creating and Managing a High-Performance Knowledge-Sharing Network: The Toyota Case [J]. Strategic Management Journal, 2000, 21(3): 345-367.

[23] Caloghirou Y K, Tsakanikas A. Internal Capabilities and External Knowledge Sources: Complements or Substitutes for Innovative Performance [J]. Technovation, 2004, 24(1): 29-39.

[24] Cerulli G, Potì B. Evaluating the Robustness of the Effect of Public Subsidies on Firms' R&D: An Application to Italy [J]. Journal of Applied Economics, 2012, 13(2): 287-320.

[25] Colombo M G, Grilli L, Murtinu S. R&D Subsidies and the Performance

of High-Tech Start-Ups [J]. Economics Letters, 2011, 112: 97-99.

[26] Colombo M G, Crocea A, Guerinib M. The Effect of Public Subsidies on Firms' Investment-Cash Flow Sensitivity: Transient or Persistent? [J]. Research Policy, 2013, 42: 1605-1623.

[27] Cooke P, Uranga M G, Etxebarria G. Regional Systems of Innovation: An Evolutionary Perspective [J]. Environment and Plannin, 1998, 30(9): 1563-1584.

[28] Czarnitzki D, Hussinger K. The Link between R&D Subsidies, R&D Spending and Technological Performance [R]. ZEW Discussion Papers, 2004.

[29] Dai Xiaoyong. The Effect of Public Subsidies on Corporate R&D Investment: An Application of the Generalized Propensity Score [J]. Technological Forecasting & Social Change, 2014.

[30] David P A, Hall B H, Toole A A. Is Public R&D a Complement or Substitute for Private R&D? A Review of the Econometric Evidence [J]. Research Policy, 2000, 29(4): 497-529.

[31] David, Paul A. & llall, Bronwyn H. & Toole, Andrew A. Is Publie R&D a Complement or Substitute for Private R&D? A Review of the Econometric Evidence [J]. Research Policy, 2000, 29(4-5): 497-529.

[32] Doloreux D. What We Shoud Know about Regional Systems of Innovation [J]. Technology in Society, 2002, 24(3): 243-263.

[33] Doz Y L, Olk P M, Ring P S, Formation Processes of R&D Consortia: Which Path to Take? Where Does It Lead? [J]. Strategic Management Journal, 2000, 21(3): 239-266.

[34] Dyer J H, Kale P, Singh H. How to Make Strategic Alliances Work [J]. Sloan Management Review, 2001, Summer: 37-43.

[35] Dyer J H, Nobeoka K. Creating and Managing a High-Performance Knowledge-Sharing network: The Toyota Case [J]. Strategic Management Journal, 2000, 21(3): 345-367.

[36] Estades J, Ramani S V. Technological Competence and Influence of Networks: A Comparative Analysis of New Biotechnological Firms in France and Britain [J]. Technology Analysis & Strategic Management, 1998, 1(4): 483-495.

[37] Etzkowitz H, Webster A, Gebhardt C, et al. The Future of the University

and the University of the Future: Evolution of Ivory Tower to Entrepreneurial Paradigm [J]. Research Policy, 2000, 29(2): 313–330.

[38] Etzkowitz H, The friple helix: Science, Technology and the Entrepreneurial Spirit [J]. Journal of Knowledge–Based Innovation in China, 2011, 3(2): 76–90.

[39] Filson A, Lewis A. Cultural Issues in Implementing Changes to New Product Development Process in a Small to Medium Sized Enterprise (SME) [J]. Journal of Engineering Design, 2000, 11(2): 149–157.

[40] Flor M L, Oltra M J. Identification of Innovating Firms through Technological Innovation Indicators: An Application to the Spanish Ceramic Tile Industry [J]. Research Policy, 2004, 33(2): 323–336.

[41] Freel M S. Barriers to Product Innovation in Small Manufacturing Firms [J]. International Small Business Journal, 2000, 18(2): 60–80.

[42] Freel M S. Sectoral Patterns of Small Firm Innovation, Networking and Proximity [J]. Research Policy, 2003, 32(5): 751–770.

[43] Freeman C. Technology Policy and Economic Performance: Lessons from Japan [M]. London: Frances Printer Publishers, 1987.

[44] Freeman R E. The Politics of Stakeholder Theory: Some Future Directions [J]. Business Ethics Quarterly, 1994, (4): 409–421.

[45] Freeman C. Networks of Innovators: A Synthesis of Research Issues [J]. Research Policy, 1991, 20: 499–514.

[46] Fu–chun Z. A Study on the Characteristics and Capability Enhancement Strategy of Enterprise Micro–innovation [J]. Studies in Science of Science, 2012, 10: 18.

[47] Galbraith J K. Market Structure and Stabilization Policy [J]. The Review of Economics and Statistics, 1957: 124–133.

[48] Gambatese J A, Hallowell M. Factors that Influence the Development and Diffusion of Technical Innovations in the Construction Industry [J]. Construction Management and Economics, 2011, 29: 507–517.

[49] Goolsbee A. Does Government R&D Policy Mainly Benefit Scientists and Engineers [J]. American Economic Review, 1998.

[50] Granovetter M. Economic Action and Social Structure: The Problem of Embeddedness [J]. American Journal of Sociology, 1985, 91(3): 481–510.

[51] Gretz R T, Highfill J, Scott R C. R&D Subsidy Games: A Cost Sharing Approach vs. Reward for Performance [J]. The Journal of Technology Transfer, 2012, 37(4): 385–403.

[52] Guellec D, Van Pottelsberghe B. Les Brevets Comme Indicateurs d'innovation [J]. Les Cahiers de l'innovation, 1999: 99–124.

[53] Guellec D, Van Pottelsberghe de la Potterie B. Recherche–Développement et Croissance de la Productivité: Analyse des Données d'un Panel de 16 Pays de l'OCDE [J]. Revue économique de l'OCDE, 2001(2): 111–136.

[54] Hadjimanolis A, Dickson K. Innovation Strategies of SMEs in Cyprus, a Small Developing Country [J]. International Small Business Journal, 2000, 18(4): 62–79.

[55] Hall B, Van Reenen J. How Effective are Fiscal Incentives for R&D? A Review of the Evidence [J]. Research Policy, 2000, 29(4): 449–469.

[56] Heide J B, George John. Alliances in Industrial Purchasing: The Determinants of Joint Action in Buyer–Supplier Relationships [J]. Journal of Marketing Research, 1990, 27(February): 24–36.

[57] Henderson R, Cockburn I. Scale, Scope, and Spillovers: The Determinants of Research Productivity in Drug Discovery [J]. The Rand Journal of Economics, 1996: 32–59.

[58] Hippel E V. Democratizing Innovation [M]. Cambridge: MIT Press, 2005.

[59] ImaiK, Baba Y. Systemic Innovation and Cross–Border Networks: Transcending Markets and Hierarchies to Create a New Techno–Economic System [C]. Technology and Productivity: The Challenge for Economic Policy, OECD, Paris, 1991.

[60] Jacobsson S, Oskarsson C, Philipson J. Indicators of Technological Activities–Comparing Educational, Patent and R&D Statistics in the Case of Sweden [J]. Research Policy, 1996, 25(4): 573–585.

[61] Jonathan Y, Atreyi K. Exploring Innovation through Open Networks: A Review and Initial Research Questions[J]. IIMB Management Review, 2013, (06).

[62] Jones O, Conway S, Steward F. Social Interaction and Organizational Change[C]. London: Imperial College Press, 2001: 1–40.

[63] Jørgensen F, John P U. Enhancing Innovation Capacity in SMEs through Early Network Relationships [J]. Creativity & Innovation Management, 2010, 19(4): 397-404.

[64] Klassen K J, Pittman J A, Reed M P, et al. A Cross-National Comparison of R&D Expenditure Decisions: Tax Incentives and Financial Constraints [J]. Contemporary Accounting Research, 2004, 21(3): 639-680.

[65] Kleer R. Government R&D Subsidies as a Signal for Private Investors [J]. Research Policy, 2010, 39(10): 1361-1374.

[66] Kleinknecht A, Reijnen J O N. Towards Literature-based Innovation Output Indicators [J]. Structural Change and Economic Dynamics, 1993, 4(1): 199-207.

[67] Kleinknecht A. Measuring R&D in Small Firms: How Much are We Missing? [J]. The Journal of Industrial Economics, 1987: 253-256.

[68] Kleinknecht A, Donald B. New Concepts in Innovation Output Measurement [M]. London: Macmillan, 1993.

[69] Lach S. Do R&D Subsidies Stimulate or Displace Private R&D? Evidence from Israel [J]. The Journal of Industrial Economics, 2002, 50(4): 369-390.

[70] Lee Chang-Yang. The Differential Effects of Public R&D Support on Firm R&D: Theory and Evidence from Multi-country Data [J]. Technovation, 2011, 31: 256-269.

[71] Leitner A, Wehrmeyer W, France C. The Impact of Regulation and Policy or Radical Eco-innovation: The Need for a New Understanding [J]. Management Research Review, 2010, 33(11): 1022-1041.

[72] Levy D M, Terleckyj N E. Effects of Government R&D on Private R&D Investment and Productivity: A Macroeconomic Analysis [J]. The Bell Journal of Economics, 1983: 551-561.

[73] Lichtenthaler U. Absorptive Capacity, Eenvironmental Turbulence, and the Complementarity of Organizational Learning Processes [J]. The Academy of Management Journal, 2009, 52(4): 822-846.

[74] Link A N, Scott J T. Government as Entrepreneur: Evaluating the Commercialization Success of SBIR Projects [J]. Research Policy, 2010, 39(5): 589-601.

[75] Madu C N. Quality Management in Developing Economies [J]. Inter-

national Journal of Quality Science, 1997, 2(4): 272-291.

[76] Mamuneas T P, Nadiri M I. Public R&D Policies and Cost Behavior of the US Manufacturing Industries [J]. Journal of Public Economics, 63(12): 57-81.

[77] Mansfield E, Schwartz M, Wagner S. Imitation Costs and Patents: An Empirical Study [J]. The Economic Journal, 1981: 907-918.

[78] Mansfield E. How Rapidly Does New Industrial Technology Leak Out? [J]. The Journal of Industrial Economics, 1985: 217-223.

[79] Mansfield E. R&D and Innovation: Some Empirical Findings [J]. NBER Chapter, 1984(8): 127-154.

[80] Markham S K, Griffin A. The Breakfast of Champions: Association between Champions and Product Development Environments, Practices and Performance [J]. Journal of Product Innovation Management, 1998, 15: 436-454.

[81] Metcalfe S. The Economic Foundations of Technology Policy: Equilibrium and Evolutionary Perspectives [J]. Handbook of the Economics of Innovation and Technological Change, 1995: 446.

[82] Meuleman M, Maeseneire W D. Do R&D subsidies affect SMEs' Access to External Financing? [J]. Research Policy, 2012, 41: 580-591.

[83] Mirzadeh P A, Moattar Husseini S M, Arasti M R. General Cybernetic Model for Innovation Network Management [J]. Procedia-Social and Behavioral Sciences, 2012, 41(6): 577-586.

[84] Murray G C, Marriott R. Why Has the Investment Performance of Technology-Specialist, European Venture Capital Funds been so Poor? [J]. Research Policy, 1998, 27(9): 947-976.

[85] Musiolik Jörg, Markard J, Hekkert M. Networks and Network Resources in Technological Innovation Systems: Towards a Conceptual Framework for System Building [J]. Technological Forecasting & Social Change, 2012, 79(6): 1032-1048.

[86] Nakwa K, Zawdie Q Intarakumnerd P. Role of Intermediaries in Accelerating the Transformation of Inter-firm Networks into Triple Helix Networks: A Case Study of SME-Based Industries in Thailand [J]. Procedia-Social and Behavioral Sciences, 2012, 52: 52-61.

[87] Narver J C, Slater S F. The Effect of a Market Orientation on Business

Profitability [J] . The Journal of Marketing, 1990: 20–35.
[88] Oakey R P, Rothwell R, Cooper S, et al. The Management of Innovation in High–Technology Small Firms: Innovation and Regional Development in Britain and the United States [M]. London: Pinter, 1988.
[89] Patanakul P. Examining the Roles of Government Policy on Innovation [J] . Journal of High Technology Management Research, 2014, (5): 97–107.
[90] Powell W, Koput K, Smith D L. Inter–organizational Collaboration and the Locus of Innovation: Networks of Learning in Bbiotechnology [J]. Administrative Science Quarterly, 1996, 41: 116–145.
[91] Romer P M. Increasing Returns and Long–Run Growth [J]. Journal of Political Economy, 1986, 94(5): 1002–1037.
[92] Rosenbusch N, Brinckmann J, Bausch A. Is Innovation always Beneficial? A Meta–analysis of the Relationship between Innovation and Performance in SMEs [J]. Journal of Business Venturing, 2011, 26(4): 441–457.
[93] Rothwell, R. Industrial Innovation: Success, Strategy, Trends [M]. The Handbook of Industrial Innovation, 1994: 33–53.
[94] Santamaría L, Nieto M J. Technological Collaboration: Bridging the Innovation Gap between Small and Large Firms [J]. Journal of Small Business Management, 2010, 48(1): 44–69.
[95] Santarelli E, Piergiovanni R. Analyzing Literature–Based Innovation Output Indicators: The Italian Experience [J]. Research Policy, 1996, 25(5): 689–711.
[96] Schmookle J. Invention and Economie Growth [M]. Cambridge: Harvard University Press, 1966.
[97] Schon D A. Champions for Radical New Inventions [J]. Harvard Business Review, 1963, 41(March–April): 11–86.
[98] Schumacker E F. Small is Beautiful: Economics as if People Mattered [M]. New York: Abacus, 1973.
[99] Scott M F. A New View of Economic Growth [M]. Oxford, U.K.: Clarendon Press, 1989.
[100] Sexton M, Barrett P. A Literature Synthesis of Innovation in Small Construction Forms: Insights, Ambiguities and Questions [J]. Construction

Management and Economics, 2003, 21: 613-622.

[101] Still K. Analytics of the Impact of User Involvement in the Innovation Process and Its Outcomes. Case study: Media-Enhanced Learning (MEL) service [J]. Social and Behavioral Sciences, 2012, 46: 1740 -1746.

[102] Sunitiyoso Y, Wicaksono A, Utomo D S, et al. Developing Strategic Initiatives through Triple Helix Interactions: Systems Modeling for Policy Development [J]. Procedia-Social and Behavioral Sciences, 2012, 52: 140-149.

[103] Tripsas M S, SchradeS M. Discouraging Opportunistic Behavior in Collaborative R&D: A New Role for Government [J]. Research Policy, 1995, 24: 367-389.

[104] Vossen R W. Relative Strengths and Weaknesses of Small Firms in Innovation [J]. International Small Business Journal, 1998, 16(3): 88-94.

[105] Winter S G. Schumpeterian Competition in Alternative Technological Regimes [J]. Journal of Economic Behavior & Organization, 1984, 5(3): 287-320.

[106] Zander I. How Do You Mean "Global"? An Empirical Investigation of Innovation Networks in Multinational Corporation [J]. Research Policy, 1999, 28: 195-213.

[107] Zoltan J A, Yeung B. Small and Medium-Sized Enterprises in the Global Economy [M]. Ann Arbor: University of Michigan Press, 1999.

[108] 蔡秀玲. 试析政府在营造企业集群区域创新环境中的职能定位 [J]. 当代经济研究, 2004(6): 42-45.

[109] 曾洁. 技术创新政策对企业突破性技术创新作用实证研究 [D]. 长沙: 中南大学, 2012.

[110] 常静. 重视"需求侧"创新政策，完善新时期创新政策体系 [J]. 科技管理研究, 2012(22): 31-34, 50.

[111] 陈德宁, 沈玉芳. 区域创新系统理论研究综述 [J]. 生产力研究, 2004 (4): 189-191.

[112] 陈海燕. 面板数据模型的检验方法 [M]. 北京: 经济科学出版社, 2012.

[113] 陈恒, 徐睿姝, 付振通. 企业技术创新能力与知识管理能力耦合评价研究 [J]. 经济经纬, 2014(1): 101-106.

[114] 陈劲, 刘景江, 杨发明. 绿色技术创新审计指标测度方法研究 [J].

科研管理，2001(6)：69-75.
［115］ 陈强. 高级计量经济学及Stata应用［M］. 北京：高等教育出版社，2010.
［116］ 陈少晖.科技投入的财政定位：理论阐释与实证分析［J］.当代经济研究，2010(7)：62-67.
［117］ 陈晓红. 政府科技资助与企业研发产出的实证分析——基于山东省的面板数据［J］. 石家庄经济学院学报，2014(1)：70-74.
［118］ 陈新跃，杨德礼，董一哲. 企业创新网络模式选择研究［J］. 科学管理研究，2002(6)：13-16.
［119］ 陈星. 政府科技投入对企业技术创新影响研究［D］. 大连：大连理工大学，2010.
［120］ 陈学光. 网络能力、创新网络及创新绩效关系研究——以浙江高新技术企业为例［D］. 杭州：浙江大学，2007.
［121］ 陈雪红，谭祖卫. 政府资金支持科技型企业的模式研究［J］. 西南金融，2013(11)：56-58.
［122］ 陈钰芬，陈劲. 开放式创新：机理与模式［M］. 北京：科学出版社，2008.
［123］ 陈钰芬，周昇，黄梦娴. 政府科技资助对引导企业投入的杠杆效应分析——基于浙江省规模以上工业企业R&D投入面板数据的实证分析［J］. 科技进步与对策，2012(1)：21-26.
［124］ 陈振明，孟华. 公共组织理论［M］. 上海：上海人民出版社，2006.
［125］ 陈志军. 新常态下我国财政科技投入的空间集聚效应研究［J］. 财政研究，2016(11)：41-50.
［126］ 程华. 直接资助与税收优惠促进企业R&D比较研究［J］. 中国科技论坛，2006(3)：56-59.
［127］ 程华，等. 政府科技投入与企业R&D——实证研究与政策选择［M］. 北京：科学出版社，2009.
［128］ 丛树海，等. 科技发展的公共政策研究［M］. 北京：中国财政经济出版社，2008.
［129］ 戴维·奥斯本，特德·盖布勒. 改革政府：企业精神如何改革着公营部门［M］. 上海：上海译文出版社，1996.
［130］ 党兴华，王育晓，刘泽双. 网络环境下企业技术创新绩效评价研究［J］. 中国管理科学，2004(3)：130-135.
［131］ 董锋，谭清美，周德群，等. 基于因子分析的企业自主创新能力评价

[J]. 软科学, 2008(11): 98-102.
[132] 段婕, 刘勇. 科技成果转化对我国区域经济增长的有效性评价——基于2003—2008年面板数据的实证分析 [J]. 科技进步与对策, 2011(12): 136-140.
[133] 范柏乃, 沈荣芳, 陈德棉. 国际风险投资理论研究综述 [J]. 浙江金融, 2000(9): 32-35.
[134] 冯之浚. 国家创新系统的理论与政策 [M]. 北京: 经济科学出版社, 1999.
[135] 付睿臣, 毕克新. 企业信息能力到技术创新能力的传导机制研究 [J]. 科学学研究, 2009(10): 1576-1583.
[136] 盖文启. 论区域经济发展与区域创新环境 [J]. 学术研究, 2002(1): 60-63.
[137] 高新亚, 邹珊刚. 知识测度的思考 [J]. 自然辩证法研究, 2000(2): 54-57.
[138] 辜胜阻, 曾庆福. 我国风险投资制约因素及其战略对策 [J]. 中国软科学, 2003(11): 6-12.
[139] 顾新. 区域创新系统的内涵与特征 [J]. 同济大学学报(社会科学版), 2001(6): 32-37.
[140] 郭强, 夏向阳, 赵莉. 高校科技成果转化影响因素及对策研究 [J]. 科技进步与对策, 2012(6): 151-153.
[141] 国家统计局, 科学技术部. 中国科技统计年鉴-2010 [M]. 北京: 中国统计出版社, 2010.
[142] 国家统计局, 科学技术部. 中国科技统计年鉴-2012 [M]. 北京: 中国统计出版社, 2012.
[143] 国家统计局, 科学技术部. 中国科技统计年鉴-2013 [M]. 北京: 中国统计出版社, 2013.
[144] 国家自然科学基金委员会, 中国科学院. 未来 10 年中国学科发展战略: 管理科学 [M]. 北京: 科学出版社, 2014.
[145] 韩霞. 政府采购与高技术产业的发展 [J]. 财贸经济, 2003(11): 85-89.
[146] 郝言慧. 政府R&D投入对企业R&D投入的效应分析——以山西省为例 [J]. 物流工程与管理, 2013(3): 148-150.
[147] 何立春, 我国财政科技投入绩效评价研究 [D], 大连: 东北财经大学, 2014.

[148] 何淑明，邹小春. 论地方政府与区域创新 [J]. 经济师，2002(7): 114-115.

[149] 贺飞，韩伯棠. 基于科技人力资源的区域知识存量测度研究思路 [J]. 现代管理科学，2006 (7): 16-18.

[150] 贺卫，王浣尘. 知识经济中知识的测度问题初探 [J]. 软科学，2001(3): 10-12.

[151] 侯杰泰，温忠麟，成子娟.结构方程模型及其应用 [M]. 北京：教育科学出版社，2004.

[152] 侯先荣，吴奕湖. 企业创新管理：理论与实践 [M]. 北京：电子工业出版社，2003.

[153] 克里斯托弗·胡德. 国家的艺术——文化、修辞与公共管理 [M]. 彭勃，邵春霞，译. 上海：上海人民出版社，2009.

[154] 胡卫，熊鸿军. R&D税收刺激——原理、评估方法与政策含义 [J]. 管理科学，2005(1): 84-91.

[155] 胡枭峰. 区域创新网络结构特征对区域知识流动的影响研究 [D]. 杭州：杭州电子科技大学，2011.

[156] 胡永健，周寄中. 政府直接资助企业技术创新绩效案例研究 [J]. 科技管理与科技政策，2009(3): 35-42.

[157] 胡勇军. 国家科研经费管理改革及其对地方政府科技政策的影响——基于北京、上海、广州、深圳的案例分析 [J]. 科技进步与对策，2015 (22)：93-99.

[158] 胡志坚，苏靖. 区域创新系统理论的提出与发展 [J]. 中国科技论坛，1999(6): 20-23.

[159] 黄鲁成. 关于区域创新系统研究内容的探讨 [J]. 科研管理，2000(2): 43-48.

[160] 黄芳铭. 结构方程模式：理论与应用 [M]. 北京：中国税务出版社，2005.

[161] 贾康. 科技投入及其管理模式研究 [J]. 财政研究，2005(1): 2-9.

[162] 贾亚男. 关于区域创新环境的理论初探 [J]. 地域研究与开发，2001(1): 5-8.

[163] 经济合作与发展组织.弗拉斯卡蒂手册 [M].高昌林，张玉勤，译.北京：科学技术文献出版社，2010.

[164] 孔凡萍，贾永飞. 山东省区域产业技术创新体系构建研究研 [J]. 中国科技论坛，2015(1): 108-112.

[165] 孔凡萍. 企业技术创新中的政府科技投入影响效应研究 [D]. 济南: 山东大学, 2012.
[166] 徐向艺, 孔凡萍, 尹翀. 企业技术创新中的政府科技投入影响效应 [J]. 经济与管理研究, 2015(7): 96-105.
[167] 孔凡柱. 企业集成创新与合作创新契合机理研究 [M]. 北京: 经济管理出版社, 2013.
[168] 寇铁军, 马大勇. 我国政府科技投入对企业R&D投入引导效应的实证分析 [J]. 地方财政研究, 2013(10): 40-43.
[169] 蓝玲, 胡炜, 易法敏. 产业共性技术创新与区域产业升级 [J]. 科技管理研究, 2009(7): 282-284, 291.
[170] 冷民. 北京产业技术联盟展现活力 [J]. 科技潮, 2008(4): 12-18.
[171] 黎民. 公共管理学 [M]. 北京: 高等教育出版社, 2011.
[172] 李纪珍. 产业共性技术: 概念、分类与制度供给 [J]. 中国科技论坛, 2006(3): 45-47, 55.
[173] 李纪珍. 共性技术供给与扩散的模式选择 [J]. 科学学与科学技术管理, 2011(10) : 5-12.
[174] 李京文, 叶裕民. 区域创新与地方政府职能 [J].重庆商学院学报, 2002(3): 1-2.
[175] 李凯英, 郭江山. 我国中小企业融资难的经济学分析 [J]. 现代管理科学, 2012(5): 47-49.
[176] 李孔岳. 科技成果转化的模式比较及其启示 [J]. 科技管理研究, 2006(1): 88-91.
[177] 李琳.科技投入、科技创新与区域经济作用机理及实证研究 [D]. 长春: 吉林大学, 2013.
[178] 李鹏. 市场导向文化与行为之间的关系研究 [D]. 长春: 吉林大学, 2010.
[179] 李平, 王春晖. 政府科技资助对企业技术创新的非线性研究——基于中国2001—2008年省级面板数据的门槛回归分析 [J]. 中国软科学, 2010(8): 138-147.
[180] 李瑞茜. 政府R&D资助对企业技术创新的影响——基于门槛回归的实证研究 [D]. 南京: 南京师范大学, 2014.
[181] 李顺才, 邹珊刚, 苏子仪. 一种基于永续盘存的知识存量测度改进模型 [J]. 科学学与科学技术管理, 2003(9): 13-15.
[182] 李烁. 区域知识存量、知识扩散对科技创新能力的影响研究——以

山西省为例［D］. 太原：太原理工大学，2012.
［183］李伟铭，崔毅，陈泽鹏，等. 技术创新政策对中小企业创新绩效影响的实证研究——以企业资源投入和组织激励为中介变量［J］. 科学学与科学技术管理，2008(9)：61-65.
［184］李文鹓. 政府对中小企业创新的资助模式的中外比较分析［J］. 科技管理研究，2005(1)：94-98.
［185］李新春. 高新技术创新网络——美国硅谷与128公路的比较［J］. 开放时代，2000(4)：23-28.
［186］李新运，任栋，李永. 山东省政府引导企业科技投入的动态模拟研究［J］. 软科学研究，2010(4)：22-25.
［187］李星. 基于三螺旋模型的创新型城市运行机制研究［D］. 北京：北京交通大学，2008.
［188］李妍，梅强. 民营科技企业网络嵌入性、创新动力、创新能力关系研究［J］. 科技进步与对策，2010(10)：60-64.
［189］李远远，蔡翔. 国外政府对小企业发展的支持策略研究［J］. 技术经济与管理研究，2010(6)：107-110.
［190］李治堂，吴贵生. 公司层次信息技术投资生产率的实证研究［J］. 系统管理学报，2008(6)：648-655.
［191］李子奈，潘文卿. 计量经济学［M］. 2版. 北京：高等教育出版社，2015.
［192］李左峰，张铭慎. 政府科技项目投入对企业创新绩效的影响研究——来自我国95家创新型企业的证据［J］. 中国软科学，2012(12)：123-132.
［193］理查德·R. 纳尔逊，悉尼·G. 温特. 经济变迁的演化理论［M］. 胡世凯，译. 北京：商务印书馆，1997.
［194］联合国教科文组织科技统计处. 科学技术统计指南［M］. 宋化民，等译. 武汉：中国地质大学出版社，1990.
［195］林江，黄亚雄. 政府科技投入最优规模研究——以企业研发投入规模最大化为目标［J］. 现代管理科学，2014(1)：15-17.
［196］刘虹，肖美凤，唐清泉. R&D补贴对企业R&D支出的激励与挤出效应——基于中国上市公司数据的实证分析［J］. 经济管理，2012(4)：19-28.
［197］刘洪民. 协同创新背景下中国产业共性技术研发组织模式创新［J］. 科技进步与对策，2013(13)：59-66.

[198] 刘慧. 美国、加拿大电子采购平台建设情况及启示 [J]. 中国政府采购, 2010(3): 66-67.
[199] 刘览, 孙骅, 孔原. 高新企业自主创新与政府科技投入的关系研究——来自深市高新上市企业的经验证据 [J]. 会计之友, 2013(8): 73-77.
[200] 刘雯雯, 杨震宁, 王以华. 科技园区差异性创新环境: 地域要素的主效应和交互效应 [J]. 科学学研究, 2009(4): 629-638.
[201] 柳卸林. 创新经济学 [M]. 北京: 中国经济出版社, 1993.
[202] 柳卸林. 区域创新体系成立的条件和建设的关键因素 [J]. 中国科技论坛, 2003(1): 18-22.
[203] 楼继伟. 公共财政建设与政府收支分类改革 [J]. 经济研究参考, 2006(74): 11-13.
[204] 吕一博, 苏敬勤. 基于创新过程的中小企业创新能力评价研究 [J]. 管理学报, 2009(3): 331-337.
[205] 马大勇. 我国政府科技投入对专利授权量的效应分析——基于VEC模型的实证分析 [J]. 科技与经济, 2013(6): 61-65.
[206] 马海涛. 政府采购政策功能探析 [J]. 中国政府采购, 2006(1): 16-19.
[207] 马鹤丹. 基于区域创新网络的企业知识创新系统研究 [D]. 大连: 东北财经大学, 2011.
[208] 马卉. 区域创新系统中地方政府职能问题研究 [D]. 成都: 西南交通大学, 2005.
[209] 马名杰.共性技术的内涵与评判标准 [J].新经济导刊, 2004(22): 74-78.
[210] 马鹏龙. 区域创新系统效率评价 [D]. 长春: 吉林大学, 2006.
[211] 苗启虎, 陈洁, 王方华. 技术创新融资中的信息不对称及治理 [J]. 科学学研究, 2006(1): 130-134.
[212] 欧文·E. 休斯. 公共管理导论: 第二版 [M]. 彭和平, 译.北京: 中国人民大学出版社, 2001.
[213] 申曙光, 刘付羽.政府直接干预风险投资的方式、效应与局限性 [C]//西南财经大学中国金融研究中心. 中国风险投资与资本市场会议论文集, 2004: 202-217.
[214] 师萍, 张蔚虹.中国R&D投入的绩效分析与制度支持研究 [M].北京: 科学出版社, 2008.

[215] 施定国. 基于过程分析的政府R&D支出绩效研究 [D]. 大连: 大连理工大学, 2009.
[216] 石展晗.网络型企业组织中创新系统的运行分析 [D]. 北京: 首都经济贸易大学, 2007.
[217] 苏盛安, 赵付民.政府科技投入对我国技术进步的贡献 [J].科技管理研究, 2005(9): 4-7, 11.
[218] 孙婧. 企业吸收能力与技术创新关系实证研究 [D]. 长春: 吉林大学, 2013.
[219] 孙晓峰.支持科技进步的政府经济行为研究 [D]. 大连: 东北财经大学, 2005.
[220] 孙燕, 孙利华. 我国政府医药科技投入对企业研发支出影响的实证分析 [J]. 中国药房, 2011(9): 771-774.
[221] 孙一民. 现代企业技术创新 [M]. 太原: 山西经济出版社, 1998.
[222] 唐清泉, 卢珊珊, 李懿东. 企业成为创新主体与R&D补贴的政府角色定位 [J]. 中国软科学, 2008(6): 88-98.
[223] 田丽琴. 简论区域创新系统的发展模式 [J]. 山东经济战略研究, 2001(5): 38-39.
[224] 童光荣, 高杰. 中国政府R&D支出对企业R&D支出诱导效应及其时滞分析 [J]. 中国科技论坛, 2004(4): 97-99.
[225] 汪良兵. 区域创新网络结构与协同演化研究 [D]. 合肥: 中国科学技术大学, 2014.
[226] 王春晖, 李平.政府扶持企业技术创新的政策效应分析 [J].科技进步与对策, 2012(2): 106-109.
[227] 王剑, 孙锐, 陈立新, 等. 我国高层次创新型科技人才培养的若干问题研究 [J]. 科学学与科学技术管理, 2012(8): 165-173.
[228] 王君. 促进共性技术有效供给提高我国自主创新能力 [J]. 宏观经济研究, 2006(11): 45-49.
[229] 王书玲, 王艳, 于睿. 政府科技投入的国际比较及启示探究 [J]. 科技管理研究, 2010(5): 24-27.
[230] 魏和清. 关于知识测度理论与方法的思考 [J]. 当代财经, 2005(7): 120-123.
[231] 魏江. 企业技术能力论——技术创新的一个新视角 [M]. 北京: 科学出版社, 2002.
[232] 闻岳春, 苏云. 美国解决技术创新融资难题的经验及启示 [J]. 金融

理论与实践, 2009(2): 101-106.

[233] 吴贵生, 李纪珍. 产业共性技术供给体系研究 [J]. 科学技术与工程, 2003(4): 379-380.

[234] 吴贵生, 魏守华, 徐建国. 区域科技论 [M]. 北京: 清华大学出版社, 2007.

[235] 吴葵英. 所得税改革对企业R&D的影响研究 [D]. 济南: 山东大学, 2010.

[236] 吴亮. 论浙江省区域创新系统构建 [D]. 上海: 上海财经大学, 2005.

[237] 吴晓波, 郑健壮. 企业集群技术创新环境与主要模式的研究 [J]. 研究与发展管理, 2003(2): 1-5.

[238] 吴延兵. R&D与生产率——基于中国制造业的实证研究 [J]. 经济研究, 2006(11): 60-71.

[239] 吴芸. 政府科技投入对科技创新的影响研究——基于40个国家1982—2010年面板数据的实证检验 [J]. 科学学与科学技术管理, 2014(1): 16-22.

[240] 伍建民, 张京成, 李梅. 产业技术联盟与政策导向 [M]. 北京: 科学出版社, 2011.

[241] 伍晓玲. 科技经费投入中政府资金对企业资金的影响分析 [J]. 沿海企业与科技, 2014(1): 9-12.

[242] 武咸云, 陈艳, 杨卫华. 战略性新兴产业的政府补贴与企业R&D投入 [J]. 科研管理, 2016(5).

[243] 夏杰长, 尚铁力. 自主创新与税收政策: 理论分析、实证研究与对策建议 [J]. 税务研究, 2006(6): 6-10.

[244] 项歌德. 空间计量经济学理论及其方法应用——基于R&D溢出效应测度的视角 [M]. 上海: 复旦大学出版社, 2013.

[245] 肖丁丁, 朱桂龙, 王静. 政府科技投入对企业R&D支出影响的再审视——基于分位数回归的实证研究 [J]. 研究与发展管理, 2013(3): 25-32.

[246] 熊海波. 重庆市企业创新及政府扶持方式研究 [D]. 重庆: 重庆大学, 2007.

[247] 徐佩费, 方域. 政府资助产业共性技术研发的原理及模式研究 [J]. 现代管理科学, 2010(7): 23-25.

[248] 徐伟, 陈杰. 政府资助与企业研发投入——基于常州高新技术企业

的分析［J］. 常州工学院学报，2011(5)：61-65.
［249］徐向艺，孔凡萍，尹翀. 企业技术创新中的政府科技投入影响效应［J］. 经济与管理研究，2015(7)：96-105.
［250］徐晓雯. 中国政府科技投入：经验研究与实证研究［M］. 上海：上海三联书店，2011.
［251］徐志霖. 中国工业产业结构与企业技术研发行为的实证分析［J］. 财经问题研究，2006(9)：26-32.
［252］闫莹，薛媛. 山西农业信息化发展系统动力学研究［J］. 科技管理研究，2012，(22)：212-216.
［253］杨继明，冯俊文. 从创新治理视角看我国科技宏观管理体制改革走向［J］. 科技进步与对策，2013(3)：99-103.
［254］易丹辉. 数据分析与Eviews应用［M］. 北京：中国人民大学出版社，2008.
［255］尹博. 大企业主导型产业创新网络创新绩效研究［D］. 沈阳：辽宁大学，2012.
［256］尹翀. 基于认知的企业文化对技术创新的影响研究［D］. 济南：山东大学，2009.
［257］尹翀. 企业文化对技术创新影响的实证研究［J］. 现代管理科学，2012(4)：56-58.
［258］尹园圆. 价值资产、品牌资产、关系资产与顾客忠诚关系研究［D］. 长春：吉林大学，2010.
［259］于惊涛. 外部新技术获取研究：模式、情境与绩效［M］. 北京：清华大学出版社，2007.
［260］于明洁，郭鹏，张果. 区域创新网络结构对区域创新效率的影响研究［J］. 科学学与科学技术管理，2013(8)：56-63.
［261］于永信. 政府引导企业科技投入的模型分析与实证研究［D］. 济南：山东大学，2009.
［262］约瑟夫·熊彼特. 经济发展理论——对于利润、资本、信贷、利息和经济周期的考察［M］. 何畏，易家详，等译. 北京：商务印书馆，1990.
［263］约瑟夫·熊彼特. 资本主义、社会主义与民主［M］. 吴良健，译. 北京：商务印书馆，1999.
［264］张朝岩，高宏伟. 产业技术创新体系本地化：基本内涵、关键因素及政策取向［J］. 科技进步与对策，2013(7)：63-67.

[265] 张承谦，张佩，陈利建. 中外企业(R&D)投入和产出的比较研究[J]. 研究与发展管理，2000(4)：31-35.
[266] 张根才. 政府科技创新管理研究[D]. 上海：上海交通大学，2013.
[267] 张桂玲，左浩泓. 对我国现行科技税收激励政策的归纳分析[J]. 中国科技论坛，2005(3)：37-39.
[268] 张明喜. 我国财政科技经费管理改革：未来的挑战[J]. 科技进步与对策，2014(8)：118-122.
[269] 张仁江. 企业文化、创业导向与企业绩效关系研究[D]. 天津：南开大学，2010.
[270] 张伟峰，杨选留. 技术创新：一种创新网络视角研究[J]. 科学学研究，2006(2)：294-298.
[271] 张文隆. 董事会专业能力对企业成长性战略选择影响研究[D]. 天津：南开大学，2012.
[272] 张艳辉，李宗伟，陈林. 研发资金投入对企业技术创新绩效的影响研究[J]. 中央财经大学学报，2012(11)：63-67.
[273] 章新蓉. 从中日比较看我国政府科技资金管理改革[J]. 软科学，2007(5)：61-63，67.
[274] 赵国党. 创新环境对区域企业创新活动影响的理论与实证研究[J]. 中国石油大学学报(社会科学版)，2012(3)：19-23.
[275] 赵家新. 高科技企业综合创新研究[D]. 武汉：武汉理工大学，2007.
[276] 赵建强. 我国地方政府科技投入行为研究[D]. 大连：大连理工大学，2009.
[277] 赵晶媛. 区域知识管理的若干问题及北京研发中心成长[D]. 合肥：中国科学技术大学，2006.
[278] 赵四明. 企业技术创新与政府支持[D]. 合肥：安徽大学，2010.
[279] 郑琼洁. 政府科技激励与技术创新效率研究——基于行业要素禀赋的分析视角[J]. 南方经济，2014(12)：66-81.
[280] 中国科技发展战略研究小组. 中国区域创新能力报告(2002)[M]. 北京：经济管理出版社，2003.
[281] 周国林. 产业工薪技术形成的需求机理与产业共性技术政策[J]. 云南社会科学，2010(2)：102-108.
[282] 周浩. 政府科技补助对企业技术创新的影响——基于市场需求和融资约束视角[D]. 徐州：中国矿业大学，2015.

[283] 周立军，何自力．技术创新网络的运行研究——基于知识、学习和社会资本的综合运行框架［J］．情报杂志，2009(3)：71-74.

[284] 周亚庆，张方华．区域技术创新系统研究［J］．科技进步与对策，2001(2)：44-45.

[285] 朱桂龙，黄金胜．基于技术创新的企业核心能力构建［J］．科技管理研究，2006(7)：95-98.

[286] 朱鸿鸣，赵昌文，付剑峰．中国科技贷款三十年：演进规律与政策建议［J］．中国科技论坛，2012(7)：20-26，31.

[287] 朱九田．中国财政科技资金投入体制研究［D］．北京：中国农业大学，2005.

[288] 朱平芳，徐伟民．政府的科技激励政策对大中型工业企业R&D投入及其专利产出的影响——上海市的实证研究［J］．经济研究，2003(6)：45-53.

后 记

本书的出版是“政府科技投入对企业技术创新的政策效应研究”课题组所有成员心血的结晶。课题组围绕政府科技投入对企业技术创新的政策效应这一主题，重点关注山东省科技经济融合发展、山东省新旧动能转换、科技支撑山东省经济高质量发展等重大问题，设计了详细可行的研究内容和研究路径。课题组成员历经近五年的不懈努力，圆满完成了课题研究任务，获得了国家社科基金评审专家和相关研究领域学者的好评。本书是课题全部研究成果的总结和凝炼。

本书之所以能完成，首先要感谢全国哲学社会科学规划办公室的资助。课题的依托单位齐鲁工业大学（山东省科学院）山东省科技发展战略研究所，为课题的圆满完成给予了全方位支持和保障。山东省社会科学规划管理办公室、山东人民出版社等相关单位及工作人员也提供了大力支持和帮助。

本书的圆满完成离不开齐鲁工业大学（山东省科学院）贾永飞、尹翀在课题研究和书稿修改过程中所做的大量工作，也离不开课题组其他人员和出版社编辑老师的辛苦付出。王聪参与起草理论基础和相关文献综述。山东人民出版社的马洁、胡桂生对书稿进行了细致的编校和严格的把关。宋艳敬、亓琳、张雪婷、闫中晓、赵南哲、张鹏等协助进行了数据核实、图表绘制等，他们都为本书的出版付出了大量心血。在本书的撰写过程中，多位学识渊博的专家提出了很多宝贵和中肯的意见，为本书的顺利完成提供了不可多得的学术见解，还有具有很多远见卓识的同行无私地为本书提供了许多宝贵的观点，在此向他们表示衷心的感谢！

本书力求借鉴国内外最新研究成果，努力跟踪国家和山东省科技经济发展中的热点问题，以及科技管理部门决策和企业创新管理的现实需求，希望本书能够为国家和山东省科技与经济体制改革提供良好的支持。

书中涉及许多开放性的问题，由于课题组掌握材料以及研究能力的限制，本书必然存在一些不足和纰漏，请读者多多指正！课题组将在未来的研究中不断完善和提升。

“政府科技投入对企业技术创新的政策效应研究”课题组

2019年10月8日